铁马冰河入梦来

——陆 游

杨亚爽 著

黄河出版传媒集团

阳光出版社

图书在版编目（CIP）数据

铁马冰河入梦来：陆游 / 杨亚爽著 . -- 银川：阳
光出版社 , 2023.11
　　ISBN 978-7-5525-7141-7

　　Ⅰ.①铁… Ⅱ.①杨… Ⅲ.①陆游（1125-1210）-
传记Ⅳ.① K825.6

中国国家版本馆 CIP 数据核字 (2023) 第 244011 号

铁马冰河入梦来——陆游　　　　　　杨亚爽　著

责任编辑　王　瑞　赵维娟

封面设计　闫慧飞

责任印制　岳建宁

黄河出版传媒集团　阳光出版社　出版发行

出 版 人　薛文斌

地　　址　宁夏银川市北京东路 139 号出版大厦（750001）

网　　址　http://www.ygchbs.com

网上书店　http://shop129132959.taobao.com

电子信箱　yangguangchubanshe@163.com

邮购电话　0951-5047283

经　　销　全国新华书店

印刷装订　济南精致印务有限公司

印刷委托书号　　（宁）0030695

开　　本　787 mm×1092 mm　1/32

印　　张　9.5

字　　数　260 千字

版　　次　2023 年 11 月第 1 版

印　　次　2024 年 9 月第 1 次印刷

书　　号　ISBN 978-7-5525-7141-7

定　　价　79.80 元

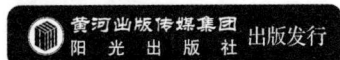

自序：南宋天地间的超人

——致放翁前辈的书

放翁前辈好。

我的心，始终为您而紧张，一直紧张。

您的出生就让人紧张万分。宣和七年十月十七日（1125 年 11 月 13 日），天亮时分，您诞生在淮河边的一条官船上。"予生淮上，是日平旦，大风雨骇人，及余坠地，雨乃止。"那狂风暴雨带来的恐惧，如同惊涛骇浪中北宋王朝的飘摇，将您父母着实吓得不轻，幸好，您吉人天相。

风雨依旧猛烈。在您三岁时，徽、钦二帝驾驶的北宋大船已被金人完颜部落彻底掀翻，您在母亲的怀抱中随父母一路南逃至绍兴的山阴。六岁时，您又随父亲奔往东阳山中避难，直到九岁。绍兴三年，赵构政府在杭州临时落脚，您一家才惊魂回到山阴。

接下来，我依然为您而紧张。

比如您的爱情。真让我为您捏了一把汗。您和唐婉，您的沈园，您的东风和欢情，您的山盟与锦书，让世间多少人泪痕红浥，鲛绡湿透。两年多的甜蜜爱情，一生的无限牵挂，为您的痴情叹，为您的不幸叹！

比如您的考试。真让我为您捏了两把汗。您虽是老三，也同样担着光宗耀祖的重担——高祖陆轸，祖父陆佃，那都是大宋王朝响当当的人物。十六岁第一次落榜，十九岁第二次落榜，我能理解您的艰难——文诗才涌，就是不符合考试那种死板。直到二十九岁的锁厅试，您的才华终于得到显露，第一名，可是，您运气不好，大大的不好，您碰上了秦桧的孙子秦埙——秦桧可是当朝宋高宗的红人呀，他红得比猴屁股还红，我断定，要不是秦桧罢黜您的礼部试资格，您一定可以摘得桂冠。幸好，继位的宋孝宗还算识才，他赐您同进士出身，也算为南宋政府发掘了一个重要人才。

比如您的仕途。真让我为您捏了三把汗。三十四岁，儿子都生了好几个了，您才做上了从九品的宁德主簿，福州决曹，敕令所删定官，大理司直，大理寺司直兼宗正簿，枢密院编修，枢密院编修兼编类圣政所检讨官，镇江通判，隆兴通判，直到被罢官回家。八年，九个职位，走马灯，流水式，从地方到京城，主战派，主和派，三教九流，各色人等，您都领教过了，主和派不需要您这样的抗金复国人士，嫌您像乌鸦一般聒噪，扰乱他们苟喘的小日子。

您在家闲居五年后，朝廷给了您一个远在五千里以外的穷乡僻壤的夔州通判，这一入蜀，就是长长的八年。幸好，您有南郑八个月的从军经历，与金人面对面，您的志向，您的抱负，都在南郑得到了尽情释放。此后，南郑时间，如同您与唐婉的爱情，深深浸入了您的骨髓，伴您终身。

蜀地归来，您再去福建、江西任职，又被贬回家五年，等到去严州做知州时，您已经是鬓发皆白的六十二岁的老人了。严州任后，短暂的军器少监、礼部郎中职位，您又以"嘲咏风月"被贬回家，长达十三年。

或许是您家的遗传基因，或许是家乡镜湖山水中充满了负氧离子，或许是您的旷达率真，总之，您活成了少见的长寿老人。七十八岁了，还被朝廷请去修国史；一年后，您离开京城；八十岁，您正式退休。您一直活到虚岁八十六啊，整个宋朝，有几人呢？！

我冒昧揣测，您在心里一定这样嘲笑那些整得您仕途不顺的投降派：我不和你们比官，我和你们比胸怀，我和你们比长寿，我和你们比诗文！

　　放翁前辈啊，三把汗捏过，其实还有不少地方、不少时间为您捏汗的，比如南郑军中打老虎，要是您没有那一身武艺，老虎还不吃了您？再比如您晚年替韩侂胄写的两篇记，遭好朋友朱熹误解，我知道您心里难受，但您对我笑笑：清者自清！捏汗多了，也就不紧张了，对您六十多年海量的诗文，对您的热情与努力，我欢呼，我歌唱。这一回，让主和派们紧张去吧。

　　您是一位坚定而伟大的爱国战士，您是一位伟大而不朽的杰出诗人，您为时代而高歌，您为天地而长吟。

　　您抗金复国的不渝意志，从心底发出，惊天动地：

　　"位卑未敢忘忧国。"（《病起书怀》）

　　"僵卧孤村不自哀，尚思为国戍轮台。夜阑卧听风吹雨，铁马冰河入梦来。"（《十一月四日风雨大作》其二）

　　"楼船夜雪瓜洲渡，铁马秋风大散关。"（《书愤》）

　　"丈夫五十功未立，提刀独立顾八荒""千年史册耻无名，一片丹心报天子。"（《金错刀行》）

　　"此身合是诗人未？细雨骑驴入剑门。"（《剑门道中遇微雨》）

　　"当年万里觅封侯，匹马戍梁州。关河梦断何处？尘暗旧貂裘。胡未灭，鬓先秋，泪空流。此生谁料，心在天山，身老沧洲。"[《诉衷情（当年万里觅封侯）》]

　　"死去元知万事空，但悲不见九州同。王师北定中原日，家祭无忘告乃翁。"（《示儿》）

　　您的柔情，您的坚定，您的傲骨，都铸成了隽永而深味的灵魂：

　　"世味年来薄似纱，谁令骑马客京华。小楼一夜听春雨，深巷明朝卖杏花。"（《临安春雨初霁》）

　　"驿外断桥边，寂寞开无主。已是黄昏独自愁，更著风和雨。无意苦争春，一任群芳妒。零落成泥碾作尘，只有香如故。"（《卜算子·咏梅》）

您长达几十年的闲居，自放于家乡青山绿水间，所有的怨愤都凝聚成了无限的通达：

"村南村北鹁鸪声，水剌新秧漫漫平。行遍天涯千万里，却从邻父学春耕。"（《小园》其三）

"莫笑农家腊酒浑，丰年留客足鸡豚。山重水复疑无路，柳暗花明又一村。箫鼓追随春社近，衣冠简朴古风存。从今若许闲乘月，拄杖无时夜叩门。"（《游山西村》）

您将读书写作做人之万千经验与教训，谆谆教与儿子，更教与世人：

"古人学问无遗力，少壮工夫老始成。纸上得来终觉浅，绝知此事要躬行。"（《冬夜读书示子聿》）

"汝果欲学诗，工夫在诗外。"（《示子遹》）

《剑南诗稿》《放翁词》《渭南文集》《老学庵笔记》《入蜀记》《南唐史》，九千三百余首诗，一百四十余首词，七百多篇文，河山家国，坎坷曲折，世间柔情，所有的所有，都化作了您的诗，您的文，您的思，化作了激励后世的耳熟能详的金句。

放翁前辈，您被人仰望，但您从来没被人遗忘。在我眼里，您是超人，您的存在，就是南宋大地存在的意义。

有人说，为更清楚地了解一个人，最好的办法是写一本书，于是我写了您，我试图以笔记式的书写全方位走近您，走近您率真、博大、深邃的内心，向您致敬，但依然紧张，这回我是真紧张，您要为我捏一把汗了。

放翁前辈，2025年11月13日，是您九百岁生日。后生我作《铁马冰河入梦来——陆游》一书，提前祝您生日快乐。九百岁还被人惦记，一定快乐无比。

权作序。

癸卯年仲夏于娲城

目　录

第一章 | 少年爱诗

陆游正在院子里练剑。

这是南宋高宗绍兴七年（1137 年）的十月。

十月小阳春，太阳懒洋洋地照着。十四岁的陆游，粉白的脸蛋上微现红晕，鼻尖已沁出了亮晶晶的汗珠。他犹自舞着一把不时闪烁着白炽光辉的长剑。阳光在剑光中游走乱窜。鹅黄的剑穗，有时与剑身成了一条线，有时又如双燕随身飞绕。看来他已练得极为精熟了。

高墙外传来哒哒哒的马蹄声。马蹄敲在麻条石的路面上，十分清脆。

陆游的父亲陆宰，在任直秘阁京西路转运副使时，因御史徐秉哲参了他一本，说河阳郑州（今河南郑州）乃兵马之要冲，陆宰身为漕臣，却疏于管理，遂被撤职，回到了山阴（今浙江绍兴）老家。当时西京路漕司衙门在河南府（今河南洛阳），由于都城汴京（今河南开封）正被金兵围困，周围州县到处都是溃兵和乱民，四处骚乱，连地方守令都没有办法，何况一个没有守土之责的漕司！所以按说参他失职，是有点苛刻了。其实这只是借口，真正的原因还是陆宰所交结的都是些主战派的人物，为当政者所不喜欢罢了。陆宰被罢职回家的时候，陆游只有三岁。他的家在山阴城南若耶溪边，论环境倒也十分幽静，平常很少有人来往。所以门前纵有马蹄声，陆游也仍然在舞他的剑。

马蹄声至门前停止了。

当！当！当！

门环响了三下，陆游这才收起了剑，不等老院公哆哆嗦嗦地从侧屋里出来，他就一个箭步蹿上前去拉开了黑漆大门。陆游惊叫："赵伯伯！"

门前站着的是赵鼎。

五十三岁的赵鼎，圆圆胖胖的脸上笑眯眯的："你父亲呢？"

"父亲一早就到书斋补他的书去了。"陆游毕恭毕敬地答道。

　　赵鼎听说陆宰在家，便将手中牵着的马的缰绳往墙上的铁环上一挽，掸了掸长袍跨进门来。按说赵鼎此时的身份是绍兴府尹，出门应坐八人抬的绿呢大轿，但是赵鼎每次到陆宰这儿来，别说坐轿，连个跟班都不带，总是骑着自己心爱的乌骓马独自而来。一来他是来看望陆宰，纯属私人交往，用不着官家排场；二来，他们彼此都讨厌这一套。

　　赵鼎一进门，陆游便侧着身子很有礼貌地在前面引路。赵鼎对他家并不陌生，近一年来，他已造访过几次了。

　　这座庭院很大，甬道两侧，古木森森。此时树叶已快落尽，鹅卵石的甬道上铺了一层黄叶，在他们脚下发出嘁嘁喳喳的声响。两边的大草坪上也飘有落叶。阳光下，整座院子都显得黄灿灿的。只有这甬道，因为上面的树枝太密，阳光只能从那稠密的枝隙间洒下些斑斑点点，很快便融入那一片黄色，也不怎么显眼了。

　　"这么多落叶，怎么不扫扫？"赵鼎随便地问起。

　　"落叶满径闲不扫，"陆游道，"家父以为这样更富有诗意。小侄想，恐怕是更合乎他老人家的心境！赵伯伯，您说呢？"

　　赵鼎点点头："也许。"

　　陆游说："小侄总以为家父过于衰飒，他老人家不过刚 50 出头罢了！"

　　赵鼎说："这不怪他。这几年也确实委屈了你父亲。他长期处于投闲置散的地位，虽有统一中原的抱负，却无法得到施展！爱此衰飒之意，正与他的心境相似，怕是聊以寄悲愤之情吧？"

　　他们说着说着，便来到了厅堂。

　　"赵伯伯，"陆游说，"您先坐坐，小侄这就去请家父出来。"说着便唤陆安侍茶，他自己转身向后院找父亲去了。

　　陆宰的书房在他家大院西南角的一片竹林之中。虽是十月，花木都凋残了，但这一片竹林和另一处千岩亭的苍松却更显得苍绿、深沉。穿林小径上铺满了陈年竹叶。出小径，是一片空地，陆宰的书斋"双清堂"在这片空地的正中间。这书斋也许是陆宰父亲陆佃的旧产，门楣上挂有"双清"两个大字的金匾，已呈黑色，像是古铜铸就。"双清"二字显然是取自杜甫的诗句："杖藜从白首，心迹喜双清。"这不仅合乎老年退居林下那散淡的心情，更是用以表示其内心和行为都清如泉水，这气节是多么了不起呀！匾下是一排胡桃木雕花槅扇的门，镂花处均衬以雪白绵纸，这是为了增加屋内的明亮度。但此时所有的门都紧闭，显然，陆宰不愿有人打搅他。

陆游上得阶来，在门上轻轻叩了几下："父亲，赵鼎伯伯来了，正在前厅等您。"

赵鼎，原任尚书左仆射同中书门下平章事，也就是宰相。他同时又是诸路军马都督、观文殿大学士，可以说是位极人臣，集文武大权于一身的股肱大臣。只因为在对待淮西宣抚使刘光世的问题上，他和当时的右仆射张浚的意见不一致，便被下放到了绍兴府。张浚认为刘光世骄惰不战，不可以为大将，要撤了他。而赵鼎则以为光世系将门子弟，将上多出其门，若无大故就撤了他，恐怕会引起广大将士的不满而激出什么变乱来。可是，张浚这时正得到高宗皇帝的宠爱和信任，所以他一不高兴，赵鼎的宰相也就做不成了，被下放到了绍兴府来担任这个小小的府尹。他到绍兴府后，知道陆宰家住这里，他俩都是主战派，处境又很相似，所以没事时，他就常到陆府找陆宰谈心，互相发泄一通闷气。他和陆宰的岁数差不多，他五十三岁，陆宰五十一岁，可谓是意气相投，十分投缘。陆宰一听赵鼎来了，赶紧放下手中正补着的《家语》走了出来。临行时对陆游说："别又进去乱翻，特别是我摊在书桌上的东西。要给我弄乱了，小心你的皮肉！"

陆游伸了伸舌头，笑嘻嘻地说："知道。"他知道父亲这么讲，正是准许他进书房的意思。能进父亲的书斋，对于他来说是一种无上的享受。平常父亲在里面，他总不敢进去打搅。难得父亲走了，又允许他进去，真是不知有多么高兴！陆宰的藏书是极其丰富的。从这以后的第六年，即绍兴十三年，南宋开始筹建秘书省，用以掌管国家艺文图籍，可怜没有书，当时便向陆宰借书一万三千多卷，请了一百多名书手，硬是抄了整整两年才抄写完的。现在四库全书传下来的书籍，大多都是当年陆家的本子，这就足见他家藏书之多了。所以陆游一经允许，顿时高兴得一溜烟似的钻了进去。

　　陆游进得双清堂来，见父亲清出了一大堆烂书，堆在那里。这些书有一部分是家中原有的，另有一大部分，是他父在京做官时买的。看那收藏印记，有的还是宋常山公宋祁，也就是北宋早年"每宴罢，盥漱毕，开寝门，垂帘，燃二椽烛，媵婢夹侍，和墨伸纸"以修《唐书》的那位龙图阁大学士家的藏书。因为宋学士校雠精详，尤为陆宰所钟爱。只是买回来后，放在家中没有妥善管理，被虫蛀鼠啮得不成样子了。陆宰休官回家以后，一有空便到书斋来修补他的这些宝贝。陆游看到桌上摊开的一册正在修补的京本大字《孔子家语》，行款疏密有致，字势生动如法帖，看着十分悦目。心想难怪父亲这么喜欢，自己看看也爱。本想拿起翻翻，见是已经拆散了，虫蛀鼠啮过的地方，已被父亲用同一颜色的纸在里面衬上裁齐了。这样重新装订起来，就不显残缺了。他知道这是父亲喜爱的书，不敢去翻动。一回头，见藤椅边的竹几上有一册翻开的书，倒是十分完好。显然，这是父亲在工作累了，躺下休息时看的。他顺手拿过来，翻出封面题签，是本新版大字的《陶渊明集笺注》。再看父亲翻开之处，一行醒目标题：《读〈山海经〉十三首》。《山海经》陆游早读过，知道那是一本记载怪异故事的很有趣味的书，便想知道父亲这样喜爱、极口称赞的陶渊明是怎么"读"《山海经》的。

　　开头两句："孟夏草木长，绕屋树扶疏。"一下就抓住了陆游。

他想：夏天里草木茂盛，一片青青。特别是绕屋的大树，更是绿荫一片，全像是在写自己的家，原来诗是这么做的！于是便有滋有味地站在那里读了起来。他这一读，不只对于他写诗，甚至对他今后一辈子都有影响。他以后写的诗中，就曾多次提到读陶渊明的诗，或者为读它而写诗。直到他晚年八十四岁时，还记得他这次读陶渊明诗的情景，赋诗道：

陶谢文章造化侔，篇成能使鬼神愁。
君看夏木扶疏句，还许诗家更道不？

其影响之深就可想而知了。

他练剑时身上出了些汗，这时被门外刮进来的风一吹就感到有些凉了。毕竟是十月了。但他读得正来劲，又不想放下，便挟着书，想找一个避风的地方去读。

"相爷！"陆宰人未进门就先喊上了。

"符钧，我是来向你辞行的。"陆宰，名宰，字符钧，号千岩，所以赵鼎亲切地称呼他"符钧"。

"辞行？"陆宰奇怪地问，"想必相爷又被起用了？"

赵鼎笑着说："被你言中了。朝廷在九月就下达了旨意，要我赴京；只因路途难走，前日方才到达衙下。因属急诏，所以我明日就要启程了。"

陆宰说："圣上怎样明白过来了呢？"赵鼎过去怎么放下来的，他当然知道。

赵鼎说："说来话长。来，坐下来我们慢慢说。"

陆宰高兴地说："既然有这等好事，我们不能空谈。"便大叫，"陆安看酒。"

陆安是他家的仆人。听到老爷吩咐，便答应一声，随即就端上了一个大托盘。里面一壶酒，四色小菜：一盘白切鸡，一盘醉蟹，一盘盐水笋炒火腿，一盘油淋青虾。既清爽又美观，看看它们便不觉食欲大增。

陆宰一边往桌上摆酒菜，一边说："这都是自己家中的东西，不成敬意。按说相爷回朝，用这样的小菜饯行，有点太不像话了！只是临时筹措不及，聊表寸心而已。"

赵鼎看着这四样色泽鲜明而又精致的菜肴说："难得！难得！这些虽不是什么南北大菜，却是非常精致！亏你怎么咄嗟立办，一呼就出来了？"

陆宰边让座边笑着说："还不是这几年罢官无事，又住在这镜湖边，闲着就学着捕鱼捉蟹，养鸡种菜。自家东西，倒也有田园风味，相爷尽管用。"说着拎起酒壶斟酒，边斟边得意地说，"就连这酒也是拙荆自己酿的！"

赵鼎举杯接酒，口中说："罪过！罪过！让唐质肃公的孙女酿酒，岂非罪过！"

他说的唐质肃公是唐介，神宗熙宁元年（1068 年）曾为宰相，因反对重用王安石而辞职，是一个很守旧的人物。可是陆宰的父亲陆佃又是王安石的学生。你看这一门亲是怎么结的？这个新旧家庭，就导致了后来她们儿子陆游的爱情悲剧，并造成他终身痛苦！这自然是后话。

陆宰说："古人有言'尧舜千钟'，传说酒作于帝尧。皇帝尚且酿酒，也就不算辱没她了。其实拙荆只不过是看到园中的一些花，年年落了一地，扫掉可惜，遂都收拾起来和秫米一起酿，不想她试了两年倒成功了。您尝尝，看看这酒怎样？"

酒作绀碧，看起来质地厚实，不像水，倒有几分像油。

赵鼎抿了一口，咂咂嘴说："好酒！醇而厚，旨而甘，其色如玛瑙，其香似春兰，可谓色、香、味俱佳！只是不知可否有个相配的名字？"

"惜余春，怎样？"陆宰不无得意地说。

赵鼎竖起了大拇指，摇了摇："好！好一个'惜余春'，不仅紧扣酒之质，亦道出了酿酒者一片爱惜青春、无限美好的心态！真的是酒美、名字也美了！"

"那您就多饮两盅，"陆宰说，"以后要想再和相爷共饮，只怕就难了！"说着不禁有些伤感起来。

赵鼎安慰他说："伴君如伴虎，我此行的前途怎样，谁又能说得准？朝廷自南渡以来，战战和和，虽说此消彼长，但总的还是以和为主。说不定哪天我又出来了，还是会和你在一起喝闲酒的！"

陆宰只是苦笑了一下。

赵鼎又说："其实还是在野的好，野鹤闲云，几多自在。例如现在，你我要是在朝，便不能这样喝酒了，那御史们就该拿这些事来做文章了，最轻也要落一个'相互勾结，朋比为奸'！一做官就不自由了。"

陆宰点点头说："这倒也是。"为了不再伤感，遂将话引入正题，"这次到底怎样又起用了您呢？"

赵鼎抿了一口酒，苦笑了下："还不是为了我下来的那个原因。"

"是关于刘光世？"陆宰猜测着。

赵鼎点了点头："这次是张浚自己弄得自己不好下台，只好又请我出来收拾场面了。"

"哦！张浚怎么会弄到这个地步呢？"陆宰问。

赵鼎说："所以说人不能有私心，有私心就准坏事。以前，我说轻易不要动刘光世，张浚不听，非要将他罢了。其实他怀里那个小九九我哪有不知道的，他急于要夺刘光世的兵权，无非是要把淮西这块地方交给他的心腹吕祉罢了！"

"吕祉？"陆宰问，"就是张浚都督府的那位军事参谋？"

"不错，一个自视甚高的书生，只是心胸狭窄了一点。"赵鼎说，"张浚知道我看不起这种人，为了给吕祉打通前进的道路，所以要把我挤走。我走了以后，还有一块绊脚石，那就是岳飞。张浚这个人是很有心计的，他就想利用岳飞刚劲的个性，把岳飞也激走。"

"啊？"陆宰不由得一声惊叫。当时岳家军可以说是所向披靡，军纪又好，深得百姓的敬仰。要把他激走了，谁还能和金人抗衡？所以急着问："这到底怎么回事？"

赵鼎说："张浚把岳飞请来，有意问他：刘光世走后，留下的淮西六军交给武康军承宣使王德去统领，让吕祉为督府参议，一起领导，可不可以？你知道，岳飞这个人是一位好军事家，搞政治就全不是那回事了。"

陆宰见赵鼎只顾了讲话没吃菜，便搛了一块白切鸡放在他盘子里，边应和着说："对的，这人血性汉子一个，性格特直，不会耍手段。"

赵鼎把鸡放进口中，嘟噜着说："所以他就老实地告诉张浚说不行，因为王德和刘光世的部下郦琼不相上下，一旦让王德去统领，郦琼一定不服；而吕祉一介书生，不懂军事，郦琼就更瞧他不起了。上弱下强，怎统领得了？"

陆宰点头说："这话不错呀！"

赵鼎接着说："张浚就又问张俊怎样？岳飞说，张俊过于粗暴，郦琼平常就瞧他不起，怎会服他的领导？张浚又说，那么只有杨沂中了？岳飞说沂中连王德都不如，都督怎好拿他来开玩笑？这时张浚就拉下脸来了，'我早就知道，非你岳太尉莫属了！'"

陆宰说："这是什么话？"

"是呀，"赵鼎说，"岳飞也是这么说的。本来岳飞母亲死时，他就请归守孝的，是皇上不准。这次正好，他一气之下，以守孝为借口，不干了。"

"唉！"陆宰不由得长长叹了口气，将一杯酒倾入口中，把空酒杯往桌上重重一顿，乒啷一声，酒杯碎了。

陆安赶紧过来，拾去碎片，换上一只新酒杯，并为他斟上酒，然后退下。

陆宰犹自恨恨地说："这下朝中更无人了，大宋的江山，非断送在这群小人之手不可！"

赵鼎也往陆宰的盘子里夹了一筷子菜，笑着说："幸好天道好还，有时真有报应。张浚知道再也没人反对他重用吕祉了，就派吕祉前往淮西抚军。临行时还搞了个'跳加官'，特地由皇上加恩行典，赐给吕祉鞍马、犀带、象笏！多少宣抚使出朝，也没受到皇帝这样的恩宠，而吕祉只不过是初出茅庐的一介书生，毫无功德可言的！"

陆宰说："这明摆着是张浚特地做来气那些反对他的人的。"

赵鼎说："所以说做人还是诚实点好，做作有什么用？殊不知他那样做反而害了吕祉。吕祉本来就居功自傲，这一下脑壳更昂到天上去了。吕祉到淮西后，对刘光世的那些部下傲慢不以为礼倒也罢了，他千万不该的是在众人背后向皇上打小报告，把刘光世的那些部下说得一无是处。偏偏他的手下又有刘光世的人，把这件事捅给了郦琼他们，呈报上去的文书被郦琼在半道截了下来！文书被人家截了，这个书呆子还被蒙在鼓里。"

"怕不是被蒙在鼓里，而是蒙在已引爆的火药桶上！"陆宰说着为赵鼎斟满了酒。

酒溢于杯口，像一只凸出的半圆形的紫盖覆于乳白色的酒盅之上，白盅紫盖，分外好看。

赵鼎见酒要溢出，赶紧啜了一口。

陆宰一笑："相爷别怕，它是溢不出来的！"

赵鼎不好意思地说："在下的馋相让你见笑了。"

"哪里，"陆宰连忙解释，"相爷御酒都喝了不少，怎会馋到我这村酒？"

赵鼎拭了拭髭须："我说到哪儿了？"

陆宰说："说到吕祉还蒙在鼓里。"

"呵，对。"赵鼎说，"正是你说的那话，第二天早上，诸将照例参见吕祉。大家刚坐定，郦琼便从袖筒里摸出吕祉的那封文书，质问吕祉，'我们这些人在什么地方得罪了你，你竟这样向皇上糟蹋我们？'吕祉一见自己写的文书落到了郦琼的手里，顿感事情不妙，起身便要往后堂跑去。他哪知这些战将是何等机灵，郦琼早有准备，跳过去一把抓住了他。吕祉带来的几个人懵懵懂懂，还没来得及反应时，便一个个做了刀下之鬼。只留得一个吕祉，被郦琼他们押着投伪帝刘豫去了。"

陆宰说："所以许多事不要做太过了。做过了就难以收拾了。淮西兵变，完全是张浚一手造成的！"

赵鼎说："不过，作为书生，吕祉虽傲，总算还有骨气。一路上，不管郦琼他们如何折磨他、强迫他，他硬是不去见刘豫。他说：刘豫这个逆臣，我岂能见他！即使把他的牙齿敲断了，脑壳打破了，他还是大骂不止，硬是不去。郦琼无奈，只好在路上将他杀了，把他的脑袋戳在树上，说：'让你翘上天去吧！'他算是为自己的骄傲付出了代价！"

陆宰说："吕祉这点倒还是很可敬的。"

赵鼎说："可怜他死时只四十六岁！出了这大事，你说张浚他还待得住吗？所以他主动请求解职，这才又想起我来了。"

赵鼎说罢，呵呵一笑。

陆宰又要为他斟酒，他用手挡了："不胜酒力了！圣命在身，明日即要启程，回衙还有许多事要作交待，我这就告辞了。"说着便站了起来，叉手当胸。

陆宰也站起来："既如此，小弟也不敢久留，但愿相爷这次回朝，能重振朝纲，早日恢复中原！"

赵鼎边走边说："老弟，我把话说直了，恢复一事，可谓是易说难行啊！而今国弱民穷，战争经费再也负担不起了。加上现在许多当官的，只贪图安乐享受，谁还以失陷的人民为念？所以为什么和谈总有市场？更别说要他们去犯锋镝，控戎马，亲赴疆场以性命相搏了！我这去也只能是尽人事而已。当然，我既然要干，就一定尽心尽力干好，还是我们常说的那句话：知其不可为而为之！谁让我们有这股血性子呢！"

陆宰一直送赵鼎出大门。

临上马，赵鼎忽然记起："小游呢？我也要向他告别。"

陆宰回过头向院里四周望了一圈："是呀，游儿呢？平常我们谈话他总爱站在一旁听的，为何今日一直未见他？"

赵鼎说："算了。孩子总是孩子，让他玩去吧。有机会到临安，让他来见我。说真的，我倒是蛮喜欢这个孩子的。"

"一路顺风！"他们挥手告别了。

陆宰见赵鼎复职，不由想到自己，未免有点黯然神伤。

陆宰送走了赵鼎，心里念着为什么一直没见陆游。

他的长子陆淞，字子逸，这年二十八岁，因祖恩补通仕郎在临安。二儿子陆浚，字子清，这年二十四岁，因父恩补将仕郎，也不在自己身边。这是因为宋承唐制，实行恩荫制，只要上辈做官，那么他的子孙便有官可做。在这一点上，宋比唐的范围还要广泛，上至宰相下至哪怕是从七品的员外郎，都许荫子孙。中等级的官员可以荫至同一祖父的子孙。大官甚至可以及于他的门客。只不过宋代恩荫官职品级极低。如陆浚的将仕郎，仅从九品而已。而今陆宰身边就只有这个老三，他对陆游抱有较大期望，希望他能读书奋进，将来能由进士试求得功名。陆游小时也确实特别聪明。他七岁那年，陆宰正携家在东阳山中避难。山在安文，即现在浙江东阳县城东南约七十里处，四周青山环抱，只有一个山口可供出入，而又有东阳江横贯其前方，恰如陶渊明写的桃花源，境僻势险，倒是一个躲兵乱的好地方。这里有座陈氏宗祠，陆游避乱时，就曾在这里读过书。后来这里还标有"放翁读书处"，作为古迹保护了起来。桃花源里陶渊明没有写那里有没有乌鸦，而东阳山中却老鸹成群。民间传说乌鸦叫是凶兆，是很遭人厌恶的，所以乌鸦也自觉远离人群，不像喜鹊那样和人亲近。有一天，陆宰住的地方树上集了一大群乌鸦，有乌鸦就势必要聒噪。这种聒噪声对于丢官而又避乱他乡的陆宰来说，自然在心理上就会产生一种凶多吉少的烦躁。于是便命人用火铳将这群畜生轰走！这时七岁的陆游恰在身边，便脱口吟道："穷达得非吾有命，吉凶谁谓汝前知？"陆宰听了不由大为惊喜。是的，"穷达有命，富贵在天"之类的话，自己平常也讲过，书本上也不少，七岁的孩子说出这样的话不足为奇，最多不过是鹦鹉学舌，记住了大人或书上说的话。但是这后一句不仅与前一句对仗工稳，而且意思更好，自己听了，不觉烦躁尽去。想想也好笑，自己的凶吉，又岂是这一群鸟儿所能知道的？曾经是京西路转运、淮南路计度转运的副使，居然不如一个七岁的孩子通达，岂不好笑？但这孩子毕竟是自己的儿子，便又感到高兴了。从此他对这个小儿子就另眼相看，倍加关爱了。

眼下，这半天没有见着小陆游的人，让他怎不产生疑虑。

他来到厅前，吩咐陆安："快去找找三少爷。找着了，让他迅即到后厅来见我！"

陆安奉命去了。他便径直到后堂与夫人唐氏讲刚才赵鼎来讲的复相的事。陆宰认为赵鼎再度为相，对自己的前途未必不是好事，便急于要把这消息告诉日夜为他操心着急的夫人。

陆安首先来到了书房。他知道他家的三少爷从小就爱书。

他轻轻推开双清堂的门，伸头一看，除了架上和地上堆的全是书外，连昔日不是老爷便是这位三少爷常坐的书桌也是空荡荡的，没有人影。他缩回头，又轻轻地将门带上，连大气也不敢出。

人一到书房这神圣的殿堂，便肃然起敬，不自觉地蹑手蹑脚起来，甚至连咳嗽都不敢咳出声，自然更不敢放肆地喊叫了。

陆安便跑至后花园。

后花园也是静悄悄的。只是小侧门的门闩没有闩上。陆安拿不定主意，因为这里平常很少有人来，不知是往日就忽略忘了闩上，还是今日三少爷从这里出去了。他踌躇了一阵，最后决定还是先回去禀报了老爷再说。

他来到后堂，立在阶下，叫丫环进去请老爷出来——陆游的母亲唐夫人立下的规矩，后堂是不许男仆出入的。

陆宰来到阶上，见只有陆安，问："三少爷呢？"

陆安低头说："回老爷的话，小人前后都找遍了，就是没有见到三少爷！"

"双清堂呢？"陆宰知道这孩子只要一进双清堂便不肯出来。他出来时，好像看到陆游是进去了。只是当时急于要见赵鼎，未曾在意。

陆安说："双清堂小人也去看过，里面不见有人。"

陆宰这下就有点着急了："奇怪，他能到哪里去呢？"陆宰真不知应从什么地方着想，因为在他家中从来没发生过这种事！陆游忽然失踪，他开始感到惶恐了，比他丢官时还要感到不知所措。因为在他看来，丢得起官，却丢不起这个小儿子！

陆安见老爷急成这个样子，便说："启禀老爷，小人看到后花园的侧门没有闩，不知三少爷是不是从这里出去了？"

陆宰本来急得在台阶上两头不停地走，一听这话立马停住，对陆安瞪着眼道："糊涂！那你还不快出去找，来这里干什么？"

陆安心里说："我敢不来这里禀报便自作主张地出去吗？"但嘴里却早答应道："是！小人糊涂。小人这就出去找。"

陆宰因赋闲在家，将原有的许多仆妇都辞了，而今除了上房夫人身边有两个丫鬟外，再就是一名厨子、一名看守前院的老院公和陆安三名男仆而已。陆安是他家老仆，厨子却是从东阳山回来后请的。他见陆安走了，便想多派几个人四处寻找。可是老院公太老，不宜走动，剩下的就只有厨子赖三是可以支应的了。想着便来到厨房，要赖三也去帮着找三少爷。

赖三本来是从街上酒楼里请来的，他熟悉市井途径。听说三少爷不见了，便说："老爷，您看家中银子少了没有？莫不是三少爷嫌闷得慌，到花茶坊散心去了哟！那里可是个烧钱的地方。"

宋朝大街上有种茶肆，楼下卖茶，楼上住的则是妓女。这种妓女不以吹拉弹唱见长，也不懂什么琴棋书画，是专操皮肉生意的低级妓女。有这种妓女的茶肆就叫"花茶坊"。

"胡说！"陆宰斥道，"三少爷多大？他懂什么寻花问柳！"

"哎呀老爷，"赖三不比陆安，是不大懂得官宦人家的规矩的，所以他敢于这样放肆地叫道，"您可别小看了三哥儿，他早就开窍了！那回您让我送点心到乡校去给三哥儿吃不是，我走到学堂窗下，就听见他大声对人讲，他用那么大声音，肯定是在对人讲话了。他说什么女人不好养的，听听，他都懂得养女人了，还说近之则不逊，远之则怨。这是读书人的话，我多少也懂一点。您想，女人可不就是像三哥儿说的这样——你宠着她吧，她敢在你头上屙屎拉尿，真是给不得颜色；你给了三分颜色，她就要开染坊，嘿，要是稍微冷淡点呢，她就又怨你、恨你，哭哭啼啼地说你不疼她！三哥儿这话，我回来一琢磨，还真是这回事！他不仅开了窍呢，怕还是个中小老手了呢！这叫什么来着？哦，这就叫'人小鬼大'！"

陆宰被他搅得哭笑不得，便郑重地告诉他："这是三少爷在读《论语》，这话是孔圣人讲的，不是三少爷说的。你还说漏了一点，孔夫子是说'唯女子与小人为难养也'，对'小人'也一样。"陆宰只是不便说明白，孔子说的"小人"，自然也包括厨子赖三这类人在内。

赖三可没注意"小人"什么的，他只想到女人，口中喃喃地说："是孔圣人讲的？怪不得讲得这好！孔圣人懂得女人这么多，一定不正经！"想着便从后花园的侧门出去了。因为厨房是靠近后院的。

他们一去半天，全无音讯。

陆宰夫妇就像热锅上的蚂蚁。

陆宰在房中急得不停地走过去，又走过来。

"你别走来走去好不好，"夫人说，"把人都给晃晕了！"

陆宰一声长叹，重重地倒在太师椅上，身子向下一滑，两脚伸了个笔直。

夫人说："现在叹气有什么用？都是你平日逼的！一会儿要孩子读书，一会儿要孩子练剑，成天不让孩子闲一下。这下好了吧，把他逼跑了，还不是你管得太狠！哪有小孩子不喜欢玩的？都像你，成天抱几本破书，读到现在有什么用？闲在家啥事也没有！还不如带孩子出去散散心。要是游儿有个三长两短，"说着唏嘘起来，"我跟你没完！"

"没完怎样？"陆宰一下跳了起来，"他不见了怪我？男儿家不习文，不练武，长大了拿什么报效国家？玩，你就只知道让他玩，真是妇人之见！他要是真这么贪玩，丢了就算了，我还不稀罕这样的儿子哩！"

一番话把陆夫人训斥得眼泪直流。她抽噎着说："不怪你，怪我！怪我不该养了他的。"

陆宰见夫人伤心，先自软了下来，叹了口气说："你放心，游儿不是个爱玩的孩子，他没回来，一定是有什么正当的原因。"

"什么正当的原因？"夫人泪眼婆娑。

陆宰的眼又直了："我哪知道？我要知道了会不早告诉你吗？"

不出半天，满街都晓得陆家那个漂亮的三少爷丢了！

有的说："他长得那么标致，一定是被狐狸精给迷走了！"

有的说："那孩子成天练剑，八成学许多爱国的少年那样，背着父母投军去了。"

说陆游会跟狐仙跑了，那是笑话。不过当时社会上背着父母投军的少年还真不少，要说这一点还真有可能。

陆安和赖三没找到三少爷，倒捡回了一筐子闲言碎语，听得老爷和夫人更没了主意。

府衙里赵大人听说陆游不见了，百忙之中特地派来了一位名捕"通天手眼"。

"通天手眼"对盗贼的路子很熟悉，社会各方面的关系也极广。他问清了三少爷的起居习惯，不是习文，就是练武，要到什么地方去，必定先行禀告父母，父母应允了才出门，平常是从不出宅院一步的。像今天这样荒唐的行为，还是第一次。"通天手眼"也感到束手无策。

一时厅堂里个个愁眉苦脸，长吁短叹！一大活人一下不见了，真是想破了脑壳也无解。

天，渐渐暗下来了。

心情都不好，没有谁想到要点灯。

忽然阶前响起了脚步声。

大家不约而同地把脸转向了大门口，希望是报信的人来了。因为他们在寻人时，同时也张贴了许多"寻人"招贴，言明报信有赏的。

这等待的几秒钟好像很长很长，只听脚步响，却总也不见人！

忽然门口一暗，那人终于出现在厅门口，背光下，看来人像是个孩子——陆游？！人就这么怪，不见时是那么盼，盼来了，反倒有些信不过自己的眼睛了。

还是陆宰叫了声："是游儿？"

"正是孩儿。"果然是陆游的声音。

"你！"陆宰悬着的一颗心"咚"一声放下了，却激起胆边的无名火"噌"冒起三丈！"你死到哪里去了？！"

陆游莫名其妙，只觉得大厅里气氛怪怪的。

陆安回过神，点起了堂上的吊灯，灯影下更显得大家的脸若明若暗，一个个凶神恶煞似的。

"你们怎么了？"陆游奇怪地说，"我哪里也没去呀！"

"还哪里也没去？"陆宰吼道，"全家人都快被你急疯了！大家到处找你，整个山阴县都知道你不见了，失踪了，就差没到若耶溪去捞你的尸体！你还说哪里也没去？"

"就没到哪里去嘛！"陆游固执地说。他完全不懂一向讲理的父亲，为什么今天变成了另外一个人，平白无故地发这么大的火！

"那你这一天在哪里？"陆宰也深感自己的失态，冷静了一下问，语调也平和多了，只是口气仍比较生硬。

"我？今天？"陆游不解地眨了眨眼说，"孩儿在双清堂读书呀！父亲您不是知道的吗？"

"鬼话！"陆宰几乎又按捺不住了。他可以允许儿子犯错误，但决不许儿子撒谎，怒斥道，"你在双清堂？陆安到双清堂怎么没有找见你？陆安，你对他说！"

陆安说："是，老爷。我推开门看了看，确实没有看见您，三少爷。"

陆宰直逼儿子："听见了？撒谎！"

陆游且不理他父亲，问陆安："你到那堆书中间看了吗？"

陆安说："没有。我只是在门口伸头向里面看了看，见没有人，便带上门走了。"

陆游说："这就是了。我去请爹爹时，看见里面翻开着一本《陶诗》，我便看了起来，看到高兴处，便选了那堆书作避风处，一直坐下读到看不见字，这才来这儿。"

陆宰横了陆安一眼。他不好说陆安，因为他的父亲是侍候陆佃的。陆安和陆宰几乎是同时长大的，少年时可说是好朋友。

陆夫人听说儿子回来了，从后堂赶了来，泪眼婆娑地拉着儿子的手说："儿呀，你要读书也应该给大人说一声，免得不知你出了什么事，兴师动众地到处找你！你可是把你娘的心都吓掉了呀！"

"娘，我下次再也不敢了。"陆游低下头说，"我真的没有想到你们会到处找我。"

"没想到？"陆宰的气仍然没有消，"你没想到的事还多着哩！"

陆夫人说："既然没事就算了，大家都去吃晚饭吧。赖三你去开饭。你出去的时候，我叫春香帮你把饭菜都弄好了。捕头也就在我们这里用一口便饭吧？"

"通天手眼"说："谢谢夫人，饭我就不吃了。既然少爷在家，我便回去给相爷复命，以免他老人家牵挂。"说着一叉手，施了个罗圈礼便走了。

赖三到厨房里去了，陆安去帮忙端饭菜，只有陆宰还坐在一旁生气。

一时饭菜摆了上来，夫人说："儿呀，快过来吃饭。就是为了找你，把大家都饿坏了！"

陆游自然也饿了，端起碗就要吃。陆宰劈手抢过筷子，重重地往桌上一拍，吼道："不许吃！你这样叫全家耗神费力还有脸吃饭？"

"老爷！"夫人叫道，"错不在游儿……"

陆宰用手制止说："夫人，你不能再护着他了；他已经不小了。今天要不治治他，他以后更不把大家当回事。一个人，读书固然是好事，但一个只顾自己而不为别人着想的人，就是读出了书又有什么用？今天就是要饿他一顿，让他从这里吸取教训，今后无论什么时候，无论做什么事，都要先想到别人，不能光顾自己。

今天只是父母在为他着急，将来也这么只顾自己得意忘形而不管别人的死活，行吗？"

一席话说得夫人也不好再劝了。

"你别撅着个嘴，"陆宰抚着儿子的头说，"你先到一边想想去。"

这一顿饿，还真让陆游记住了。直到庆元二年（1196 年）他七十一岁，在重读这部《陶渊明集笺注》时，还饶有兴趣在后面这样记道：

　　吾年十三四时，侍先少傅居城南小隐，偶见藤床上有渊明诗，因取读之，欣然会心。日且暮，家人呼食，读诗方乐，至夜卒不就食。今思之如数日前事也。

　　庆元二年，岁在乙卯，九月二十九日，山阴陆某务观书于三山龟堂，时年七十有一。

第二章丨意气风发

陆静之、陆升之、范端臣、陈公实、韩梓和陆游六人，从绍兴出发，来到临安（今浙江杭州）应试，正是高宗绍兴十年（1140年）的春天。陆静之、陆升之是陆游的叔伯哥哥，静之这年已是三十岁的人了，升之也已二十八岁，都不是第一次赴临安应试。尽管如此，陆宰还是不放心他十六岁的小儿子陆游，便派了陆安跟着照顾他。他们一行七人，晓行夜宿，不两天就到了临安。

临安是南宋的都城。建炎四年（1130年）二月金兵统帅完颜弼进攻临安，撤退时放了一把大火，烧了三天三夜，破坏极其严重，但经过高宗十几年的着意经营，倒是比以前更加繁荣了。当年就是大词人柳永的一首《望海潮》，引起金主完颜亮要立马进攻吴山的渴望，那词上写的只不过是"烟柳画桥，风帘翠幕，参差十万人家"。而今已不是十万人家，北方已成为沦陷区，高宗南渡，老百姓跑得动的都跟着往南边跑，当时南宋大臣莫濛就说过："四方之民云集两浙，百倍于常！"两浙虽有十多个州府，但是人口最集中的还是作为南宋都城的临安，这时已有百万人口了。其繁华的程度，甚至超过了当年的汴京。皇帝赵构早已安于一隅，不思恢复，只一心屈膝求和。读书人总多感慨，当时有位名叫林升的诗人，写了一首真可谓千秋绝唱的讽刺诗："山外青山楼外楼，西湖歌舞几时休？暖风熏得游人醉，直把杭州作汴州！"君恬臣嬉，早忘了在敌人铁蹄下备受蹂躏的北方老百姓！

宋朝春闱一般在三月上旬举行，所以各州通过了乡试的学子，都在二月前后，从四面八方汇聚临安，各寻住宿，等待考试。一时间涌来一万多人，把整个临安城里的大小旅馆塞得满满的。

陆游他们也许是自以为路近，动身得晚，来得迟了点。来到城里，居然寻不到下榻之处。有的地方虽然尚可安插一两个人，怎奈他们七人又都不愿分开，再找能同时住下七个人的旅店，实在有些难了。他们牵着马游了大半个城，没有找到住处，走得大家都焦躁起来。

陆安见实在不行，便说："涌金门外灵芝寺的方丈是老爷的一位远房亲戚，那年我随老爷去拜访过。我们要不到那里试试？"

大家一听乐了，齐说："住在庙里也不错，挂锡总比游方好。""挂锡"是指和尚云游时投在某寺暂住，"游方"是指没有固定住处的"云水僧"，所以他们以此来打趣。

灵芝寺因前不久曾接待过高宗皇帝，所以修葺得金碧辉煌，巍峨壮丽。

灵芝寺的方丈，法号元照，俗家姓唐，与陆游的母亲唐氏原是本家，字湛如，号安忍。高宗临幸时，特赐号"灵芝大智律师"。佛教分法师、经师、律师、论师。律师是指善于背诵讲解律藏的僧人。他和陆宰是亲戚，又是极要好的朋友，听说陆宰的小少爷和侄儿们来了，自然是竭诚欢迎。只是灵芝寺虽然不小，但庙中那些专供善男信女住宿的邸店，特别是寺中有名的为历届新进士题名之所的浮碧轩、依光堂，早被那些先来的举子们住满了。元照大师只好叫小沙弥为他们在大殿旁边的走廊上，临时安下了七张床位。好在殿外古木萧森，浓荫匝地，幽雅宜人。更妙的是，灵芝寺有出名的牡丹。牡丹虽然盛开在初夏，但这时姚黄魏紫，淡绿嫣红，均已显出绰约风姿，正在含苞待放之中，别有一种稚嫩雏娇的风情。住在这廊下，凭栏即可观赏；迎香入梦，倒也不俗。

安顿好行李，元照大师盛情款待他们用过午斋，便歇息去了。

陆游哪里肯休息，硬是吵着要去游西湖。因为他早听过苏东坡的诗："水光潋滟晴方好，山色空蒙雨亦奇。欲把西湖比西子，淡妆浓抹总相宜。"

出灵芝寺便是西湖有名的十景之一"柳浪闻莺"。此时正当"暮春三月，江南草长，杂花生树，群莺乱飞"的时候，堤上柳树，恐怕有上万株，放眼望去，依依一碧。只见柳树倚风障雨，截雾横烟，缭绕歌楼，遮莺碍燕，好一派婀娜风姿！更加柳絮横飞，于青青一碧之中，平添三分雪意，使绿色更绿，反倒把三月的天气衬托得十足。人行其中，襟袖皆绿，软风拂面，痴人如醉，恰如浸润在一片荡漾的轻波之中，几个人也要如柳絮一样癫狂了！

堤上游人，你来我往，相衔如蚁阵。若不是也有乞丐点缀其间，倒也真可谓"上有天堂，下有苏杭"了。

正赏玩间，忽见远处一棵古柳树下，围了一大群人。他们便好奇地走了过去。原来大家围着一位测字先生。这位测字先生看上去不过三十来岁，斯文清秀，略显不足的是下颏显得稍微短了一点。他面前条桌上用斗方写着三个大字："赛谢石"。

范端臣说："此人好大口气！"

陆游不懂："此话怎讲？"

陆升之撇撇嘴："大就大在这个'赛'字上。"

范端臣说："对。想那谢石早在二十多年前便已名扬海内了，那岂是轻易'赛'得过的！"

陆游听得一头雾水："怎么个赛不过，你们倒说说呀！"

陆安见少爷急得头上青筋都暴露出来了，便说："小的倒是听说过，那还是在汴京的时候，盛传谢石测字如神，传到禁中，道君皇帝听了不信，便写了个字让太监持了去问。谢石打开纸条一看，见是个'问'字，便不作声，同样拿了张纸写了几个字交给来人，说请给写字的那位一看便知道了。皇帝打开字条，上写十个大字："左为君，右为君，圣人万岁。"

陆游说："'问'字与万岁有什么关系？"

范端臣一笑，便在掌心画给他看："喏，'问'字左边的半边像不像个'尹'字，尹下加那中间的'口'字，不是个'君'字吗？"

陆游说："我懂了。'門'字右边的半边再加上下面的'口'字，也是一个反写的'君'字，所以他猜中左也是君，右也是君，正也是君，反也是君，一定是当今皇帝写的了！"

陆升之说："你总算明白了。"

陆游说："我看未必是测字测中的，恐怕是他认出了徽宗的瘦金书体来了，才故意作张作智的。"

陈公实说："对，我想也是这样。"他和陆游最好，所以他总是附和陆游。

范端臣说："后来有个老道，也像你们一样不相信，便照样也写了个'问'字去问。谢石说：门虽大，只一口。老道惊服得五体投地。"

这回是陈公实不明白了："这又是怎么了？"

范端臣说："因为这个老道的道观虽然很大，但道士就他一个。"

"不仅一个笼里关不住两个叫鸡公，看来一个观里也容不下两个道士！"韩梓半天没作声，一作声就把大家逗笑了。

范端臣说："所以谢石的出名，那不是靠蒙的！"

陆游说："那他敢称赛谢石，岂不更神？走，我们倒要去测一测。"

大家便分开众人，挤了进去。刚好有一人从测字的座位上起身，陆游便推静之坐了下去。因为他年长，是他们中间的头儿。

测字先生便问："尊驾是看相还是测字？"

静之平时就不善于交际，言辞一向很短，见先生这么一问，脸便红了。既然已坐下，当然也不好再起身，无奈只好拣简单的说："就测个字吧。"

测字先生取过巴掌大一块白纸，递过毛笔："请随意写上一个字。"

静之执笔，正自踌躇，恰好他弟弟升之被人挤得撞了他一下，他灵机一动，便写个他弟弟的排号"仲"字。他叫静之，字伯山；他弟弟升之，字仲高。这个"仲"字既是排号，也是他弟弟的字号。

测字先生接过字，便说："请问，尊驾问的是什么？"

陆游嘴快，抢着说："当然是问今科中不中了。"

测字先生望了静之一眼，意思问他是不是？

静之默默地点了点头，认了。

测字先生将字看了看，又把静之上下打量了一番，见他而立之年，白面微须，虽是随便的书生打扮，但文采溢于眉宇，有长者敦厚之风，也不失逼人神米。再看看他一同来的几个人，便说："恭喜阁下，若单问这次考试，恕在下直言，你们这几位之中，恐怕就只有阁下可以高中了。"

他弟弟升之听了心里不服，因为他虽小他哥哥两岁，却是才名早噪，许多公卿都乐意与他交游。他哥哥似乎还少了他那一份风流倜傥。人总是喜欢看外表的，何况他的才学也很不错。和他交往的人从不敢以其年少轻视他，总是尊重地称他兄弟俩为"二陆"，直与西晋的两大文学家陆机、陆云相比。受着世人这样的娇宠，所以当测字先生说这次考试只他哥哥一人高中而没有他时，便第一个反感，不服气地问道："先生凭什么说我们之中只我这位兄长一人能高中呢？再说，我们还没测字呢，难道你能未卜先知？"

测字先生不慌不忙，用笔点着字说："'仲'者，一人中也。阁下既然是这位仁兄的同行，恐怕得要委屈阁下了。"

大家一想，可不是："仲"字就是一个人旁加一个中字，岂不是一人中？陆游高兴得像自己中了似的，叫着要大哥请客。这是因为在他们这六个人中，只有他虽入都应试，却是志不在个人功名的。小小年纪的他，想的是在战场上亲手杀敌，为国立功。所以他最没有思想负担，而另外几个听了，就未免都有点不高兴了。

测字先生见陆游这般高兴，又补了一句："中是中了，只怕今后功名不会太高！"

静之为人，虽好读书，却是宁甘淡泊，不热衷于世事，但自尊心还是很强的。他自己可以不要高官，但听别人说他官做不大，总感觉有点受到了侮辱！便不由得问道："这又作何讲呢？"

测字先生说："仲者，中人也。今科虽中，不过是中等之人，所以今后功名恐怕不会很大！"

陆游好笑："颠之倒之，都由你说了！别说我这位兄长才高八斗，学富五车，就是我们这同来的几位，哪一个不是才华盖世！对了，不信我就以阁下为题，题一首诗你看看！说着抓起他案上的毛笔，拿过一张大纸，便龙飞凤舞地写道：

> 文场妙誉古推高，卜仕尤从州县劳。
> 野鹤未应群雁鹜，幽兰终不敝蓬蒿。
> 岁寒挺节无霜霰，海运抟风有羽毛。
> 好去江南吐奇策，从来功业属吾曹。

写罢掷笔大笑："以此才调，诚恐富贵逼人而来，躲都躲不脱哩！"

测字先生称赞道："果然是好诗！'野鹤未应群雁鹜，幽兰终不敝蓬蒿'，吐属不凡，才思敏捷！只是从这首诗看，我可以断定小兄弟你会成为一位大诗人，只是既志在野鹤幽兰，不与时代同调，在仕途上恐怕就很难发展了。你别说'卜仕尤从州县劳'，测字本身只是文字游戏，但于无意之中，却也隐含天机，小兄弟可别小看了！"

陆升之这时心里想：我哥拿我的字去测了个头彩，我何不也用他的字来测测自己呢？于是拿过纸笔，写了个"伯"字递了过去，说："我也测功名。"

测字先生将他细看了一番。只见他星眼长眉，白面无须，年纪不大，却是峨冠博带，打扮得雍容华贵。这一行人中，数他最为显眼，是一个很注重自己而又心气高傲的人，便说："阁下这个字可惜在此时拿出，要是第一个测字的是你而不是你的兄长，怕今科状元就是你了！迟了这一会，别说状元，连中都无望了。不过，阁下不要急，今科虽不中，以后中了，官位在你们同行者之中，当数你最显贵的了！"

升之听了，今科不中，不无遗憾；而官职最高，又非常高兴。便问："有说法吗？"

测字先生说："'伯'者，霸也……"古时伯字也通作霸字。

陆游一向对他这位哥哥没有好感，见他洋洋得意的样子便想扫下他的兴头，不等测字先生说下去便抢过话头："只是霸道终非王道，恐怕这个高官得来也不是正路。如果按这位'赛谢石'先生的测法，"伯"者，白人也。如果心术不正，行霸道以取功名，恐怕功名再大，到了后来还是白衣一个！"他只图自己说时一时痛快，也不看升之的脸色早变了。

"你！……"升之怒斥道。但"你"之后便说不下去，因为毕竟是测字，奈何认真不得！

测字先生见他俩要闹僵，便打圆场说："从字面上说，这位小兄弟倒也聪明，还真说出了几分道理。不过，测字毕竟是有准有不准的。这位仁兄也不要太认真！"

后来陆升之果然因告发名臣李光私修国史，有功于秦桧而擢为宗正丞，掌管皇家事务，享禄二千石，官是不小了。只是终因依附秦桧，以奸党论罪，废置在家，白身一个，真是被陆游说中了。这自是后话。

陆游见"赛谢石"都夸他说得出几分道理，便更加得意："我这谈不上聪明，只是雕虫小技！"

陆安扯了下他的袖子，低叫道："少爷！"

陆游不仅不收场，反而昂起头说："不是吗？难道我说得不对？"

他此时只感到有机会敲了他升之哥一下，心里无比痛快，却不想也伤害了测字先生。

测字先生说："既然是雕虫小技，我请小兄弟为我测一字如何？"

陆游更来劲了："好哇，请写吧。"

测字先生写了个"葉"字，说："这便是在下的姓，请测在下这一生的荣辱如何？"一个字而测一生荣辱，他这是在诚心为难陆游了！

测字在我国春秋时就有了，作为一种方术，在《隋书》里已有了记载，只是到北宋末，因为有了谢石以后才大兴起来，但也不是人人都有这一份能耐的。他见陆游年纪轻轻，还真有些才气，既喜欢他，也想为难一下这个似乎不知天高地厚的小兄弟。

谁知陆游不畏难，反而逞才使气，故作惊人之语说："哎呀，这个字可不好呀！可要兄弟照直测？"

测字先生好笑，心想你多大，耍滑头还嫩点，想用大话吓退人吗？休想！便故作诚挚地说："君子问道不问贫，小兄弟直说无妨。"

陆游说："首先，你就不是一个真正测字的！"

测字先生惊奇地说："哦，你怎样看出来的呢？"

陆游："'葉'字中心是个'世'字，说明你是个世家子弟，只是可惜已经没落了！"

这位叶先生便对大家说："说来惭愧，这点还真被这位小兄弟说中了。兄弟姓叶名黯，字晦叔，乃处州（今浙江丽水）人氏。只因家道中落，无力进京应试，故只好沿途以此为生。"说罢惨然一笑，回头对陆游说："只是我这没落的家世，小兄弟又是怎样看出来的呢？"

陆游说："喏，你这个'世'字，在木之上，草之下，俨然如棺之葬，非没落而何？"

陈公实早听得抓耳挠腮，喜不自胜地叫道："好个务观，你也可以摆摊测字了，字号就叫'赛赛谢石'！"

叶黯经他这一说也笑了，说："果真还有点门道。那么，你看我今科能不能中呢？"

陆游见众人夸他，越发摇头晃脑的像个测字先生，也学着用笔点着这个字说："你这个'葉'，乃落叶之叶。因为草在上，叶于草上，只能是落叶！"说着还故作深沉地直摆头，"落了！落了！还谈什么中不中！"说得众人大笑。这是因为他毕竟不是一个测字先生，众人都当笑话看。陆游见大家高兴，更是意气风发："你这一生荣禄嘛，好在'木'于草下，尚有生命力，中是要中的，这'世'在中心，非'中试'（世）而何？而这木呢，又没有长出草上，不长，不长，下科定中！"

他在这里胡诌，叶黯的一生还真的被他诌对了。叶黯果然在过了两年，也就是绍兴十二年陈诚之榜中了个进士，而于绍兴二十一年便过早地谢世了。陆游说的"不长！不长！"谁知倒应了他的寿命！

叶黯既佩服陆游的诗才，更敬佩他的为人，叉手施礼说："不知这位小兄弟怎么称呼？"

陆游说："在下陆游，字务观。这两位便是我哥哥，这三位是我的好朋友。我们是一道来投考的。"

叶黯说："小陆兄如此英年，便这等机灵，实在佩服！"

静之见大家很投机，便说："既然我等都是来投考的，叶兄也不必摆摊了，就和我们住在一起可好？"

大家见大哥都这样请了，觉得叶黯也特风趣，便都赞成。陆游手快，早将桌前"赛谢石"三张大字一把扯下了。叶黯见大家这般热情，便说："兄弟就住在这陈公祠，等下让我将桌子还了，和诸位兄台一道前去便是。"

他们畅游西湖，尽兴而归。快回到灵芝寺时，这才发现寺旁还有一座庙宇，门楣上三个显赫的金光大字：显应观。

叶黯说："呀，原来显应观在这里，久想瞻仰，不知近在眼前，险些失之交臂！"

韩梓说："嘿，西湖多的是庙观，有什么失不失的！"

"小老弟，这点你就不懂了！"叶黯说，"这可是关系着本朝的一件大事哩。"

韩梓说："那你说来听听。"

"这得从当今圣上还是康王时说起，"叶黯边走边说道，"那时康王正被金兵追赶，逃到了巨鹿（今河北巨鹿），天正下着大雨，偏偏马又累死了，他独自逃亡在泥泞之中，浑身透湿，真的是狼狈之至……"

"且慢，叶兄饱读诗书，怎可用此二字加于圣上？不怕有罪吗？"升之认真地说。

叶黯知道自己说滑了嘴，伸了下舌头："出言不慎，罪该万死！"

陆游说："这有什么，小题大做！"

陆安赶紧阻止说："我的小祖宗，你可别再给老爷添是非了！"

叶黯说："老人家放心，这是我的不是，有罪我顶着就是了！"

韩梓早等得不耐烦了："哎呀，你们真够婆婆妈妈的，这又没有外人，谁会去告密呀？叶兄尽管讲。"

叶黯说："好，我讲。那时不仅天上下着大雨，而且也渐渐地黑下来了。康王来到一个三岔路口，便不知往哪条路上走才好。正在心急如焚的时候，忽见前面的一条路上立着一匹白马，鞍鞯齐备，就是没有人。康王这时逃命要紧，也顾不上看是谁的马了，翻身就骑上，暗暗祷告：如果大宋有救，上天保佑让这匹马驮我脱险！马儿果然通灵，驮上康王就跑，但跑到一个祠堂前便不见了。康王上前一看，是崔府君祠，且不管他，进去躲躲雨再说。康王进得祠来，看到廊庑下有一匹泥塑的马，和驮他来的那匹马一模一样，而且马身上还满是汗水。康王心知是府君显灵，便倒身下拜，感谢神灵搭救之恩。并许下愿说，只要能保佑他逃出金人之手，他一定重修庙宇，再塑金身。因为他实在太累了，拜毕便歪在拜垫上睡熟了。"

陆游说："我知道了，这一定是圣上登基以后，为崔府君新修的庙，所以叫'显应'。"

叶黯说："不错。原来这位崔府君名子玉，是唐贞观年间磁州（今河北磁县）鉴阳县的县令。因他为官清正，当地人民就为他立了一座生祠，以便他活着就受人间香火。不想过了四五百年，倒为康王显灵了。康王睡得正香，梦见神君以杖敲他说：'快走！快走！'康王惊醒，出得庙来，天还没有亮。但那匹白马已立在庙门口。他骑上马后，昏天黑地的，也不知马儿把他驮向何方，只觉耳边风呼呼地响。天亮一看，到了玉斜桥（今江苏扬州市郊），迎头便是宝文阁直学士耿南仲来迎康王的队伍……"

陆游插嘴问："这个耿南仲可就是那个劝徽钦二帝北行的坏蛋？"

叶黯说："正是他。唉，圣上要不是总遇上这些投降派，中原怕是早就收复了！"

静之说："其实主战派何尝没有，为什么就偏偏不用呢？"

"讨厌就讨厌在物以类聚！"说着陆游往身边的树上猛击一拳，树叶沙沙作响，"我真恨不得杀尽这帮祸国殃民的畜生！"

升之说："连年兵连祸结，国破民穷，圣上能撑持到今天这样一个局面，已是很不容易了！"

陆游说："什么不容易，偏安便安了吗？这次大考，我无论如何是要陈述这偏安的不是的！"

陈公实说："小陆兄，论文嘛，等你到贡院时再去做，这里还是听叶兄讲，你就不要再插嘴了好不好？"

叶黯说："不，我倒很钦佩小陆兄这样的个性。其实也没有什么好讲的了。圣上即位以后，为了感谢府君救命之恩，便在这灵芝寺旁盖起了这么恢宏的一座庙。"

升之说："照此说来，崔府君岂止救了皇上一命，真是挽救了我大宋。作为大宋子民，我们理应进去拜一拜。"

说着便率先走了进去。大家也就都跟进来了。

这祠与一般庙观不同，因为这里没有菩萨，只在大殿正中修了一座崔子玉的坐像，唐巾唐服，手执玉杖，据说他敲醒康王时用的便是这样的玉杖。宽绰的大殿四周，满是名人字画，画的是北方的山水，而题字则多是赞泥马救康王的。整座大殿倒像是书画陈列馆。另一配殿，神龛上立着的便是救康王的那匹白马。马通体雪白，鞍饰皆金，显得十分华贵。相形之下，崔府君的像倒显得简朴一些了。四周也有许多题词，是盛赞这马的功劳的。仿佛宋廷之所以保存，全凭了这神仙和泥马，把这个神人仙马吹得神乎其神，完全忘了这是南北两地千百万军民英勇战斗的功劳！观内游人不少，香火很旺盛。庙祝见来了一群鲜衣儒服的公子哥儿，便殷勤地迎了上来。从他的谈话中，知道六月六日府君诞辰时，这里还要热闹，各种做小买卖的、玩杂耍的都来赶庙会，人们挤都挤不动。

除了陆游，大家都投下香钱，每人取了三支香燃了插上，然后一字排开，恭恭敬敬地拜了四拜，就是陆安也在他们的身后跪拜了。

范端臣起身时，见陆游直挺挺站在一边没拜，便说："噫，你怎么不拜？"

陆游说："我瞧不起他。他将皇上引向南而不再引向北，坐在这里安然不动，也是一个投降派！所以我不拜。我要拜便拜岳元帅。去年金人求和，我们还大赦，对那些投降派论功行赏。听听岳元帅怎么说，'唾手燕云，正欲复仇而报国；誓心天地，当令稽首以称藩''今日之事，可忧而不可贺，勿宜论功行赏，取笑敌人！'这才是我崇拜的偶像！"

升之白了他一眼，哼了一声。

静之作为大哥哥，虽然木讷少言，但在这种场合，少不了也要教训他两句。他说："小弟，你也太大胆了！这样的话，岂是在大庭广众之下讲的！"因为这时，正是秦桧专权的时候。

陆游噘着个嘴，便不再作声了。

时间在嬉游笑闹中过得特快，不觉间便到了考试之日。

礼部贡院在城北观桥西大中门。他们一行七人的住宿问题，早已由陆安打点安排，在贡院前临时租了两间房住下了。各人去到贡院交验了乡试已中的解牒，验证用印，等候安排日期入试。因为当时各州府郡县学子以及太学生等来参加考试的，不下万人，而贡院考棚只有千余间，所以必须分批安排，分期就试。陆安为他们买好了试篮、铺席之类的考场用品，一切就绪，单等应试。

到了考试这一天，各举子集于贡院竹门之外，等候放试。开门后，举子进入院内，各自寻找自己的编号就座。就座毕，知贡举、监试、各科的主文考试官等官员，于考厅前设香案，让各举子依次下拜。拜毕，考官入座，这才放下帘子，出示题目于厅额。题字大到足以使两廊考舍内的考生皆可看见。第一天考经，第二天考论，第三天考策。如果题中有疑难处，举子可以到考官帘前请示。主文考官在帘中详细解答，然后归位作文。考试期间不能出院，饿了，院内有点心甚至酒菜出卖，只愁吃不下去；纨绔子弟在这里依然可以有口腹享受。茶水也有士兵供应，生活是不成问题的。两廊有军卒巡视，所以也十分安静。直到申时才开门放举子出院。各举子这时便应将自己的试卷投入中门外的卷柜内。考卷上要写上考生自己的姓名。卷子收齐后，送到弥封所封卷头，即将举子所写的姓名贴起来。不仅弥封所封名，卷子经弥封后，还要送到誊录所由抄手重新誊录过，这才交各房考试官考校。所以各房考官不仅不知卷子是谁的，甚至连笔迹也认不出。如果卷子被房官选中，再发往各房复考。各房都选中了的，这才呈交主文考官。主文考官于誊录所调取原卷，点对批取，分别等次，然后申报吏部，禀奏皇上，最后取旨揭榜。

三场一毕，大家回到了住处。陆游首先高兴地告诉大家，他不仅策论都是大谈恢复，就是经文试题《王者不治夷狄》，也是大谈如何尊王，何以不能向夷狄称"侄"！当时宋朝正是向金人称"侄"的。听得陆安只是摇头叹气。

升之未免有点幸灾乐祸地说："小弟此论，高则高矣，只怕不中！"

"我问中不中干什么？"陆游瞪圆了两眼，"皇帝开科取士，所立策论，不就是希望听到天下有识之士的心声吗？反正作为大宋臣民，我的肺腑之言是掏出来了。至于听与不听，或者中与不中，都不在我了。而如果皇上有此诚心以广开言路，我们知而不说，说而不尽，反以阿谀取容，窝着良心讨好，虽然高中了，也不怎么光荣！"他最后又加了一句："我只凭心，不问中不中！"

这一次果如叶黯所测，只陆静之一人中了。

这次主考官是翰林学士承旨知制诰孙公近。孙公近为一时词宗，翰墨主盟，名重朝野。太学生们在他府上走成一条线，就是希望能得到他的一声称赞，便可以名噪士林了。可是孙公近一向严谨，从不轻易赞赏人，但是这次见了陆静之的墨卷，却大加赞赏，以为文章写得如此典丽，定是翰院之光！经他这么一评价，一夜之间，陆静之的声名便高出人上，朝中之士，慕名而来结识的，车马喧阗，把整个灵芝寺闹得如逢盛会，让元照大师也应接不暇了！

宋朝进士及第后，题名游宴，另有一套，这里且不说它。单说他们弟兄几个，都争着让静之请客。静之只好委托陆安，在太平坊最有名的酒楼包了一桌酒，请这帮小兄弟，连陆安在内，正好八个人。

陆游一听酒宴设在太平楼，便说："我不去！"回头对陆安说，"你是怎么当差的，白在陆家待了五十年！"

　　别看陆游只十六岁，却把两鬓斑白的陆安训斥得面红耳赤，不断地说："是！是！"

　　大家很奇怪，一问才知道，原来这太平楼是大将军张俊利用他的部队为他营建的。他怕他的士兵们逃跑，便在他们的腿上刺上花纹，所以人们称他的部队为"花腿兵"。有的士兵因为不满他们大帅的这种举动，在建楼时边抬石头边唱道："张家寨里没米由，使他花腿抬石头。二圣犹自救不得，行在盖起太平楼！"陆游说："连普通的士兵都懂得要救还徽钦二帝，不然还有脸称什么'太平'！这种地方我是不去的！因为我怕愧对'花腿兵'。"

　　升之说："就你名堂多！"

　　静之说："小弟讲得也有道理。"只好叫陆安去退掉。陆安这次懂了他小主人的心意了，便在北瓦找了家叫庆春楼的馆子另订了一桌。这次陆游高兴了，因为北瓦是临安城最大的娱乐场所之一，更主要的是，这里也是抗金名将岳飞和韩世忠府邸所在的地方。他仰慕已久，能有机会到那儿去瞻仰一番，当然高兴了！

第三章 | 菊枕诗情

唐宋时，各州府郡每年年终都要派出会计吏纳币献物于天子，谓之"计献"。计献的路费自然是公费，所以州府的举子也愿意随计一道入京，省了盘缠。而州府也有这个任务，因为进献人才也是州府向皇帝所作的一种贡献。高宗绍兴十三年（1143年），十九岁的陆游再次入京应试，就不是结伴而来，而是随计入临安的。

来到临安后，他还是找到元照大师，住在灵芝寺的浮碧轩。因为这儿四面临水，碧波荡漾，虽然新荷尚未出水，却也清静幽雅，宜于读书。其时他的叔伯舅父唐仲俊便住在临安城里。宋廷将临安城划分为九厢八十五坊，唐仲俊便住在左二厢的保和坊，也称为"孩儿巷"。

一日，陆游正在浮碧轩读书，忽听小沙弥来叫："陆相公，您看谁来看您了？"

"二舅！"

原来是唐仲俊来看他。后面还跟着一位十五六岁的小姑娘，面目娟丽，只是弱不禁风，反倒更惹人怜爱。唐仲俊虽然已经六十岁了，但是依旧红光满面，三绺清须，乌黑油亮，神采奕奕。

"琬儿，还不快见过你表哥。"仲俊说着转过身，把藏在身后的那个姑娘拉到了身前来，对陆游说，"这是你唐琬表妹。"

"原来是琬妹，愚兄这厢有礼了。"陆游说着，深深一揖。

仲俊说："见了表妹就'这厢有礼'了，老舅来了这半日也未见你行个礼！"说罢哈哈大笑，把陆游和琬儿的脸都笑红了。

"二舅！"陆游嗔怪地叫道。

"好，好，好，我不争礼也罢。"说着，仲俊不等请让，便自个儿找了个座位坐下，还把唐琬也拉到身边坐了。

陆游说："我怎么没见过这个妹妹？"说着便仔细地打量起来：只见她削肩细腰，长挑的个儿。上身穿银灰色云锦短袄，下着粉红色罗裙，因为绍兴五年，高宗下诏禁止"金翠为妇人服饰"，所以她头上只有几朵细细的绢花，唯有那鬓边倒是斜插一枝真正的蜡梅，发着暗香，衬在她那化桃花妆的鹅蛋形脸上，更显妩媚。一双修长的丹凤眼，流动如春；两条弯弯的细眉，宜嗔宜笑。那嘴下角的一个小酒窝，一笑时便有无限风情。

仲俊说："她是你三舅的小女儿，可怜我那三弟三妹去世早，她从小就交给了我抚养。我那个地方是前线，目前和谈成功，尚属安静，但金人就在淮水以北，虎视眈眈，狼子野心，又岂是岁岁进贡可以餍足的？不知哪一日，双方又会打起来。所以我这次送她回临安看病，就不准备再带她走了。"

陆游说："对了，二舅，那光州（今河南潢川县）就在淮水之南，和敌人一水之隔，正是前线，你怎么可以脱身回来呢？"

仲俊叹了口气说："唉，我这个通守只是副职，当不了多少家。所以我倒落得个清闲自在。"

"我看你老人家的身体保养得很好，胖胖的，倒不像是从前线回来的样子哩！"陆游取笑道。

"我吗？"仲俊喝了口小沙弥送来的茶，"这是因为我记住了小时候读《千字文》里的一句话——'心动神疲'，心不动，自然神就安了。我这么多年来一直是在锻炼自己，要做到遇事不动心，不忿不争，心宽体胖，所以老而不衰。"说着站了起来，"咚咚"地走了几步，"你看你二舅这不是很健康吗？"

陆游说："二舅是何时到的？我这做外甥的都不知道。理应是我这做外甥的先去向老舅请安的，怎敢劳烦二舅和表妹先来看我。"说着眼睛又向唐琬瞟去。唐琬也正拿眼看他。两眼一碰，羞得唐琬脸一红，头又低了下去。

仲俊说："回倒是回了几日，只是有许多事，没来得及通知你。今日你表妹吵着要到西湖来玩，刚才领她游了一圈，就顺道来看看你。你父母身体可好？"

陆游恭敬地答道："托二舅的福，堂上双安。只是父亲的脾气愈来愈大了。"

"这也正常。"仲俊不胜感慨地说，"国事蜩螗，中兴无望，谁不忧心？我之所以注意安心静神，实在是因为我已感到无力回天！只是我比你父亲看得开些。"

陆游转向了唐琬，搭讪地问："表妹玉体不适？"

唐琬红着脸，低着头说："也没有什么，只是经常低烧罢啦。"

仲俊说："琬儿从小多病。倒真合了那句古话'久病成医'，她为了自己的病，常读医书，而今于岐黄一道，还真有些名堂了。"

"伯父！"唐琬不好意思地低下了头。

"好，好，不要我说就不说。其实你表哥又不是外人。"仲俊说罢起身道，"好了，天色不早了，我们也该回去了。"

唐琬也随之站了起来。

她一站起，陆游的心无端地一紧。他真是万分不舍这个表妹，便说："二舅，何不就在外甥这里用了晚饭再去？这里的素菜倒是比城里许多大酒楼的还要好哩！"

"不了，"仲俊说，"再晚怕进不了城了！"

陆游自唐琬来过以后，真个是"风乍起，吹皱一池春水"。平静的心中，掀起了阵阵涟漪，再也平静不下来了。不论是读经读史，最后总要读出那个情影。更奇妙的是在作文时，满篇珠玑，细看来到处是"唐琬"二字。只是这心中的唐琬，虽是风情万种，怎奈终是可望而不可即，竟把他闹了个茶不思饭不想，夜不成寐，身子日见消瘦起来！

这日起床，他感到头重鼻塞，浑身乏力，只好又倒了下去！一倒头便迷糊得不省人事，晃悠悠地要去找唐琬，却撞入一团万象杂沓的火场中，被缠得怎么也挣不脱，而前面便有人像是唐琬！他不顾火烧，大叫："唐琬！"

小沙弥像平日一样，来请陆相公用斋饭，推门一看，陆游睡在床上。

"陆相公，起来吃饭。你今日怎么了？"因为陆游平日总是起得很早。小沙弥去推他时，这才发现他两颊绯红，身上火烫，紧锁着双眉，发着谵语。小沙弥慌了，赶紧去报告。元照大师急忙赶来看他，见他确实病得不轻，拿起他的手一把脉，脉象亢而沉，乱而无章！不觉皱起长眉说："此子何以心乱如此？心血四散而不归仓，不是好的征兆！"虽给他开了几剂清凉解毒、祛风祛邪之药，怎奈吃下去不见起色，反而日益沉重起来。

元照大师再次来看陆游时，只见他颧骨突出，两眼凹了下去，口唇翕动，似在念着什么，俯耳一听，断断续续的，全似"琬妹"二字！元照大师想起前些时日他舅父和表妹来看过他，那个表妹似乎就叫什么"琬"的。老和尚于是摇头叹气，知道陆游害的怕是相思病，除了请唐琬前来以慰相思外，服药是无用了。

仲俊知道自己的外甥生病，已是陆游病倒的第五天。他带唐琬来看他时，真的是病骨支离，不成模样！

唐琬按住陆游骨瘦如柴的手腕把脉，心中不禁一阵酸楚。想到前几日见到他时，是那样的丰润倜傥，和自己只小别了几日，便落得这般模样，可见他思念之殷切！可怜他这时已无法出声，但从他微微噏动的口形可以看出他是在呼唤自己的名字。一阵激动，眼泪几乎夺眶而出。

仲俊见他这模样，忧心忡忡地问："琬儿，怎样？有救无救？"

唐琬不敢抬头让伯父看见自己红红的眼睛，低声说："伯父放心，孩儿自会尽力救治。"

也许是唐琬的声音如一滴甘露滴入了焦渴的心田，使灵魂受到了滋润，陆游一下睁开了眼睛。散乱的目光在空中漫寻着，他还不相信真有那一声存在！

"表兄。"唐琬见他苏醒过来，便轻声唤道。

陆游似乎找到了目标，一下把眼光定在了唐琬的脸上。半晌，散漫的目光渐渐地聚拢起来。只见得唐琬一眼，脸色便一下煞白，刚欲抬起的头又垂下，一下昏厥了过去！

仲俊大惊，连呼："游儿！游儿！"

唐琬说："伯父别惊，他这是过于激动，散漫的心血回归太快，所以又昏了过去。这倒是一个好现象，经此一激，反而有救了！"说着从自己荷包里取出一个银质镂花的小盒子，从中取出几支银针，分别扎在陆游的头上、脸上和四肢上。约莫过了一盏热茶的时间，只见陆游那苍白的脸，渐现红晕，手脚也回过温来。唐琬便拔出银针拭净收了，然后取出一对黑色药石，在陆游两太阳穴上慢慢地旋转着。旋着旋着，陆游睁开双眼，一下抓住了唐琬的手，一双因病瘦显得过大的但异常清亮的眼睛，直盯着唐琬的脸，毫无顾忌，倒把唐琬弄了个措手不及，一双手抽也不是，不抽也不是，一时窘在了那里。

元照大师念了声"阿弥陀佛，善哉，善哉！"接下对唐仲俊说："唐施主，看来已无大碍了，请到偏殿用茶如何？"

仲俊见陆游这个模样，又见唐琬虽羞，却是不肯将手收回的样子，焉有不懂之理，也就和老和尚一起退了出来。

明亮的浮碧轩就只剩下他俩，一时静得连水中鱼儿的唼喋声都听得见。

"琬妹！"还是陆游先开口，乞怜地问，"你不再走了吗？"他俩的手虽放下了，但仍自握着。

唐琬的脸一直红着，但她这次没有避过去，细声地说："表兄静心休养，琬儿在这里尽心照顾就是。"

"琬妹，我好想你！"陆游仍那样直直盯着她说。

这次唐琬低下了头："你这是何苦呢！"说着，自己的眼圈就红了！

他俩正说着话，仲俊走了进来，对陆游说道："刚才我和元照大师商量了，元宵节也快到了，我看你不如搬到我家中去，一来有个照应，二来好调养，在庙里动个荤腥总不大方便。"

陆游看着唐琬。

唐琬斜了他一眼，低下了头。看得出来她是极愿意的。

得到她的暗示，陆游便点头应允了。

元照大师叫小沙弥去叫了一辆轻便骡车，他们甥舅三人便乘着骡车涌进了金门直奔天街，然后转到保和坊去了。

有了唐琬的悉心照料，特别是唐琬善解人意，给了陆游莫大的安慰，所以陆游康复得很快。

这一日到了元宵节。陆游住在二舅家，早与唐琬相处熟了，所以元夕是他俩双双出游的好时机。在仲俊心中，也早把这个侄女许给他的这个外甥了。所以他们双双出游，竟也不问。这几日整座临安城，连城门也是日夜洞开，更何况市民之家呢？

游到三更，唐琬体弱，不胜夜露风寒与喧阗嚣噪之苦，特别使唐琬反感的是，许多王孙公子，见唐琬美丽，便有意往她身旁挤，挤过去了还要不断回头看！唐琬又生气不得，只好苦笑着向陆游念了句本朝资政殿学士李邴的词："这一双情眼，怎生禁得，许多胡觑！"说得陆游也笑了起来："谁让你天生长得这样惹人呢？幸亏你今日还没着意打扮，不然，恐怕你出不了临安城哩！"

"你还帮着这些无赖胡说！我不来了。"唐琬故作生气地说。

"好，好，算我说错了。"陆游连忙道歉说。

回到家中，陆游便喊饿。可是家中的人连仆妇都出外游玩去了还没有回来。

唐琬说："你先坐坐。"便到后面去了。陆游以为她要更衣，自然不好跟了去。他坐在厅里，闲极无聊，便随手拿了一本书来看。忽然，一股甜香味从身后飘来。他回头一看，唐琬正用托盘端了一碗汤圆，笑眯眯地站在他身后。

陆游一见极为喜欢，因为汤圆正是他喜欢吃的，更何况当此饿极之时。他更高兴有唐琬相伴，所以站起身来，且不去接碗，却抓住了唐琬的双腕。

唐琬咯咯地笑着，扭身要躲，"乒唥"一声，一碗汤圆跌得满地皆是。细致的白瓷印花碗，也碎成了无数片！

唐琬的脸顿时苍白。

陆游也一下呆了。他见唐琬一脸悲戚之容，赶紧安慰她说："一碗汤圆能值几个钱？洒了就算了，反正我也不饿了。"

唐琬忧郁地说："我不是心疼汤圆，何况厨房里还有。元宵吃汤圆，原本就是图个团圆之意，而今碗破汤圆碎，怕的是预兆你我不得团圆而要破碎分离了！"

陆游百般安慰，唐琬虽强颜欢笑，但这年的元宵节，在他俩心上都留下了阴影。

这年春试，陆游又没有考中。

仲俊在节后也要赴任去了。他在赴任之前，去了山阴一趟，为他侄女提亲。仲俊对陆氏夫妇说："安妥了我侄女的婚姻大事，我便没了顾虑，可以安心上前线了，纵然落得个马革裹尸，也总算对我三弟有个交待了。"

陆宰夫妇碍于至亲的情面，不能不答应。更何况这门亲事乃是亲上加亲，唐仲俊的侄女，自然也是陆夫人的侄女了。三哥去世得早，二哥又要身赴前线，无论从公从私，她都感到有责任抚养这个侄女。过门以后，既是侄女，又是儿媳，更是一搭两就的事，所以很乐意地答应了。为了让仲俊安心赴任，他俩还主动提出，就由仲俊在临安为陆游和唐琬把婚事办了。

新婚胜如小登科，得此佳妇，陆游早把考场中的不快忘了个精光。

四月，仲俊去了光州，陆游和唐琬小两口也就回到了山阴。

陆夫人乍看到这个新媳妇时，不禁一怔！只见她双肩瘦削，面带潮红，虽然是个美人胎，却分明是副痨病壳子，显系不寿之象！陆夫人心中便有些不快，怎奈生米已煮成熟饭，当然也不能再说什么了。她让仆人把后院那一座挹翠楼收拾了给他小两口作新房。楼在一片松阴之中，故名"挹翠"。陆游便将楼上作卧室，楼下作读书之所。按陆夫人的意见，连卧室也要他俩分开，要陆游就睡在楼下的书斋里。这话连赖三听了都摇头不满！怎奈爱情的力量超过母命，虽松涛仍然长啸如潮，而书声却日见减少；楼下青灯不再长明，而楼上的红烛则夜夜高照。新婚燕尔，小两口常泡在一起以诗酒为乐，原也不足为怪。但陆夫人却认为她的这个侄女在感情上太过缠绵了，影响了陆游的学业，使得他在婚后，再也没有像以前那样焚膏继晷、夜以继日地苦读，于是心中对唐琬又多添了一层不满。

转眼到了九月。宋朝最重视重九。九月九日这一天，禁宫中和贵族之家都要以菊花和茱萸浸酒而饮。因为茱萸名"辟邪翁"，而菊花为"延寿客"，故借此辟邪延寿而消阳九之厄。赏菊则更是不可少的了。像皇宫的瑞庆殿，这日便陈列有各种各类的名贵菊花，有万种之多。而且入夜点起菊灯，其辉煌之程度，比元宵节也差不了多少！所以这一天也叫作"试灯"。不说皇家贵族，就是一般的士庶人家，家中没花的，到了这天，也要到花市上去买回一两盆菊花，以赏菊应景。

陆游既爱陶渊明的诗，也像陶渊明那样爱菊，且会种菊。他凭经验，总结出了"种法九要"：一曰养胎，二曰传种，三曰扶植，四曰修葺，五曰培护，六曰幻弄，七曰土宜，八曰浇灌，九曰除害。能如此法，便堪为松菊主人。他自从成为挹翠楼主人时，便在松下篱边，植遍了菊花。所以重九这日，全家便都到他的挹翠楼来赏菊饮酒。作为松菊主人的他，更是非常高兴！

家宴上，陆游多喝了几盅，所以直到第二天太阳升起了老高，他犹然酣睡。

他的头被抬起来了，一股清香钻鼻醒脑。他睁开眼一看，首先映入眼帘的是那一张清秀娟丽的脸。"琬，你怎起得这么早？"

"还早？"唐琬用手指指窗外，"你看太阳到哪儿了！"

　　果然，松林里早已是金光熠熠，太阳老高了！

　　清香萦绕脑际不已。陆游起身后，不由回头去看，发现原来是换了只枕头。这不是那种长长的四方周正的锦缎绣花枕头，而是一对圆圆的像一朵大菊花的软枕。他枕的是一朵墨玉，而摆在她那边的却是白如玉的香雪球。这都是他家园中菊化的名贵品种，亏她做得色香如此逼真，只是大得像个花王而已。陆游惊喜道："菊花枕！"

　　唐琬见他高兴，得意地说："不仅外形是菊花的，连里面的瓢子也是我亲手采的菊花烘干了做的哩。"

　　陆游返身扑上去猛嗅，好一阵欣喜。

　　陆游说："我想起了陶渊明的诗：'秋菊有佳色，裛露掇其英。汎此忘忧物，远我遗世情。'你把他的诗活化了，只是你'掇其英'不是充饥，而是用来作枕头，这就更妙了！你简直就是个菊精，陶渊明只有菊，而我却是有菊精，有你这菊精相伴，何忧不可忘，何必再去担心这世界上的事！"说着照着唐琬的脸上亲去。

　　"好了！"唐琬推开他娇嗔道，"又把我的早妆弄乱了！"

　　陆游说："这算什么，干脆打散了，我来帮你重新梳拢。"

　　唐琬横了他一眼："没出息，大丈夫不上马平房，去统一中原，却屈尊在家为妻子梳头！你不觉得委屈吗？"

　　"委屈什么？"陆游嬉皮笑脸地说，"这就叫大丈夫能屈能伸。屈可治家为老婆梳头洗脚，伸可治国平天下，让普天下的黎民安居乐业！你想想，没有这治家之情，又怎可治国平天下？这一'情'字，岂可少得？"

　　唐琬笑着说："你还是留着情去治国平天下吧，头我自己会梳。"

　　陆游忽然记起："对了，作诗。今日有如此好的题目，岂可无诗？"说着一轱辘爬了起来，也不下楼，就在唐琬的镜台前，将胭脂用香水调了，拿过眉笔就写。

唐琬起身一边绾着头发，一边顺他的笔画念道：

问菊寻幽锦袋装，为他甘苦倍清香。
此身但有君为伴，好共温柔入梦乡！

陆游犹自拿着眉笔，反过脸来问一旁的唐琬说："我为你写的《菊枕诗》怎样？"

唐琬说："好！甘苦乃菊之属性，也是人生况味。这首诗既写了你，也写了我。既写出了我对你的理解，也写出了你对我的情爱！二十八个字，容纳了许多思想，确实是好诗！"

陆游得意地说："不负此好诗，你能为我歌一曲吗？"

唐琬道："歌是可以的，只怕我唱的不能表达相公之意。"说着放下窗帘，走到琴案前坐下，褪去琴衣。陆游便在玉香炉中燃起一支艾纳香，室中顿时弥漫着与菊花相似的清香。

唐琬铮铮地调了调律吕，便轻声唱了起来。琴声如溪水，晶亮跌宕，汩汩淙淙，清心洗耳。歌声似黄莺出谷，低回婉转，涤荡肝肠。且不说陆游，前来送早餐的赖三，竟也听了个目瞪口呆。

赖三长期在市井酒楼中工作，所以对于吹拉弹唱之事，虽不甚精，但耳濡目染，却也无不皆熟。甚至他还会吹奏乐器，唱得上曲子。他正低头行在松间小径上，忽听小楼传出琴声，是那样悠扬婉转，及待歌喉乍放，恍如渴饮琼浆，顿时周身无不舒畅，一时间听呆了。这调，这词都太美了。他边听边记，楼上一曲终了，他耳边脑际，犹自余音萦绕。这声乐与坊间流行的，简直判若云泥！他如醉如痴地在心中体会了一遍又一遍。正自出神，没提防头上松鼠啮下一只松果来，嘣一声响，正砸在他头上。这一下把他砸醒了，他才"哎哟"一声，记起自己是来送早餐的，赶紧提着饭篮进小楼去了。

每个人大约都是这样，有了高兴的事，总愿说给别人分享他的快乐。赖三此时正是这样。自从他早上听到了少夫人的琴歌之声，问了少爷，知道那是少爷所作的《菊枕诗》后，这种冲动就一直不已。好不容易弄毕了三餐饭，晚饭一收拾妥，他便溜出陆府，找好友得意去了。

不久，市上的秦楼楚馆都遍唱《菊枕诗》，而且盛传这词曲出自陆游夫妇的唱和，凡听到的人，无不赞其美艳！这样一来，不久就被陆宰知道了。他回来说给夫人一听，夫人便大怒，叫道："春香，到挹翠楼去把少爷少夫人叫来！"

陆游和唐琬来了。他们当然不知道夫人为什么召唤他们。

陆夫人一见他俩那亲亲密密的样子，便没好气地望着唐琬说："琬儿，你太让我失望了！你不仅不能相夫使其学业有成，反而唱些靡靡艳曲，消弭丈夫的锐志，外面的歌楼妓院都传遍了你的歌！成何体统？"

陆游和唐琬对望了一眼，凭良心说，他们整日没出挹翠楼一步，被骂得实在有些莫名其妙。唐琬不敢顶嘴，只得含着泪低下了头。

陆游说："娘，孩儿们一步也没有离开挹翠楼，此话从何说起？"

"大胆！"陆夫人怒气冲冲地说，"你们作过《菊枕诗》没有？市井上都唱遍了！什么'此身但有君为伴，好共温柔入梦乡'！你就准备在梦中这么温柔一辈子？你真使我感到痛心！"

陆游辩解道："娘！这只是作作诗而已。"

"作诗？哼！"陆夫人冷笑道，"你们自从结婚以后，成天卿卿我我！现在还好了，都要在温柔乡做梦一辈子了！没出息的东西！即使你要作诗，而今世风民情，国仇朝事，有多少内容不能拿去作诗？有出息的诗人，是不会作你这种艳体诗的！闺房调笑之诗，还传播于市井无赖之口，成为那些无聊的佐酒调情的艳曲，别人怎样看我们这样的人家？！"

陆游还要辩说。陆宰不愿夫人生气，便支走儿子和媳妇："好了，别说了，你娘也是为你好。你们先回去吧，别在这里惹你娘生气。"

小两口很生气，特别是唐琬，说她消弭丈夫的锐志，这不是天大的冤枉吗？

这气还没有过去，一桩使唐琬更难以忍受的事又来了。

一日，远远听见大厅那边，鼓乐喧天。

唐琬问："今日家中有什么喜庆事？怎么动起乐来了？"

陆游说："没听说有什么大事呀！"

唐琬说："如果有什么庆典，相公自是应当换上礼服，前去参加才是。"

"管他呢，"陆游说，"他们不来知会我，我也乐得清闲。有那闲工夫，不如读读书。"

他自从母亲告诫以后，倒是认真读书了。

不一会儿，鼓乐声径自往他们住的小楼这边响来了。他们推窗一望，只见父母亲身着吉服，后面跟了一大群亲戚。最前面是族里长房的一位叔婆，手中捧着一个托盘，上面放着一个红色的小物件，是什么看不清。一行人登得楼来，顿时把整个小楼塞得满满的。这时他俩才看清，原来托盘里托的是一块用红布包着的破砖头！那个叔婆捧着砖头对唐琬说："孩子，这是你叔婆特地为你从城外麒麟桥上偷来的一块砖。你把它挂在你的帐子中间，麒麟送子，你就有孩子了。"

周围是一片嗡嗡的道喜声。唐琬只恨楼板没有个缝钻了进去，哪还有脸去听那些嗡嗡之声到底说了一些什么混话！只觉得那么多的嘴巴在蠕动着，好似在咀嚼自己！

原来唐琬来陆家一年多了，肚子里并没见什么动静。她婆婆抱孙心切，便让族人按乡间风俗送来了这块麒麟桥的砖，因为传说麒麟会送子的。

一块红绸包着一块满是青苔的烂砖头吊在唐琬的床中央，这使唐琬感到耻辱而抬不起头来。但这是人家的好意，是当地的风俗习惯，她虽感到厌恶但也不敢反对。陆游被众亲友拉到前厅陪他们喝所谓的喜酒去了。可怜的唐琬，便只能一人倒在床上痛哭起来。

中国的女性，在唐时还是较有地位的，到了宋朝自理学盛行以后，地位便日益趋下，只成为传宗接代的生育工具。所以不生育，便成为一个女子的奇耻大辱！心志高傲的唐琬，怎受得了这种刺激！她本有肺病，经此刺激以后，便日见憔悴起来。

就这样又过了两年，唐琬还是没有生育。于是陆夫人便要儿子纳妾。但陆游一个心只在唐琬身上，纳了小妾也不同房，最后陆夫人便只有迫使他休妻再娶了。因为她知道：不逼走唐琬，便休想有孙子！侄女虽亲，但孙子更重要！当时女子有"七出"之条，凡有下列七条之一者，丈夫就可以不要她！这七条是：一、无子；二、淫佚；三、不事姑舅；四、口舌；五、盗窃；六、妒忌；七、恶疾。首要一条就是不生孩子，这是关系到家族是否后继有人的大事！唐琬来了三年不生孩子，自然符合休她的条件了！

陆游说："娘，琬儿刚来三年，你怎么知道她以后不会生孩子呢？"

陆夫人说："来了三年都没有生，还要到什么时候能生？要能生早生了！我来你们陆家，第二年便生了你大哥。一个女人，生育期有几个三年？她耽误得起，我可耽误不起！"

陆游跪在他母亲跟前，苦苦哀求说："娘！我不能休她！我宁可不要儿子，也不能没有琬儿！"

"放肆！"陆夫人一声断喝，"你居然为了老婆，连你陆家的香火断了也不顾吗？！"

陆游声泪俱下："娘，我大哥不是有孩子嘛，祖宗的香火怎么断得了呢？"

陆夫人气得把指头点到陆游的鼻子尖上："你可知'不孝有三，无后为大！'你大哥是你大哥，你是你！你想为了老婆而做一个忤逆不孝之徒让天下人耻笑吗？那你就休想在士林立足！身且不修，何能齐家，更别谈什么治国平天下！"

时值理学盛行，不孝的压力是比死还要重大。理学的口号是："饿死事小，失节事大！"这个"节"，对于女子是贞操，对于男子便是"忠孝"二字了。不忠不孝，就是"乱臣贼子"，人人得而诛之的。

陆游无奈，虽然表面上给了唐琬一纸休书，但是暗地里却把唐琬安顿在一个僻静的小巷人家。他俩虽不能如新婚时终日厮守在一起，但只要有空闲时间，陆游就会去唐琬那里，希望他俩有了孩子，便可以要求母亲收回成命。正因为他总是在那里，所以家中有什么活动，他都无心过问，也不去过问。这样一来，他就铸成了大错。

原来陆夫人在休走了唐琬以后，便在积极地为儿子物色对象。刚好澧州（今湖南澧县）刺史王膳带着家小到临安赴任，路过山阴。他和陆宰本是好朋友，便顺道来看看他。陆夫人见他的女儿长得丰满圆润，是一个多子之相。一问，今年二十一岁，比陆游小了两岁，还没有许配人家。在当时的封建社会，二十一岁还没出阁，就算是老姑娘了。所以陆夫人提亲，王刺史和夫人便满口答应了。既然姑娘老了，便不能再等了，自己虽不便出口，陆夫人却早看出了，便说："我想趁你们在这里时，就为他俩完婚，这样，你们就可以安心赴任了，不知这样可好？"

工膳说："我们想到一起了。"

亲事就这样定了。家中张灯结彩，陆游还不知道，因为他一颗心只扑在竹贤巷——唐琬所住的地方。

陆夫人还以为她儿子老实地在挹翠楼读书，临到婚礼举行时，便叫春香到后楼去请少爷更衣。

春香回来说："禀夫人，后楼没见少爷！"

陆夫人一下慌了，便问陆安。

陆安见事已如此，不能不说。便说："少爷在竹贤巷。"

陆夫人吃惊地问："他在那儿干什么？"

陆安嗫嗫嚅嚅，半天不作声。

陆夫人见状，心知蹊跷，便说："莫非这不成器的东西，在那里和妓女鬼混不成？"

"那倒不是。"陆安低头说道。

陆夫人奇怪道："那是什么？"

"是……"陆安仍说不下去。

"说！"陆夫人怒斥道，"我看你是老糊涂了！"

"是。"陆安跪下说，"是这样的，少夫人休后并没有走，她和少爷就在竹贤巷赁了间小屋住了。少爷常在那里。"

陆夫人听得头发都竖起来了："这还了得！"转头对陆安和春香说，"走，我们看看去！"

竹贤巷，小小的一条青石板铺的小巷，清洁而又安静。

小屋里，飘出一阵药香。

陆夫人带着陆安和春香闯了进去，一眼便看到自己的侄女儿头发蓬松地半倚在一张旧床上。人比以前更消瘦，也更憔悴了！

陆游正端了碗药，从后院进来。一见母亲来了，一时不知所措，捧着碗木然地站在了原地。

陆夫人不理会唐琬，只对陆游说："游儿，今日是你结婚大喜的日子，还不跟娘回去，换吉服拜堂去！"

"结婚大喜？"陆游莫名其妙地问。

"是呀，"陆夫人说，"为娘已替你和王刺史的大小姐订婚了，婚期就在今天，你不知道？王小姐你是见过的。"

"娘！"陆游叫道，"这么大的事，为何事先也不和孩儿商量？"

陆夫人冷冷地说："混账话，婚姻大事，自是父母作主。和你商不商量，还不是那么一回事！而今宾客都来了，你还在这里干什么？你和她早没关系了。"

"怎么没有关系？"陆游理直气壮地说，"至少她仍然是我的表妹！何况她还是我的救命恩人，我总不能忘恩负义到见她病了也不管吧？"说毕，竟不理他母亲怔在那里，径自捧着药碗到唐琬面前，像往日一样，坐在床边，拿了汤匙就往唐琬口中喂去。

唐琬受不了这个打击，眼泪像断了线的珍珠，成串往下滚落。

陆游边为她拭泪边劝道："好妹妹，趁热把药喝了吧。"

唐琬摇摇头说："游哥，事已至此，你走吧，不要管我了。"

"不！"陆游坚定地说。

陆夫人见状大怒，叫道："陆安！春香！把少爷扶回去！"

陆安和春香含着泪，只好半劝半拉地将陆游架走了。

陆游刚被拉出门，就听到房内"砰"的一声，那是碗跌碎了的声音。

这一声，把陆游的心也跌碎了。

此后陆游再去竹贤巷，已是人去楼空，连房东也不知那个病蔫蔫的姑娘到哪儿去了！

陆游在淳熙十四年（1187 年）冬，当时他已六十三岁，在严州（今浙江建德）赴任时，还凄惶地提到他的《菊枕诗》："余年二十时，尝作《菊枕诗》，颇传于人。今秋偶复采菊缝枕囊，凄然有感。"陆游为之赋诗二首：

其一

采得黄花作枕囊，曲屏深幌闷幽香。

唤回四十三年梦，灯暗无人说断肠！

其二

少日曾题菊枕诗，蠹编残稿锁蛛丝。
人间万事消磨尽，只有清香似旧时。

对于唐琬，他这一辈子怎能忘怀！

第四章 ┃ 戕羽归来

唐琬走后的第二年，陆游的父亲去世了。在不到两年时间内，他接连失去了两位最亲爱的人，这对于他的打击是巨大的！父亲的死，使他得以荫补登仕郎，一个最低级的正九品文职散官。虽没衙门可坐，但却给了他另一个上进的机会。

原来宋朝规定，现任官员也可以应进士试。只是有个严格规定：如果考试不中，不仅已有的官职要丢，而且今后还不许再参加任何考试，甚至连累保举他的官员也要受到极重的处罚！这是因为宋朝的荫官极滥，如果不严格限制，都来考试，恐怕要把整个临安城都挤炸了！后来虽然政策放宽了一点，允许一人有考两次的机会，但两次不中，处罚是一样的。这种考试，便叫"锁厅试"。就是说，官员参加考试去了，他所视事的厅得锁起来。

陆游既为登仕郎，便有资格参加锁厅试。登仕郎不过九品，这种恩补的官，上升是很困难的，陆游自然是不愿以恩补终此一生而放弃进士及第的希望，他毕竟不是"纨绔子弟"。高宗绍兴二十三年（1153年）三月，二十九岁的陆游又来到了临安。这次他不愿再住到灵芝寺，也无颜再到保和坊，便在靠近贡院的报恩坊找了间民宅住下了。

这一日他从文友那里谈得很晚才回来，因为明日就放榜，所以大家很激动，不觉间就过了半夜。报恩坊静悄悄的，所有的院门都关闭了，大街上连只野狗都没有。只有如水的月光，把整个街道洗得无比明净，踏上去，如踏在浅清的水里。虽已是暮春，深夜里，依然寒凉。

忽然间，幽咽的琴声不知从谁家的小楼里飘起，在这寂静的夜里，如泣如诉，虽缥缈无踪，却是丝丝入耳。陆游一下想到了九年前他和唐琬在上元节踏月归来的情景，月光依旧似当年，只是身边却少了一个紧紧偎依的情影！孤独的影子拉长着，一阵寂寞空虚的惆怅，瞬间袭上心头，他的脚步声便分外沉重起来。

他推开了院门，门没闩，只是虚掩着，显然留门是等他的。

他便反手闩上了。

他的房紧靠院门边。他走进房内，点燃了灯，拉长的身影，一下顶齐了屋脊。他感到今日的书斋分外空荡，也分外凄冷。

他无聊地坐到灯前，不知怎的，今夜他不想睡。琴声犹自远远传来。这琴声分明传出了幽怨，使他想起唐琬为他《菊枕诗》所弹的琴曲。那琴声当时是多么地欢快，而此时所勾起的，已成一腔苦涩的思绪。恍惚间，似乎弹琴的就是他的琬儿。他仿佛坐在松间，听那挹翠楼上的琴声。

因为只有他的琬儿，懂得他此时的心意。

锁厅试三场已毕了。他信心满满地认为自己文章精妙，虽没有了少年时认定富贵逼人的狂态，但按说高中是没有问题的。不过他已考过几次了，他知道，考场的得失，不是全凭文章好坏的。正所谓"不要文章高天下，只要文章中试官"，而试官又往往听命于当政的。自己力图恢复中原之良策，尽管头头是道，鞭辟入里，但不一定能得到朝廷赏识。这幽咽的琴声，显然是她不得知音才弹出如此怨苦之调的，而自己又何尝不是没有知音！故听着听着，心思与琴声交汇，他竟痴痴落下泪来。待到觉得脸上冰凉，胸前早已湿了一片。

恍惚间，唐琬拿了件银狐大氅给他披上，深情地说："相公，夜已深了，还是早点歇息吧！"

陆游一见唐琬，立即拉住她的手："琬儿，你这段时间到哪里去了？让我想得好苦啊！"说着一把抱住了她。唐琬倚在了他怀里，正待细说，"嘭嘭嘭"，外面人急切地拍着门。"不好！"唐琬一下推开陆游说，"你母亲又领人抓你来了！"说着一闪便不见了。

"琬儿！琬儿！你回来！"陆游大叫，他要起身去抓唐琬，身子一歪，便倒了下去。爬起一看，灯油早已燃尽，微见晨曦。哪有什么唐琬！

"嘭！嘭！嘭！"

真是有人敲门。陆游掐了掐自己，顿感生疼。不是在做梦！

"琬儿！"陆游叫着，向四周望去。

门外听见陆游的叫声，便连捶带喊起来："陆兄，大喜了！快开门，大喜了！"

陆游出得斋来，打开院门，原来是住在附近经常在一起切磋举业，也是来应试的几位荫补官儿。他们不等陆游邀请，便一窝蜂似的都挤了进来，七嘴八舌地说："陆兄，高中了！"

"谁高中了？"陆游还在梦中。

"你高中了呀！"大家异口同声地说。显然，他们之中有一人高中了，似乎咸与同光。

"我？"陆游还有点不相信，和大家一比，他太冷漠了。因为他实在很难从刚才巨大的失落心境中出来！在潜意识中，未尝不怪这些人多事！

"可不是，"一位叫何长祚的说，"我们半夜守在那里等着放榜，榜一出，第一个名字就是你。锁厅荐送第一名，不得了哇！"

"第二名是秦埙，第三名是曹冠。"大家七嘴八舌说着，也搞不清是谁在说。

陆游到了此时，可算是清醒了。便问大家："兄弟们可高中了？"

"唉！"一片叹息声，"说来惭愧，兄弟们今年都'康了'！"

这"康了"是本朝的一个笑话。有位秀才叫柳冕，平日多禁忌。因为他是秀才，最忌讳的是那个落第的"落"字，所以搞得一家人连说安乐都不敢，因为"乐"字听起来像"落"字，要改说"安康"。一次他考试完毕，命仆人去看榜。仆人回来，一脸紧张之色，因为柳冕落榜了，他不敢说"落"，故此紧张。柳冕急切地问："到底怎样了？"逼得急了，他忽然想到用"安康"代"安乐"，便苦着脸说："秀才康了！"从此，秀才落第，都戏称"康了"。

陆游为了安慰大家，便说："这没有关系，小弟这已是第三次考试，今日侥幸得中，怎知下次不是兄等？走，让我做东，为诸兄预先祝贺如何？"

何长祚说："赊欠免言。我们他日得中了你再请不迟。这次还是我们大家做东，为阁下作贺吧。"

大家也由不得陆游推辞，一起把他拥到了太和楼。太和楼是户部检点所办。在这里饮酒的，大都是学士官人，一般人是不能进去的。

官办酒楼，果然气势非凡。楼上是一间间的阁子，陈设古朴典雅，格调清新，所用的杯盘碗盏，一色的烂银造就，红锦铺地，为了那一份气氛，虽是白日，却仍然燃着宫灯，显出一派华贵，的确是一个最适宜于饮酒作乐的好地方。他们八人，刚好一桌，便选了间小阁子坐了。

小二一看就知道他们是前来应试的新贵，殷勤地呈上菜名册，毕恭毕敬地说："小楼南北大菜，东西名点，一应俱全，请学士们赐点。"

大家推陆游先点。

陆游见推辞不掉，便说："弟乃越人，先来几样海鲜下酒如何？"

众人说："这样最好。"

陆游指着菜单对小二说："先来一个白蟹，一个蚶子烩，一个米脯风鳗，一个鲜虾蹄子烩。"

何长祚是临安人，有点卖弄知识地说："陆兄点对了。这个鲜虾蹄子烩可是这里的名菜。前年圣卜驾幸清河郡王府时，郡王爷张俊便是从他们这儿特定了这个菜作御膳的。陆兄高中省魁，预计殿试定当也是个第一，理应再点一个三元四喜，以资庆贺！"他说的这话，倒也并非全是奉承，因为虽属省试，并非分散在各省，大家都集中到了这里，殿试还是原班人马。

有人说：“我看还得加一个潭笋，取其节节高升之意！”

“啊！”另一个抢着说，“那跳龙门之鲤也不可少，再来一个红烧全鲤。”

大家还争着要报，陆游说：“不少了，再多就吃不完了！”

何长祚说：“这只七样，若要发，不离八。再加一个群仙羹，借陆兄的光，也给我们大家找点彩头，各位仁兄想必都赞同吧？”

大家轰然应和叫好：“还是何兄才高！”

何长祚笑着说：“惭愧！惭愧！才高于吃，再高也高不到哪里去。好，大家既然夸我，我就再点四个冷盘：“一个兔犯，一个鹅鲊，一个糖炙骨，一个银丝肚吧。”

小二见没点酒，便问：“相公们喝什么酒？”

何长祚益发地包办了：“自然是状元红了！”

小二答应了下去，不一会，分别用两个大银盘托了这些菜来，真是色香俱全，看看都有味！

大家正在鉴赏评论之时，一个叫娄去旧的人，原籍河南府，好不容易从敌占区偷渡了过来。他不懂南方的规矩，见大家指指点点地评判着却不下筷子，便拿起筷子就往那黄河鲤鱼上戳，边戳边说：“何必指指点点，尝一尝不就知道了！”他家在黄河边，但由于金人的统治，实在是好久未尝到家乡的鱼味了，一见如此肥美的大红烧鱼，他怎能按捺得住！

他戳起一大块正往口中送时，众人早已哄堂大笑。连一旁站着的小二也捂着嘴巴笑了起来。见众人这么一笑，他筷子上夹着的鱼便不敢往口中放了，尴尬地说：“怎么，有什么不对的吗？”

何长祚说：“老弟，你太性急了。这呢，叫‘看菜’，是先送来给我们看的样品，不是吃的。等我们看了没意见了，他们便会按照此样品做好再送上来，那时才是吃的了。”

娄去旧本来一张方脸就很黑，听他这么一说，黑脸抹不开，变成酱紫色。他讪讪地放下鱼，嘟嘟噜噜地说：“南方人就是这么不痛快,这算啥规矩嘛!"

小二把菜上齐后,在一旁弓着腰说:"相公们可要'点花牌'?"

娄去旧本来就窝着火,把手一挥:"去!去!去!爷们要吃酒,没工夫看花!"

"唉,这个娄兄你又外行了。"另一位说着从小二手中接过一个折子样的小本子,展开指给娄去旧看,"喏,这花是本坊名妓,可不是你那芍药牡丹。'点花',就是问你要叫这个册上的哪个姑娘来陪你。"

陆游也不懂,但当他侧眼看见那册子上满是女性的名字时,心中也就早明白了。

娄去旧听了大喜,叫道:"客中正嫌寂寥,还问什么,拣你们这里最好的叫几个来就是!"

大家有要的,也有不要的,八个人只点了四个,陆游没有要。点的无非春兰、秋菊、怜怜、惜惜之类。不一会,只听得阁楼上楼板乱响,燕语莺啼,先后下来了四个粉头。原来当时各大酒楼都有自己的妓女,凭栏待招,称为"卖客",所以一呼即至。四个粉头,姿色倒也过得去,只是穿着太艳了一点,反倒觉得只是一堆彩缎粉脂、珠光宝气而已,本色倒没了。只有惜惜比较淡雅。娄去旧要了春兰,何长祚要了怜怜,却把惜惜推给了陆游。有了她们,席上自然就更热闹了。

这边正笑闹着,对面阁子里也来了一帮子人。何长祚一见,便对陆游说:"那一个穿大红绸衫的便是秦埙。"

陆游看他时,秦埙也正在望着陆游。他身边也有人在为他向这边指指点点,他便望着陆游一笑。

娄去旧说:"秦埙靠了他爷爷秦桧,年纪轻轻的便当上了敷文阁待制,从四品的大员了,还来和我们争进士!老子要是当上了四品大员,早在家中抱着成群的妻妾睡大觉,绝不会到这里来受这种窝囊罪！"

何长祚说："有了钱的想做官，做了官的想出名！你想想，待制该有多少？我们固然是望尘莫及，但作为秦太师的嫡孙，那就不在话下。状元就不同了，听说秦府传出话来，要秦埙作今科状元哩！"

他们正说着话，却没注意到身边的几位妓女都跑到那边伺候秦埙去了！

娄去旧气得恨恨地骂："真不是东西！"

陆游见自己身边的惜惜没有动，不禁奇怪地问："你为什么不过去？"

惜惜说："其实她们只是怕秦大少，心中正不知怎样恨他哩！我虽恨他，却不怕他。我已沦落至此，生不如死；死对于我也许还是一种解脱！所以没有必要去对他装出一副笑脸。"

一席话说得陆游大为起敬，便跷起大拇指说："想不到风尘之中，还有你这样有骨气的女子！可敬，可佩！"

惜惜脸一红，感激地说："在达官贵人中，居然还有敬佩我们这种下贱人的，我看也就只有陆相公您了！"

"你们都错了，贵人终归是贵人，贱民终归是贱民，很少相通的！你们只能是例外。君不见那边——"娄去旧笑着说，随即往秦埙那边一指，"妓女还是妓女，老爷还是老爷！"

何长祚说："娄兄何必责怪她们。你没听说我们士林之中，不也有主动上秦府去献殷勤的吗？还说什么'乾坤二百州，未有托身之所；水陆八千里，来归造命之司！'这样的话出自读书人之口，恐怕更恶心吧！"

陆游说："何兄又何必说士子，就是命官又如何？你们看。"说着指着酒楼上张贴的一张画。

大家随他手指看去，只见画上画的是一只波斯猫。旁边有一行字："发现此猫报告本府，获实后赏钱一千贯，能毫毛无损地送交本府者，封官保义郎。"下面赫然是临安府的大印。绍兴时，武官散阶为六十阶，保义郎是第四十九阶，虽是散职，也算是低级军官了。一只猫的价值，竟有这么大？看得大家一头雾水。

娄去旧说："这是什么猫？这么贵重呀！"

陆游说："这是秦埙的妹妹崇国夫人的猫。前不久跑不见了，因为这是夫人心爱之物，所以责成官府限期找到。官府怕受责，只好悬此重赏了！"

何长祚笑着说："这是春季，猫发情了。崇国夫人有人陪着她玩，她的猫没有公猫，不跑才怪！只是不知便宜了哪只野猫！"说得大家都笑了。

陆游说："你们不是认为一千贯、四十九阶官衔太贵重了吗？告诉你们，这比起临安府知府大人和满都城守备的军官大人们的前程，恐怕就便宜得不知哪去了！"

娄去旧说："难道找不到猫，还要撤他们的职不成！？"

陆游说："崇国夫人正是这么说的！"

大家一听都笑了："就凭这个女人！？"

正说着，没提防秦埙从那边走了过来。

娄去旧见秦埙来了，慌忙站了起来。慌乱中把自己的筷子带得跳了起来，把满满的一杯酒打翻了。他一边要扶正杯筷，一边又要慌着打躬作揖，弄得狼狈不堪。其他人也都站了起来，笑脸相迎，叉手为礼。人多半是这样，尽管在背后说尽了别人的坏话，但在当面，还是客客气气的。

只有陆游仍自己细细斟酒，自顾自地慢慢饮着。

世事偏多尴尬。秦埙对这些站着笑脸相迎，并恭敬地称"秦大人"的人，似乎没有看见，却偏偏要走到坐着不理他的陆游跟前，还主动一揖，口称："务观兄请了，小弟秦埙，这厢有礼。"

正所谓"礼尚往来"，人家以礼相请，陆游再傲，自然也不好坐着不理，只好也站了起来，叉手为礼说"不敢当"。

秦埙这人，也许出娘胎就自大惯了，并不讳言什么，径直说："本来家祖见小弟屈居兄下，十分不满，连座师陈之茂陈大人也要处以贬谪的。幸亏家祖见到陆兄试卷，惊为奇才，这才没有追究陈大人，并要小弟致意，邀陆兄到舍下一叙。小弟正愁无缘识荆，不知在何处找到阁下，却不期在这里有幸相会，真是有缘得很。家祖十分期望见到务观兄，想必务观兄也是乐于命驾的了？"

在秦埙意中，谁不想巴结他们秦家，只愁无人引荐，更没有说请不到的。就是他的妻舅王家，仗着秦府之势，在吴县，深更半夜去叫太守，太守都不敢不去！现在秦桧亲自邀请，这是何等的机遇！所以秦埙感觉到陆游听到他的话肯定会感激涕零，说完便笑眯眯地等待着陆游来恭维自己。

出乎他意料的是，站在他面前的陆游只是冷冷地说："请转告太师，至圣先师孔夫子教诲我们：'道不同，不相为谋。'务观久知太师在朝一直是主持和议大计的，而务观却只想恢复中原，迎还二帝，主张抗金。既然在下与太师的志趣南辕北辙，如冰炭之不可同器，自然见了面彼此也不会愉快，所以我看还是不去见面的好，恕小弟不能从命了。"

一席话，不软不硬，却说得席上的人包括秦埙在内，个个目瞪口呆，这不仅是不识抬举，简直是自找杀身之祸嘛！当朝秦太师岂是可以顶撞的？

秦埙脸上的笑僵硬了。自他出世以来，还从来没有受到过这种轻蔑："好！好！好一条硬汉！我算见识了你了！你会知道你今天干了一件多么愚蠢的事的！"说罢，袖子一甩，气冲冲地径直下了酒楼，连那边的阁子也不去了！

倒是那边阁子里的人，一直在注视着这边的事态，见秦埙大怒拂袖而去，谁还敢留下喝酒？便也一个个都追了出去。有个贪杯的，抢回一步，急急抓过桌上一杯酒，倒在口里，便又匆匆地追下去了。

　　这边桌上的人，见陆游闯下了大祸，唯恐连累自己，一个个慌张地一揖而去。好端端一桌酒席，弄得只剩下陆游一人！

　　陆游这才感到自己的孤独，不禁怔怔地坐在那里。

　　惜惜不知他怎样了，小心地说："陆相公，您怎么了？我扶您回寓休息吧？"

　　楼上空空的，只有惜惜仍在这怜惜地看着陆游，脸上一脸关怀之色。陆游望着她苦笑了下："我没有什么，倒是觉得很痛快。人生也难得这样痛快几回，所以我真的很好，谢谢你的好意，我可以自己回去。"

　　陆游站起，抬脚刚要走，忽然听到楼梯上有响声，又上来几个人。他没理来人，甚至看都没看他们一眼，因为他觉得在这个世界上，真正能称得上朋友的已不多了。

　　他不理来人，来人偏要理他。

　　就在他低头擦肩而过时，来人亲热地拍着他的肩膀说："游弟！"

　　这声音好熟！

　　陆游抬头一看，原来是他的叔伯哥哥陆升之。只是这时他已经不是昔日的高冠博带名士派头，而是紫袍玉带、二品大员的服色！白面微须，一脸舒心得意的微笑。后面跟着一群穿红着绿的官员，和几个文士打扮的篾片。

　　"仲高哥？你这是……"陆游上下打量着他这一身，有点不相信自己的眼睛。因为陆升之原来也和陆游一样，不过靠父荫补了个右通直郎，从六品的散官，比陆游高也高不到哪儿去。五年前也就是绍兴十八年中了进士后，提举两浙市舶，官职依然不怎么样！今日真个是"士别三日，即更刮目相待"，怎么一下爬得这么快呢？

　　陆游虽没说出口，但那一脸疑惑的神色已告诉升之了。升之见他一脸疑惑，不禁得意地哈哈大笑："怎么？你瞧我这一身服色不相称，是不是？你不会以为我是偷的或是借的吧？"

陆游尴尬地说："哪能，小弟只是不知道仲高哥高升了。来不及贺喜罢了。小弟高兴还来不及哩，怎会有其他的怀疑呢？"说着记起自己刚叫的一桌酒席，便说，"喏，那边是小弟请客摆下的，幸还未残，就此方便，我们先喝几盅，算给您祝贺，以后再正式补请如何？"

升之拿眼角将那桌酒菜瞟了一下，皱着眉头说："唉！这种酒菜怎么能吃？来，今天愚兄请客。"说着亲热地搂着陆游的肩，到了另一间更为精致的暖阁，一边拉陆游在自己身边坐下，一边吩咐小二："老爷今日升了官，又碰见了锁厅荐送第一名的弟弟，要高兴高兴，不必多问，把你们这里最好的酒菜摆上就是！"

升之指着跟他来的一帮人对陆游说："这是我的一帮兄弟。"然后又对大家指着陆游说："这是我的堂弟陆游。大家都已知道了，锁厅荐送第一名！"

桌上响起一片阿谀声。

陆游看看他那一帮所谓的兄弟，大都是猥琐利禄之徒。和这些人在一起，心中未免有些不快。但想听听升之是怎么爬得这么快的，也就只好耐着性子坐下。

惜惜一直不忍心离开受到朋友伤害的陆游，所以也就仍然跟在他的身后侍候。

一个篾片说："陆兄果然是风流才子，有这么漂亮的美人相侍左右！我们叫的人呢？怎敢冷落了我们的宗正大人！"

此言一出，大家都跟着催。

"来了！来了！"小二一个劲地答应，跟着就上菜，山珍海味，堆了满满一桌子。同时叽叽喳喳的几位名妓也都来了。于是他们划拳喝令，打情骂俏，把暖阁闹得个乌烟瘴气。

陆升之春风得意，让众人与妓女们去打闹，自己对陆游说："孟坚这个人，你想必是知道的？"

陆游说："我当然知道。他父亲李光李参政和家父本是极要好的朋友。记得李参政因反对秦太师被贬时，特地来向家父辞行，还慷慨激昂地说'赵相（鼎）贬谪过岭，悲忧出涕。我就不同，谪命下，青鞋布袜，穿了就走，还像女人那样哭哭啼啼的不成？'他说这话时的样子，我至今还记得。"

"唉，"升之叹息着说，"你哪知道，这位老先生既然被贬了就老老实实地待在贬所思过呗，嗨，他却不，非要写什么私史！你想，以他的为人，所写的私史当中还能有什么好话吗？自然是对朝廷、对秦太师的不满了！这不是自己跟自己过不去？！"

陆游奇怪了："既然是私史，这事你又是怎么知道的呢？"

升之说："他儿子告诉我的呀，这还能有假？"

"李孟坚？"陆游还是有点不相信。

"嗯！"陆升之肯定地说。

陆游说："我只是奇怪，一个犯官写私史这杀头毁家的大事，孟坚又不是傻子，他怎会轻易地泄露于人？"

升之高兴地说："你还不知道，我和孟坚可以说是割头换颈、无话不谈的好朋友！"

陆游说："这又怪了，告诉好朋友怎么说是'跟自己过不去'呢？除非你去告密？！"

"唉，这怎么叫告密呢？你别说得那么难听好不好！"升之叫屈道，"有道是乱臣贼子，人人得而诛之。更何况我辈官身，怎容得私情，自然是应当大义灭亲，就是父子兄弟尚且不顾，何况朋友！"

惜惜看到陆游的脸色很难看，赶紧给他递上一条热毛巾。

陆游拿到毛巾便往桌上重重一拍，只因毛巾太柔软拍得不响，不客气地问："所以你就去告密了！？"

"唉，可惜。"陆升之倒了一杯酒在口中，似乎要把这一可惜之遗憾一口吞掉，摇摇头说，"我还没有这个资格可以直接见到秦太师，我只向我的上司两浙转运判官曹泳曹大人讲了。"

陆游这才明白：难怪李世伯一贬再贬，孟坚贤弟被抓了起来，你一下就升到了二品京官！

陆升之还非常懊恼地说："唉，我要是能接近秦府，这次临安府的差事就是我而不是曹泳了，他不过是沾我的光；而我自己倒只捞到个宗正丞！你说可气不可气？"

陆游讽刺说："宗正丞管理皇家事务，权大着哩！"

陆升之已连干了好几杯酒，早有些麻木了，听不出陆游的许多话外之意，仍按着自己的思路委屈地说："你以为龙子龙孙的事是好管的？那是轻也轻不得，重也重不得的，有什么差错，罪过肯定归我！"

陆游的酒也许是喝多了，因为他在听陆升之的讲话时，凡听到反感之处便猛倾一杯酒在口里，此时已不知喝了多少杯了，旁边的惜惜拉都拉不住。也许是醉眼蒙眬，也许是心理作用，他这时看到的陆升之，越来越不像他以前的模样了。要说以前是使他反感，而今则是使他恶心！宋朝重理学，讲究的是尊卑有序，陆升之毕竟是跟他从小便在一起长大的兄长，他不能破口大骂，但胸中积了一口秽气，实在是不吐不快，便说："哥哥做了这么大的官，小弟理应送点贺礼。"

陆升之说："自家兄弟，这倒不必。"

陆游说："只是客中无以为礼。这样吧，'秀才人情纸半张'，我便送一首诗给你好了。"

陆升之听说陆游要送他一首诗倒是很高兴："这样最好。为兄不仅欣赏你的诗才，更爱你那一手飘洒俊逸的字，这比什么礼物都好。"

陆游便对惜惜说："你去向店家要纸和笔墨来。"

惜惜很快拿来了一大张宣纸，铺在另一张方桌上，好在那时大酒楼经常有人题诗作画，笔墨都是现成的。

　　陆游有些不胜酒力，刚站起要迈步，一个趔趄便又坐了下去。惜惜连忙将他扶住，一直扶到铺纸的桌子跟前。众人见陆游要题诗，都想见识一下这位锁厅荐送第一名的文笔才华是否真如传说的那么好，便都围拢了过来。只见他伸手拿起笔，借抟笔之机，略作沉思。惜惜为他牵纸，他望了惜惜一眼以表感谢。惜惜抿嘴一笑。陆游的笔便如急风骤雨般洒向白纸，字极飘逸，而刚峻凌厉之势，又咄咄逼人。大家顺着他写出的字念道：

> 兄去游东合，才堪直北扉。
> 莫忧持橐晚，姑记乞身归。
> 道义无今古，功名有是非。
> 临分出苦语，不敢计从违。

　　上款是"送仲高兄宫学秩满赴行在"。"行在"即皇帝临时驻扎之地，这里自然是指临安。高宗不敢向国人宣布杭州就是宋廷的首都，那样就表示他放弃汴京了，故将杭州改称临安，虽然临安的建设是首都的模式，却不敢称"都"，还是只能称"行在"，表示还是要收复汴京这个首都的。这只不过是文字游戏，不给人们以口舌罢了。下款是"愚小弟务观醉书"。
　　诗写得太直白了。虽然一开始便夸陆升之有才，但接着便要他记住"乞身归"。陆升之刚得意，他便要他急流勇退，仿佛迟了便不得全身而退似的！这话岂不让他扫兴。殊不知陆游已感到陆升之如此卖友求荣，以牺牲正义之士为敲门砖而无耻地投靠到秦桧门下，是绝无好下场的。接着说"道义"，更是有点教训的味道，做人都要讲点道义。这分明是骂他做人不讲道义嘛！而"功名有是非"，是说大丈夫之于功名，应有所为，有所不为。有的功名是荣耀，有的功名也许就是耻辱！这不是说陆升之今日的功名是"非"的吗？最后，他明知自己说的是"苦语"，还要"不敢计从违"，倒似在仗义执言，稳站在教训者的地位了！

陆升之看得明白，刚才满脸酡颜，尽化作怒气蒸发掉了。有的篾片帮闲只懂得拍马屁，见陆游的字写得又快又好，也没注意陆升之的脸色，便鼓掌叫起好来。有懂得诗文的，便不禁暗自摇头，见了陆大人的脸色，更是噤声不响，觉得陆游这个人，未免太不知趣。

陆游根本没有把身边围的这一圈人当一回事，写罢自己看了一遍，觉得很满意，便和惜惜一起将字卷了，双手递给陆升之。

陆升之"哼"的一声，把手一甩，将字卷摔在地上，扭头就走。

惜惜从地上拾起字卷，对陆游说："今日得识陆相公，真是三生有幸。您的墨宝既然那位大人不屑一顾，就请赐给惜惜，作为今日有幸识得相公之纪念，不知肯赏脸否？"

陆游说："既然你喜欢，拿去就是了。"

惜惜卷起了字说："感谢陆相公，惜惜先告辞了。"

陆游深感升之的不可理喻，再留下去也无趣，便说："你既然要走，不如我送送你。"

惜惜含情脉脉地望着陆游说："惜惜不敢当，但如果能够邀请到陆相公到敝寓去喝杯清茶，惜惜就满足了。昔日皮日休曾说过'此时勺复著，野语知逾清'。不知相公可有此雅兴？"

陆游听罢，哈哈大笑："好个'野语知逾清'，惜惜说非'野语'，而是'清'则逾之，这茶是一定要喝的了。不只为了清心，就凭你这一句话。走，此地既然不可留，我们就去喝茶去。"说着便拥着惜惜径自走下楼去。

礼部考试是在第二年即绍兴二十四年（1154年）举行的。这年陆游三十岁，正当而立之年。他以锁厅试第一名荐送，春风得意，文采焕发。应当说他的文字是更加成熟了，策论更为精辟，只是由于主考官换了人，这回连他也"康了"！

原来的主考官陈之茂，是一位敢做敢当的血性汉子。正是由于他敢违反秦桧的旨意，让陆游得了个第一，虽说是照顾了秦桧，把他的孙子秦埙放了个第二，但还是惹恼了秦桧。所以秦桧便把他贬了而换上了自己的心腹魏师逊、汤思退等去当主考官。按秦桧的意思，本想将陆游收罗到自己门下为己所用的，如陆游顺应其意，自然这次就会高中，且有美官可做。可当他听到秦埙回来转述了陆游在酒楼上当众发表的那一通大逆不道的言论以后，他就知道陆游将是自己今后的对手了，所以他命令魏、汤二人在这次考试中将陆游之名除去，决不许他踏入仕途一步，就是要把这个顽强的敌手扼杀在摇篮里！

魏师逊和汤思退从太师府出来后，高兴地互相拍肩以祝贺："我们富贵的机会来了！"

本来各房通过的第一名又是陆游。到了主考官魏师逊那里，要调取原卷点批，并由他最后决定名次的。他一见第一名又是陆游，便将他的墨卷、誉清卷全都放进了自己的袖子里，而把秦埙排了个第一名，曹泳在扳倒李光的事上为秦桧立了大功，所以将其子曹冠放了个第二，另选了张孝祥第三。

当然，作为"御试"都要送到皇帝那里去走个过场。偏偏这次皇帝有兴趣要看看卷子。也许是他听到了锁厅试第一名陆游的名气，想见识一下他的文采。待他打开送上的榜文一看，便奇怪地问："朕听说上次锁厅试荐送第一名的陆游，文采议论均极佳，怎么这次竟连他的名字都没有？为什么你们的取舍和陈之茂的标准相差这么悬殊！"

怎么会没有陆游的名字呢？只不过他的那一份墨卷已由魏师逊交给秦桧罢啦！魏师逊早有准备，便躬身奏道："想必这个陆游，福命太薄，他在临试前忽然病倒，未能前来应试。"

根本就没有参加考试，皇帝也没办法，便说："怪不得没有他，朕只知道他是这次考试中的可取之才，早想一睹为快，不想他竟因病未能应试，看来倒是与朕无缘了！"

汤思退忙出班奏道："陆游的文字，臣也看过，满是暴戾之气，不宜接近圣上。即使这次前来参加考试中了，想必也并非陛下之福！请陛下不必为他难过！"

高宗翻开第一名秦埙的卷子，看得直皱眉头："魏卿，怎么这秦埙策论上的文字，竟然和太师以及秦熺他父子俩平常对朕说的一模一样？是不是因为你们是太师门下，早把试题泄露给他，由他祖父或父亲代他事先作好了？"

魏师逊见皇上一语中的，吓得汗流浃背，赶紧跪下说："臣等万万不敢！之所以出现这种情况，想必是秦埙平日常侍候太师左右，听太师的话听得多了，耳濡目染，故出言立意极其相似也是自然的。臣等认为，太师德赞天人，有孙克绍箕裘，正是圣上之福，臣等不胜庆幸！"说罢连连叩头，说得皇帝也没话好讲了。

其实高宗赵构这个人并非昏庸之辈，只不过私心太重，享于安乐，不愿有所作为而已。所以一眼就看穿了他们的把戏："那么多的白字作何解释？'鹤鸣'写成'鹤呜'，而'呜呼'又写成了'鸣呼'！似这等乌鸟不分，当得什么状元？你们这个考官又是怎么当的！？"

魏、汤二人万万没想到皇帝会看得这么仔细，立即又跪下叩头说："臣罪当死！"虽说顺着太师当官重要，可若不如皇帝之意，却是可以随时掉脑袋的。命自然比做官重要，事到临头，也顾不了那多，便照直奏道："取秦埙为榜首，这是秦太师授意，臣等不敢违抗！"

皇帝一听，也犯难了。若像往日那样，自己没看，由他们顺着秦桧的意思糊弄，自然弄到怎样便怎样算了。偏偏这次自己又过目了，且又提出了自己的看法，如果最后仍让他们按秦桧的意见办，则将自己置于何地？以后在他们面前，还有什么天威可言，越发在他们心中，只有秦桧而没有自己了。想到这里，也就顾不了那么多了！提起御笔一勾，掷了下去，起身去了。

魏、汤二人跪着拾起一看，御笔竟将第三名的张孝祥勾了个第一，而把秦埙置于第三了！两人对看了一眼，事已至此，只好朝龙案叩了个头，爬了起来。心中想的，怕是这一勾，自己的富贵也要大打折扣了。两个人只好灰头土脸地退了出来，硬着头皮，准备去挨秦太师的骂。

第五章 | 沈园惊鸿

孤灯耿霜夕，穷山读兵书。
平生万里心，执戈王前驱。
战死士所有，耻复守妻孥。
……

一只黄蝶飘进窗来，在砚台上绕了一圈，欲下未下，陡地一惊，又飘出了窗外。

蝴蝶打搅了陆游的思绪，他停笔向案上望去，原来刚才一阵风来，竟将窗前的桃花吹落，飘了进来，洒在自己摊开的兵书上、砚台上，墨池里浮着的两瓣，被黑得近蓝的墨汁，衬托得越发娇艳！怪不得蝴蝶寻了进来，想是飞到临近，这才吃惊地发现它们原来均是掉落的桃花。

陆游自从去年春天礼部试落第以来，这一年，他差不多只读兵书了。因为他爷爷陆佃曾兼管过武学堂，所以家中收藏的兵书也不少。昨夜读得很晚，有些感触，早晨在练过剑以后，就想将这些感触写下来。刚写到这里，便被这蝴蝶将思绪打断。他怔怔地看着那只蝴蝶欲近未近的几瓣桃花，不禁又想起了唐琬。

唐琬走后，父亲谢世，他便将昔日父亲读书的双清堂给关了，将部分自己心爱的书搬到了挹翠楼，将昔日唐琬的卧室改作了自己的藏书楼，这样读书写字也不出挹翠楼一步了。唐琬喜欢桃花。当年唐琬的脸，常带病态的潮红，香艳有如这桃花的落瓣，他曾取笑过她是桃花仙子。而唐琬每于此时，却总是黯然地说：桃花命薄，我怜它，也只是怜我自己罢了。唐琬是懂得医学的，也许她知道自己的病是治不好的吧？所以自唐琬去后，他便在自己的窗前屋后，遍植桃树。一晃九年过去了，桃树早已成林，每到春来，桃花开得一片朝霞似的，明艳照人！只是惜花人早已不在了。这时，他便常常想起崔护的诗："去年今日此门中，人面桃花相映红。人面不知何处去，桃花依旧笑春风。"睹物伤神，往往看得自己泪落。今日看到落瓣，连蝴蝶也要弃之而去，怎不更加黯然！

陆游正看得出神，他的妻子王氏却走了进来，丫环小翠抱着他的小儿子秀哥随在身后。老大、老二在花丛中捉蝴蝶，不曾跟着。他们的大儿子子虡，字彭儿，今年七岁了；二儿子子龙，字恩哥，今年五岁。小翠手上抱的是老三，今年也快四岁了，名子修，字秀哥。在她们的后面还有一个人，是陈山。陈山，字鲁山，是陆游的诗友，他家就在附近，他们两家往来很亲密，不分什么内外。

王氏说："相公，陈相公来了。"

这一声呼唤，才将陆游从沉思中唤回，怔怔地说："鲁山？"

陈山见陆游手中正拿着一支笔，笔下一张花笺上已写了几行字，便说："怎么，陆兄又在作诗了？"

陆游说："昨夜读兵书，有些感慨想写下，还没写完。"正要请陈山坐，见满屋子到处是书，抱歉地说："你看我这里乱的！不如我们到外面花下坐坐。"

桃林下有一张大理石桌，一圈围着几只绿色瓷鼓，倒是一个极好的休息和谈心之地。在这里读书，也别有情趣。

王氏接过秀哥，叫小翠去端茶水。

鲁山说："嫂子不必张罗茶水了，小弟说句话就走。"

王氏说："你好久没来了，来了多坐会。秀哥他父亲近来心情不好，老是看兵书，一看就废寝忘食，别说会累坏身子，像这样荒废举业，不求功名，你说如何是好。"

陆游说："你成天就知道功名功名，好像只有求得功名做官才是正道。"

王氏说："让鲁山兄弟说说，做官有啥不好？再说，你一不会种田，二不会经商，这一大家子，你不做官我们又吃什么呢？"

陈山看他两口子又要吵起来了，便和解地说："嫂嫂说的也对，能做官自然是好，'学而优则仕'嘛。但我也知道务观兄的为人，这个官若不是用来抗金，一统中原，而是尸位素餐，他也是不肯做的。其实，你们兄嫂二位的意见并不矛盾。"

陆游说："怎么不矛盾，她只是要我做官，博个封妻荫子，至于是什么官，怎么做，她是不问的。你想想，而今做官讲究的是吹牛拍马、走沟遢须，哪有什么是非可言！而我陆家家风，却是宁直不屈的。更何况二帝蒙尘，北方人民还处于金人铁蹄之下，我辈所作所为，正是我刚才在诗中写的，方此之时，作为一个有血性的男儿，就应当战死在沙场！"

王氏还要争。陆游说："好了，好了，我和你争也争不出个名堂来的。"

陈山说："嫂嫂，我还是佩服服观兄的为人的。"

王氏不服气地说："佩服他？"

陈山说："我只说一件事。毛德昭这个人，大家都说他是当今的狂士，表现得天不怕，地不怕，谁都敢骂。攻击时事，比谁都激烈，许多明显犯忌讳的话，别人听听都怕，他敢讲！嘿，想不到他也有害怕的。"

陆游说："狂而有惧心，也就算不上真狂了。"

陈山说："'舍得一身剐，敢把皇帝拉下马！'这不是杀头的话吗？皇帝头上他都敢放肆，你说他算不算真狂？"

"那他还怕什么呢？"王氏奇怪地问。

陈山说："上次他也到临安应试去了。一天，他在朝天门茶馆里大放厥词，我的同窗好友唐锡见不得他这样的人，存心取笑他，便对他耳语说：'毛兄一向敢说敢当，不知你对秦太师有何看法？'他听得脸色都变了，捂起双耳就走，边走还边说：'放屁！放屁！'出门就跑得不见影子，连撵都撵不上！"

王氏咯咯笑着说："还有这事？你那同学不怕他反咬一口？"

陈山说："不信？你问他。"说着一指陆游。

陆游也笑了，便说："他哪里是什么狂，沽名钓誉而已！"

"对啦，"陈山将手一拍，"要说当今真狂士，那就只有我们务观兄啦！"

王氏吃惊说："他又做什么傻事了！？"

陈山说："嫂嫂不知道？"

王氏埋怨地说："他呀，在外面的事，从来不对我说的！"

陈山便将陆游去年在太和楼如何当着众人之面数说秦桧的不是，又如何题诗教训了陆升之一顿的事给王氏说了一遍，听得王氏大惊失色，埋怨道："怪不得这次没考中！这个世上也就只有他做这种傻事，全不为我们母子想想。你要有个什么不测，我们母子怎么办？"说着就拭起眼泪来。

"算了，算了，"陆游皱眉说，"平白无故的又哭。对了鲁山，你刚才不是说有话要说的吗？"

陈山说："也没什么大事。明日是上巳节，我特来请兄嫂明朝一道到沈园踏青去。"

"要去你们去。你看我这大一家子哪能走得开？"王氏正说着，见两个大的在地上爬，便喊道，"彭儿，过来！你大些也不带个好头，看你俩身上爬得脏的！"边喊边到花丛那边捉两个大的去了。

陆游只有望着陈山苦笑。

陈山说："嫂夫人不去，你是一定要去的了。"

陆游觉得一个人成天在家闷闷地看书，不如出去散散心，便答应明日在沈园的栖霞亭里见。酒菜便由陈山准备了。

沈园在绍兴府东南三四里处，是绍兴园林最佳的地方。既然是踏青，陆游便也不骑牲口，一大清早就出门了。正是"莫道君行早，更有早行人"。出得东门，一路上尽是去沈园的游人，有乘车的，有坐轿的，也有骑驴骑马的，当然，更多的还是像陆游这样不紧不慢，悠悠然而行的。这些人中，男女老少都有。因为到沈园要路过禹迹寺，有的人是准备先到禹迹寺进香后再逛沈园的，所以还备有香纸蜡烛之类的物品。许多女人，来到郊外，都喜欢寻些荠菜花戴在头上，那淡青的小白花，压于髻间鬓角，也别有一种天然风韵，无怪俗谚说"三月戴荠花，桃李羞繁华"了。还有将柳枝编成圈戴在头上，更有那种疯野的女子，将各种野花插了个满头，于憨态中倒也显出几分浪漫来。

沈园里，许多亭榭间已有人摆下了酒席，就是那草坪花下，也有人家摆开了杯盘碗盏，有的还张起围幕，叫了些歌儿舞女，在那里浅斟低唱。真个是"舞低杨柳楼心月，歌尽桃花扇底风"。那曼妙的歌吹之声、丝竹之乐，穿山渡水，远近相和，使整个沈园完全沉浸在欢乐之中了。

陆游来到了约定的栖霞亭。亭子里已有人摆下了酒席。他见不是陈山家的，自然不便进去，遂站在亭边的一树紫荆前等候。那紫荆开得如倾泻下来般，从顶端一泻而下，浓得化不开的紫，好似要溅了开来。间或也露出些许黝黑的虬枝，那便宛如盘曲在这紫色瀑布中的卧龙。看得久了，几乎怀疑它在蜿蜒而蠕动，似乎连那花的倾泻声也听得见。

陆游正凝神望着，没提防一声"陆大人"，倒吃了一惊，回头一看，是陈山家的陈升，便问："你家老爷呢？"

陈升说："禀大人，我家老爷临出门时，不巧来了两位远客，不好分身，特命小的前来向大人告罪。我家老爷说，他今天不能来了，他日定当设宴，请今日爽约之罪！"

陆游说："既有远客，也就罢了。你回去回复你家老爷，说我知道了便是。"

陆游失去了约会，甚感无聊。但事已至此，再匆匆回去，也觉无味，不如自己随意走走，看看别人的高兴，未尝不是一乐。想着便离开了栖霞亭，信步走去。

"相公，……"

陆游的心陡地一紧，停止了跳动，随即又慌乱起来。这声音他太熟，也期待得太久了，突然听到，让他怎能不惊心！

　　"……您走慢一点，我可跟不上啊！"

　　唐琬！是的，这是唐琬的声音！他好久没听到这么悦耳的声音了。她的声音，纵然时间隔得再长，哪怕细小到一字半语，他也不会听错。何况这声音依旧似当年，似乎九年的时间并没有使她改变，依然如那时一样动听。

　　只是这声音来自一排浓密的矮树墙的那边，听得见声音，却看不见人影。这下可把陆游急坏了。他提起春衫，急急地赶了过去。怎奈这一排矮树墙是沿河栽种的，急切间又找不到一个可以穿过的地方！他沿着树墙急走，终于找到了一座小桥。待到他赶过桥去，那边早已不见了人影！

　　陆游不禁呆了。他当时因急于要见到唐琬，根本什么也没有想，只一心去追她。待到赶了过来，不见了唐琬时，这时冷静了。想到她叫"相公"，那么她是已另有人了！如果是这样，见着了她又能怎样？自从他那天被母亲强持了去以后，他一直再也没有见到唐琬，自然也没能管得了她的生死。她的生死如何？命运如何？陆游一直耿耿于怀，也就一直愧疚在心。他很想找到唐琬，至少要真心诚意地对她说一句对不起。虽然，比起她吃的苦、受的伤害来，又是多么微不足道！然而不说出来，他的心里就一直压着一块千钧巨石，使他感到无比沉重！

　　他不知道她的那位"相公"如何，对她怎样。他自然是希望那位"相公"对她好。但一想到这里，却又莫名其妙地感到心痛。他奇怪，难道自己不希望她过得好？绝不是！这种心痛的经验，他过去没有过。他是希望她活着并且活得很幸福的。他是希望她会再嫁给一个胜过自己的人，然而只要一想到这个人不是自己，莫名的妒忌心又使他不能不心疼！于是他又不敢去见唐琬了。他害怕见到她的幸福，更害怕见到她不幸！他的双腿再也提不起劲来！刚才的冲动，全化作沉甸甸的铅，不光坠住了他的双腿，更坠住了他的一颗心。他这时才猛然觉得这九年把自己和唐琬隔得有多远！

他决定狠心不见唐琬了。这愧疚的心，见着了她会更沉重！再说，现在已过去了九年，何必又去打搅她的平静生活呢？这笔债，就让自己来世再还她吧！于是，他净拣小路走，想尽量避开游人，尽早出去，尽快回家。他没有想到，他日夜思念的人，就在他要见到她时，自己却是这样像贼般的逃跑了！

沈园虽不很大，却是处处曲径通幽，没一条捷径。所有的山水楼台，莫不为这些曲径所连环。陆游走的看似是一条偏僻的小路，却不知七弯八拐，竟拐到了一条九曲桥上。桥的中间是一排水榭。三月，荷叶刚冒尖，自是无荷可赏。且虽时属暮春，春阳转暖，可水榭还是冷清。这儿倒是没有游人。陆游放心地走了过去。天公总是喜欢捉弄人，怕相见，偏相见！正所谓冤家路窄，那是一点也不错的。陆游一踏进水榭，这才发现这里并非完全没人，还是有两个人在对饮，一个童子在旁侍候，只不过因为他们席地而坐，刚才在外面从雕花格子里看不见罢了。而更巧的是，迎面一眼就看到的那位，正是他朝思暮想不得一见，而此时又想要极力逃避害怕一见的唐琬！那背对着他的、身着唐巾儒服的想必就是她的相公了。因背对着他，看不见他的面容。其实陆游若是径直不顾地走过去，他是完全可以走过去的。偏偏他一眼见到唐琬时，惊得猛地一停，接着进也不是，退也不是，一时尴尬地僵在了那里，这才引起了唐琬的注意。她以为是某个轻薄浪子，及待抬头一看，脱口叫了出来：

"表兄！？"

口中叫着，身子一下就站了起来。但站是站起来了，却不能迈步！她记起了眼前还有她的丈夫。一时间坐也不是，站也不是，同样僵在了那里。一张苍白而清瘦的脸，顿时红起来。

那位相公见唐琬如此，便回头看见了陆游，也径自站了起来。

他一站起来，使唐琬打破了彼此僵持的局面："相公，这位便是我曾对你说过的我的表兄陆游。这真是巧遇了！"

她的相公叉手为礼："久仰！久仰！"

唐琬又对陆游说："表兄，这是外子赵士程。"

陆游看那赵士程，年纪和自己差不多，只是显得粗黑了些。但相貌端正，憨厚诚实，一脸的正气。于是也一叉手说："幸会！幸会！"

他这原是情急之下脱口而出的客套话，本无深意。但唐琬听了，却是酸楚地盯了他一眼。他和赵士程的相见，何"幸"之有！

陆游太过于紧张了，并没有发现自己说错了什么话，但感觉到了唐琬似有怨意。于是自己心中积压九年之久的愧疚感，经此一眼而燃烧起来，不禁惶恐地痴痴望着唐琬，竟连赵士程在一边立着也忘了，此时在他的眼里、心里，就只有一个唐琬，此外什么都不存在了，都变成了一片空白，甚至也忘了他自己。

赵士程因听唐琬说过，知道他们表兄妹的一段情缘，见他俩这个样子，便识趣地说："陆兄如不嫌弃，就在这里饮一杯水酒可好？"

唐琬听他这一说，便低下了头，她很感激赵士程的大度。她之所以避而不看他俩，为的是不使他俩感到尴尬。

陆游听到赵士程讲话这才醒觉了过来："哦，哦，谢谢，小弟尚有事，就此告辞！"他不能看到唐琬与赵士程有任何亲热的举动。

赵士程分明看到了唐琬那失望的眼神。他不忍心使她失望，便执意要留下陆游："哪能就此草草别过呢？正所谓请客不如撞客，陆兄既是琬儿的表兄，当然也是我赵某的表兄了。平时难得请到陆兄的，今日也是有缘相会，岂可不尽醉而归？这样，陆兄先在此饮着，我再去添几个菜来。"说着对唐琬使了个眼色，便带着家童走了。

陆游犹自痴痴地站着。

唐琬望着陆游略带怨气地说："莫非表兄还在嫌弃唐琬，竟连酒也不愿喝小妹的一杯吗？"

陆游连连说："琬儿，我已无颜见你，你还说这话！"

唐琬惨笑了一下："不见也见了。九年零一个月又三天也已过去了，还谈什么有颜无颜！"

这话又使陆游一震。她记得好清楚！这就足见她这么多年是如何数着日子过的了！一阵激动，不由得趋前一步，要去抓住唐琬的手。

唐琬将手顺势做了个邀请的姿势让开了。

陆游知道唐琬的积怨已深，更急着要向她解释，于是忘了什么逃避，反顺从地坐了下来。

唐琬为陆游斟上了一杯酒。酒如琥珀，竟是宫廷用的黄封酒。黄封酒又称黄滕酒。赵士程原是亲王之子，所以他家有御赐的这种名酒。唐琬双手擎起杯子："表兄，小妹敬你一杯，祝你美满幸福！"说着，眼圈已红了，下面便再说不下去了。

这年陆游三十一岁，唐琬只二十八岁，她虽然人很苍白，那一双手却如玉般的修长细润。陆游曾见过这双手抚琴、写字，甚至为他披衣，但几时见过像此时这样郑重其事地为他敬酒？真的是可望而不可即！望着这双已不再属于自己的手，他双眼溢满了清泪，接过酒来，一饮而尽。他吞下的不是酒，是悔，是恨，是火辣辣的泪！

唐琬再为他斟酒时，他拦住了。"琬妹，先别忙着饮酒。你快些告诉我，那天你怎样了？"他说的那天，自然是他俩分手的那天了。

唐琬痴痴地望着陆游说："表兄，那都过去了。过去的事，何必再去提它！"

"不，你一定得告诉我，"陆游恳求着说，"因为这九年，那个碗碎声无时不响在我的耳边。我一想到这点，就锥心般的疼！

我真不敢想，那种打击，你是怎么扛过来的？我后来到竹贤巷去找过你，你不在，连房东也不知你到哪去了。我就害怕你已不在人间了！真是苍天垂怜，今天终于让我见着了你！但我仍想知道，你是怎么过来的。"说着一双眼睛再也不肯离开唐琬。

唐琬含着泪说："那天你被他们强行扶走后，我便晕倒了。醒来后才发现那碗药全泼在了自己身上。我无力再活下去，便茫然地向外走，也不知怎的就走到了若耶溪边。我见到那清幽幽的溪水，心里想：西子姑娘浣过纱的地方，也一定可以为我洗清这一身罪孽，便一头栽了进去！"

陆游惊得直起身来。

"别怕，"唐琬凄然笑着，"我不是好好地坐在这里吗？"

陆游惊魂未定，犹自惶惶地问："那你是怎么遇救的呢？"

唐琬目光盈盈地说："也许是我的债没有还清，我的泪还没有流尽，老天要我再多痛苦几年。等我醒过来时，我已是躺在郓王府的别墅里了。"

"郓王？是讳楷的，为杭州太守的郓王吗？"陆游问。

"正是。"唐琬点点头说，"赵士程便是郓王的世子，他在若耶溪边有一座别墅。正好那天他坐船出来游玩，看见水中半沉半浮的我，便命人捞了起来，将我救活了。"

"于是，你便和他结婚了？"陆游着急地问。

唐琬再次惨笑，摇了摇头说："当时没有。因为我虽被救活了，但是心死了，便病恹恹的不死不活拖了两年多。这两年多里，士程日夜细心地照料我。我不想活，几次寻死，怎奈他防范周密，照料又非常细心，稍有寻死的迹象，便会被他察觉！两年多了，我都生活得厌倦了，但他反而没有一丝倦怠的情绪。他是真心待我好，而且又非常忠厚诚实，一直以礼相守。特别是当我告诉他我的遭遇后，他更是百般安慰我。人非草木，孰能无情。我也知道我将会在不久后离开人世，他既然这样怜惜我，我便决定以残年时光来报答他的这一番知遇之恩。后来我俩便结婚了。"

"看得出来，他是一位君子。"陆游不无惭愧地低声说。

唐琬黯然道："他人是很好的，只可惜我对不起他，我的心早就碎了，没有什么能给他了。"

"你别那么说！"陆游抬起脸，凄惶地望着唐琬。他此时已全无妒意了，他真的希望她过得幸福，所以近乎乞求地说。

"是真的，表兄。"唐琬说，"我自从见到了你，便爱上了你，指望能真心爱你一辈子。我知道鬼神多妒，所以我总是害怕陪你走不到尽头。你也许还记得那年吃元宵，碗被你跌破了，我便一直在心里担心你我也有破碎的一天……谁知没有到两年……"她已泪如雨下，喉咙哽咽，说不下去了。

陆游无言，自己也流起了眼泪。

一时间，水榭好静。

隔水传来了谁家的歌声："……为君沉醉又何妨，只怕酒醒时候、断人肠！"这是秦观的《虞美人》。秦观，字少游。据说陆游的母亲在淮河上生陆游时，梦见秦观来投胎，所以他父亲陆宰便以秦观的名为自己儿子的字，而以秦观的字作自己儿子的名，故取名陆游，字务观，算是纪念秦观了。想不到正在陆游断肠之时，偏偏又听到了秦观的断肠词，这真不知是天意，还是偶然！

唐琬听了，望着陆游强颜一笑，倒了一杯酒给他："真是'只怕酒醒时候'，那时候什么都是空空的，连灵魂也是空空的！"

陆游接过酒，一下倒进了嘴里。他知道，这种福分已是没有了，他怎能不急于吞下。他要拼得一醉，纵是断肠也好！

陆游说："我自从离开你，就没一事顺心过！"

唐琬说："你的事，我大概都知道。听说你顶撞了秦太师，把到手的功名都弄丢了。"

陆游说："琬儿，你是知道我的。"

唐琬说："是的。还记得你曾对我讲过乌窠禅师的故事。"

陆游说："禅师的一位侍者，有一天要求离开禅师，说是要去学佛法。"

唐琬接着说："于是道林禅师便说，要学佛法，我这里还是有一点值得你学习的。"

陆游说："会通便问他，这一点在哪里？"

唐琬说："禅师便从自己的衣上拈起布毛一吹，说，这便是。"

陆游说："于是，会通便顿悟了。"

唐琬说："那时你没讲这是什么意思。依我想，这是不是说功名就是一根布毛，重要的是那布，那温暖着人的布呢？"

陆游深情地说："琬儿，你真是一个善良姑娘！可惜我无福消受！我之所以不能有你，只是我的命薄罢了！"

唐琬的眼圈又红了："不，应该说是我的命太薄了。我要是能像你现在的妻子这样，一进门就为你生下三个儿子，我姑姑也许就不会嫌弃我了。"

陆游说："刚才我们不是说到佛法了吗？其实子嗣和功名也一样，对于我来说都如布毛。而今孩子我是有了，可是我的幸福却断送了！"陆游说着，不禁有些悲愤起来。

唐琬说："这不能怪孩子们。"

陆游说："是的，孩子是无罪的。就是我现在的妻子王氏，我也不怨恨他。我只恨我的母亲……"

正说着，随赵士程去的那个小童子来了，低头垂手地说："启禀主母，公爷问是不是还要添酒？"

陆游知道，这是在催唐琬回去的意思了，遂起身说道："表妹，时间不早了，愚兄要告辞了。"

唐琬对那个小童子说："你收拾了碗筷先回去，我送完表老爷，自己会回去的，你就不用来侍候了。"

唐琬陪着陆游走在弯弯曲曲的桥上，相别在即，心有千言万语，反而不知说什么好。两人默默地走着。倒是那桥下静静的春水，照见他俩并肩而行的影子，反把他俩连成一体了。他们看得百感交集，更多的当然是痛苦，因为他们马上就要分开了。

走下桥后，便是一排垂柳。陆游拂开柳丝，顺手扯下几条，编了个圈儿戴到唐琬头上，说道："清明快到了，俗话说，'清明不戴柳，红颜成皓首'，此时一别，不知尚能见否，我祝琬儿红颜永驻，春色长青！"

唐琬泫然泣下："青春纵在，又能怎样？前人不是说'士为知己者死，女为悦己者容'吗？士程虽然对我很好，但是我的心早已不在了。对他我只能报之以恩义，却不是我心的归宿。而一个心无所属的人，是无须青春的。"

陆游说："这也许就是命！事已至此，你还是要把心放开些才是。"

唐琬说："这些话我都明白，但是说起来容易，做起来实在是难啊！"

他们说着，来到一处回廊。这回廊一溜粉壁，是有意给游人题诗作画的，所以不仅白壁平如纸，而且随处的几案上都有现成的笔墨。唐琬说："表兄，你不能为琬儿写首诗吗？我虽不能经常见到你，但能让我经常来到这里，读读你为我写的诗，也好比见到你了。"

陆游说："只是我此时心里已乱，何能作诗？"

陆游见唐琬泫然欲泪的样子，便心疼起来。"好吧，我就为你写一首词。"说着便到案前拿起了笔写了一首《钗头凤》：

红酥手，黄縢酒，满城春色宫墙柳。东风恶，欢情薄，一怀愁绪，几年离索。错！错！错！

春如旧，人空瘦，泪痕红浥鲛绡透。桃花落，闲池阁，山盟虽在，锦书难托。莫！莫！莫！

唐琬早已看得唏嘘不止，哽咽道："你的苦心，我已知道了。那么，让我也借此素墙，一吐我的苦情吧。"她将砚台递给了陆游，接过他手中的笔，就在陆游写的词后面，同样写了一首。

世情薄，人情恶，雨送黄昏花易落。晓风干，泪痕残，欲笺心事，独语斜阑。难！难！难！

人成各，今非昨，病魂常似秋千索。角声寒，夜阑珊，怕人寻问，咽泪装欢。瞒！瞒！瞒！

陆游放下笔砚，握住唐琬的一双手说："琬儿，我知道，你比我更难，也更苦！"

唐琬哽咽着："你知道了就好。你知道了，我死也瞑目了！"

后来，沈园几次换了主人，若干年后，沈园的许多建筑物也都逐渐毁坏了。唯有陆游和唐琬的这块词壁，人们却特别小心地用木框将它保护了起来，一直非常完好。可惜的是，在这之后不久，唐琬就谢世了。她并没能经常来沈园，她那早已撕裂了的心，经不起感情的再次震荡，再一次的生离，使她的心终于完全碎了！

倒是陆游不忘常去沈园凭吊。就是在他的晚年，八十三岁的时候，犹然写道："故人零落今何在？空吊颓垣墨数行。"他去世的头年，他还特地去到了那里，只是从题词到这时，五十多年过去了，年代太久了，所以他写诗说："绍兴年上曾题壁，观者多疑是古人！"是的，大约只有"古人"才是这样的痴情。这些观者又哪里知道，他们中的这位白发婆娑的老者，正是当年的题壁人呢？

他是快作古的人了，听到观者的这些话语，怎能无感慨呢！是的，他的一场大梦快到醒的时候了，只是想起唐琬，他便感到他虽生活了八十四年，还是未免太过于匆忙了。他和唐琬的相处，又是何其仓促而短暂啊！于是，他在临死之前，无限惋惜地写道：

沈家园里花如锦，半是当年识放翁。
也信美人终作土，不堪幽梦太匆匆！

　　这是一个破碎而美丽的梦。陆游活了八十五年，犹然嫌光阴过得太快！不是光阴太快了，是他没有得到满足。放翁诚然是一个处处留有遗憾的人，他在爱情上的遗憾，也如同他不得志的遗憾一样。所以这首诗也和他在此后不久写的《示儿》一样，道出了他这两大感情上的遗憾！只是，他是无法再回头了，这真是人生憾事。倘若让他再回过头来重新选择生活，他一定不会只要做梦，哪怕是大梦千年，而一定会与唐琬哪怕就在竹贤那个小巷子里厮守一辈子。这一辈子哪怕很短。只是可惜，人是不能走回头路的。正所谓："一失足成千古恨，再回头已是百年身！"所以人生的许多遗憾，总是无法由自己修正，只能留给后人去为他们嗟叹！

第六章 | 元酋授首

陆游第一次出山做官，是在绍兴二十八年（1158年）的冬季，时年三十四岁。官职不过是福州宁德县主簿，从九品，比芝麻官还小的官。到了绍兴三十年（1160年），汤思退升为左相。汤思退虽属秦桧的余党，但和陆游的私交却不错，所以他便举荐陆游为敕令所的删定官，系衔右从政郎，官阶为三十四级，比主簿高了三级，但职位仍然很低。不过删定官是京官，已接近中央的政治核心了，比在远县当一个文牍小吏当然要好得多，所以陆游仍然是高兴的。

五月，石榴花红似火。

陆游从山阴老家独自来到了临安。他的私塾老师曾几对他说过，到了临安，别人可以不见，却一定要去拜见闻人滋。闻人滋此时也是敕令所的删定官，但他却可以称得上是一位鸿儒，见多识广，且好结交天下奇才异士，是一位坚决拥护国家统一的人。陆游一到临安，便按曾几告诉他的地址来到了吴山。

吴山是临安城里的最高处，风景优美，气候宜人。传说北宋年间孙何镇守钱塘时，大词人柳永写了一首《望海潮》歌颂他：

东南形胜，三吴都会，钱塘自古繁华。烟柳画桥，风帘翠幕，参差十万人家。云树绕堤沙。怒涛卷霜雪，天堑无涯。市列珠玑，户盈罗绮，竞豪奢。

重湖叠巘清嘉。有三秋桂子，十里荷花。羌管弄晴，菱歌泛夜，嬉嬉钓叟莲娃。千骑拥高牙。乘醉听箫鼓，吟赏烟霞。异日图将好景，归去凤池夸。

这词写得太美了，传到金朝，金主完颜亮见了十分羡慕，将大腿一拍，他娘的，老子一定要打过长江，立足吴山，看看这杭州有多美！他想立足之处，正是陆游此时站着的地方。当然，完颜亮要能站到这里，宋廷也就完了！此时他虽未立足吴山，但已带着号称百万的大军，打过了淮水，直逼长江，距离吴山，也不过五百里之遥了。高宗皇帝吓得连忙下手诏，解散朝廷，自己准备向海上逃亡！这就是柳永这首词招惹来的"大祸"，谁说诗文是雕虫小技？不过，也正如百年之后，罗大经在他的《鹤林玉露》一书里说的，"余谓此词虽牵动长江之愁，然卒为金主送死之媒，未足恨也"，完颜亮这次是送死来了，他把命丢在了这里，总算给了柳永一个公正。谁也不会想到这前后百年间的事，都要应在今天陆游的这一次拜会上。

五月的吴山，草木正茂。跨过一道山泉，便是一片竹林。竹林深处有一座竹院，连那院门都是竹子做的。陆游知道，这便是曾几讲的闻人滋的"抱节居"了。"抱节"本是竹子的雅称，以"抱节"处世，当也是出世之高人了。苏东坡曾有诗说"寄语庵前抱节君，与君到处合相亲"，就是以竹之节来许人之耿介的。闻人滋将他的住处取名"抱节居"，虽因其地多竹，自然也含有东坡这诗的意思了。

陆游在那莹如碧玉的柯亭竹编的门上，屈指敲了三下，竹门"吱呀"一声开了。一个童子问道："官人找谁？"

陆游说："请问小兄弟，这里可是闻老先生的住处？"

童子见是找他主人的，便说："正是，官人请进。"因为闻人滋好客，来者不拒，所以童子敢自作主张，不经请示便让他进来了。

陆游进得院来，看见这个院子虽不及自己家中的大，却也小巧玲珑，奇花异石，布置得反倒显出雍容幽雅来。

陆游被领到一处堂屋，那正轩门楣上果然横书"抱节居"三个大字，赫然是岳飞的题字。

"先生，有客来了！"童子在门外喊。

不一会儿，从门内出来一位矮小而清瘦的老人，年纪六旬开外，五绺灰色胡须，眉宇疏朗。陆游知道，这便是抱节居士闻人滋了，于是急忙向前两步，深作一揖："晚生陆游，特来拜谒！"

闻人滋满脸堆笑，"哎哟"一声，抢下阶来，抓住陆游的手，激动地说："你是老夫早就想见的人了，听说你要来敕令所，可以朝夕相对，喜得老夫几夜未曾合眼。今日才盼到，真是相见恨晚！还不快快请进。"

他俩携着手，进得门来，闻人滋高声叫："董臻老弟，不必躲了，快出来，我给你引见一位你早已仰慕的人！"

他的话音刚落，从书架后转出一位紫色脸膛的虬须大汉，双目炯炯。原来他这个房里也如自家的双清堂那样，全是一排排上好的乌木做成的书架。

闻人滋说："这就是我曾对你说过的锁厅荐送第一名，因敢于直斥秦桧老贼而在第二年礼部试被光荣除名的陆游，陆务观！"转脸又对陆游说，"这位想必你也已听说过，就是前不久率领百十号弟兄，从山东奔来的前涟水县弓手节级董臻。"

陆游也曾听说过，董臻是一条好汉。只是可惜，在他投奔过来后，朝廷不信任他们，怕他们这百十号人聚在一起会作乱，所以一过来后，便把他们分遣到各路宣抚使麾下去当差了，更不让他们接近前线。就连领头而来的董臻，也只不过给了个八品的承节郎，那是一个文职散官。只是不知他何以也在闻人滋这里？

他俩听闻人滋这么一介绍，便互相打量起来，忽然都得意地大笑："不错，不错，是我想象中的样子！"

说罢三人落座，童子献上茶。

寒暄过后，陆游说："听说董兄也已分到楚州（今江苏淮安），不期有缘在此相见。"

董臻说："嗨，怎么说呢？我们兄弟从敌占区犯凶冒险偷渡过来，因为我们在那边已经发展了许多义军，只要朝廷一出兵，我们便立即响应，内外夹攻，收复失地，根本没有问题。虽然我们的劲很足，但却老不见朝廷有动静。有的兄弟忍不住只好硬攻，夺得了城池，也因朝廷不接管，最后只好又放弃了！大家不明白朝廷在干什么，所以要我们几个先行过来。一来是向朝廷面呈我们那边的情况；二来是，我们这一百多位兄弟，都是从各义军来的高手，又熟悉那边的情况，有我们在军前效命，军队的行动就要快速敏捷得多。兵贵神速，正是从这点打算的。谁知过来以后，朝廷不仅不听我们的话，并且还怀疑我们另有所图，将我们来的人分散编管，给了我这个承节郎，这哪是奖励我们，分明是侮辱我们嘛！你想我会高兴地听命到楚州去吗？"

陆游叹了口气："唉！朝廷无能，屈杀多少英才，又贻误多少战机！所以我总认为，我们之败并非因为无可用之将，无善战之兵，而是败在朝中这一批嫉贤妒能而又胸无大志的小人手上！"

闻人滋说："陆老弟可能还不清楚，我这位董老弟，他在涟水充当节级，不过是隐身罢了，其实他是剑侠一流人物；皆因不愿显露自己，所以虽干下了许多大事，也不愿为人所知。"

董臻伸出两只大巴掌："一身武艺有什么用？行侠仗义又无济于事。我们这次投奔过来，是指望将这一身武艺献给社稷的，谁知人家不赏识，你有一身本领又有什么办法？"

陆游也为之气闷，宽慰他说："不过我听说御史杜大人倒是在力谏皇帝御驾亲征，皇上似乎被他说动了，有这个打算，也许北伐有望。董兄当不愁无用武之地。"

闻人滋说："你说的杜莘老倒是直言敢谏，不过我也听说了，内侍省的张都知张去为却是在极力撺掇皇上躲到福州或四川去。御史纵然直言敢谏，怎奈内侍却常在皇帝耳边吹风。吹得多了，怕是皇帝的决心也要动摇了！"

"不过形势也确实严峻，"陆游说，"完颜亮今年八月二十九领三十二路大军南下，到这个月的四日，已经占领了瓜洲渡，紧逼长江，抵达此地别说他的马队，就是步兵、急行军也只需三天便可到达。所以皇上这才亲下手谕解散朝廷，好让文武官员自行谋生去！"

董臻听得虬髯倒竖，怒目圆睁："这成什么话！吾土吾民，他倒要先行抛弃了！要是臣民说这种话，早诛他九族了，自己说出来，却灯草似的轻飘！这还像话吗？"

闻人滋说："这就是张去为的逃跑主张，只不过皇上更彻底一些罢了。"

陆游说："朝内如果不除去张去为这种人，恢复中原，绝无希望！"

董臻拍案而起："这还不容易，在我眼里，哪怕张去为躲在宫里，他项上的那颗人头，也等于放在我这口袋里一般，随时要随时可取！"

闻人滋摆摆手："少安毋躁。董老弟，你坐，坐。你杀一个张去为有什么用？秦桧不是死了吗？可是投降派还在，有金人，就有投降派！当今皇上，就比秦桧还秦桧！他也并非不可以杀，圣人都说过：'乱臣贼子，人人得而诛之！'问题是你杀了他，天下乱得更快，有时是杀不得的苦啊！"

"嗨！"董臻气得只有坐下。

"这些事终归天命，谈又何益！"闻人滋转过话题说，"今日难得有此幸会，还是谈点快乐的事吧。陆老弟乃当今有名的大诗人，读着你的那些诗，简直就像捧着一团火！有时读得我声泪俱下。你何不将我们今日之聚，也写作诗，也好借老弟的诗，使我们这些历史上无名的过客，留下一点痕迹呢？"

陆游苦笑："我惭愧作为诗人，只是气没地方出罢了，哪里是意在诗艺，是出气！我的真心倒是想当一名士兵，到前线去冲锋杀敌！倒是董兄这样的剑侠人物，才是令人可钦可佩的。虽然国家到了这个地步，谁也不能凭一己之力去匡正它，但至少可以伸张正义，为民除害，只要能为人间留得一点正气火种在，就终有燎原那一天！只可惜我平生虽极爱武艺，但只会一点刀马功夫，怎比得上董兄练就的那来去如风的身手，不知董兄可否让小弟开开眼界？"

　　董臻哈哈大笑："陆兄想必是要考考我了？既然如此，请接招！"说着一个饿虎探爪，看似要向陆游脸上抓去。

　　陆游因为爷爷是主张习武的，所以他从小便练得一身过硬武功。虽说董臻突然发难，但他的反应极快，立即一个撩云手架了上去。待到他的手架上去时，董臻早已收手，端坐不动，全像从没动过手一样。

　　陆游看到有惊无险，便得意地说："董兄果然身手好快，若不是小弟招架得急，这脸上恐怕要承老兄光顾一下了！"边笑边摸着自己的脸，还真有几分得意。

　　闻人滋捻须微笑："陆老弟大话别说早了，若是老夫眼睛没花，我想你的头上总有点异样。"

　　陆游半信半疑地欲摘下自己戴的幞头看看，谁知幞头一摘，头发顿时如水一样的披泻下来，再一摸头上束头巾，竟然已从中一分为二，心中不禁大骇！这眨眼的工夫，董臻是怎样在自己帽子内割断了束头巾而又没有伤着自己的？这要是和他认真交手，脑袋怕不早掉了！想到这里，才认真地看起董臻来。

　　董臻见陆游一脸狐疑，便笑着说："你一定很奇怪我是怎么割断你的束头巾的吧？喏——"说着便撸起袖子，露出一柄薄薄的细剑。说剑又不像剑，倒像是一条灵蛇，可以随意曲动，暗青色的剑身上，还真有一圈圈细鳞般的花纹。"你别看这剑身细薄，只要我以真气使出，就是再粗重的兵器也可以削断。"

　　陆游听得倒抽了一口凉气："难怪要称你们为剑侠，小小一柄剑就有这么厉害！"

　　董臻说："这是神物。小弟平常也很少用它。其实要讲杀人，对于一个真正的剑客来说，任何东西到他手上都会成为利器！"

　　正说着，家童用托盘端上饭来。闻人滋这里的规矩，到时候便开饭，他不说"请"，吃饭的人也无须说"谢"，完全像一家人那么自然。

陆游看那托盘里，三碗青菜豆腐汤，三碗白米饭，三双筷子，仅此而已。

闻人滋见陆游略显奇怪的样子，便说："我这里有个规矩，来必吃饭，菜就是一碗豆腐汤。你看这里。"他指着案头墙壁上挂的一幅他自己写的狂草条幅上那押角的闲章。

陆游自然认识，那是篆体朱文的十二个字："作门客牙充书籍行开豆腐店"。

闻人滋指着前四个字解释说："这'牙'就是牙行的意思。来我这儿的客人，不论他在社会上的地位如何，在我这儿，高的低不了，低的高不了，全凭品质高下，有才的绝不会埋没，例如你们二位，我看倒可以结为生死之交，相辅相成，定可以成就大事。"

陆游说："小弟一见董兄，便仰慕不已，早有交结之意，只恐高攀不上！"

董臻伸出巨掌："既然是陆兄不弃，拜把子太庸俗，大丈夫击掌足矣！"

陆游也伸出了右掌，两只手，一白一黑，"啪"的一声，吸得紧紧的。陆游说："我痴长三十七岁。"

董臻说："那你就是小老弟了，愚兄痴长四十。"

说着三人大笑。

闻人滋说："快吃饭。"

陆游说："吃饭不忙，愿闻何为'充书籍行'？"因为他是爱书的，对"书"字特感兴趣。

闻人滋说："哦，这'行'嘛，也就是牙行的行了。你看我这里书多不多，多得我一人读不完。我又没有子嗣，孑然一身。所以只要是愿意读书的，我一概都借，就像个为书找读者的中介那样，当然，这不是我的职业，所以就只能老实地承认是滥竽充数的了。"

陆游说："就怕有人借了不读，拿去充门面！"

闻人滋说："书这个东西，只怕不好；要是好了，放在哪里都不愁没人读。它不被借去读而在那放着，终究无益，而但凡借出去，终究会有读它的人，它本身就是一种诱惑！其实书也就像我们人一样，有它自己的命运，至于它的将来，就只能由它的价值与机缘而定了。"

陆游还在回味他的这一番话，董臻指着桌上的青菜豆腐汤说："这大概就是'开豆腐店'喽？"

闻人滋笑着用手做了个邀请的姿势："老夫无孟尝君的家财而好客过之，就只有委屈你们来吃这豆腐汤了！不过这豆腐可是个好东西，不仅滋补，而且你看这一清（青）二白，当今之世，恐怕也只有在这里能够看得到！来，来，来，别只顾说话而冷落了豆腐。豆腐汤还是热的好吃，所谓'一热三鲜'嘛！"

董臻狼吞虎咽地吃了一大碗，大叫："好豆腐汤，难怪闻兄以'豆腐店'而出名，要论滋味，还是这个长，童儿，给老子再来一碗！"

正吃着，周必大来了。

周必大这时为中书舍人，他比陆游小一岁，因为都是单身，又住在百官宅陆游房间的隔壁，所以他俩经常一起出入，感情非常好。

"洪道！"周必大字洪道，陆游一见他来有些吃惊，因为他知道周必大一定是有要事才到这里来找自己的，"有什么事吗？"

闻人滋认识周必大，便起身说："正好，来喝一碗豆腐汤。"

周必大说："谢谢，我已用过饭了。我是因大家决定明日一早都出城去为杜莘老饯行，我怕你今晚不归百官宅，特地来通知你的。"

闻人滋说："怎么，杜大人这就出京了？我们刚才还说到这件事。"

周必大说："杜大人今天早上又向皇上提出，说张去为窃威权、阻成算，妨碍御驾亲征，请斩之以振士气！皇上很恼火，结果迫于舆论压力，张去为倒是罢了职了，可是杜大人因为顶得太狠，也被外放遂宁府作知府去了。"

陆游说："杜大人家在四川，到遂宁倒是回归故里，对他来说也未必不好，只是朝中又少了一位耿直刚正的大臣，阴气怕要更重了！"

董臻说："对于杜大人的忠贞耿直，连我们军中都很敬佩。大家一致都不称他名讳，而总是郑重地呼为杜殿院！"

"明日你们去不去？"周必大问。

"去！"大家都说，"怎能不去？"

钱塘门外，入冬的太阳显得过于苍白，也许是天上微有薄云，也许是大家的心情都有些黯淡。

城外大道两旁，已经用青布拉起了简易的帐幔。棚子很长，一溜桌上都摆有酒。桌前桌后若数一数，恐怕足足有三百多位大小官员，正三五成群地散聚着，在等候中闲谈，大多在摇头叹气。官棚过去，还有许多高矮不一的桌几，这一溜更长，桌几上不仅有酒，还燃有香烛。香烟缥缈，散发出淡淡的紫檀香味。那是老百姓听到了消息，自发来送杜大人的。他们中间，有老有少，有男有女，真的是扶老携幼，在那里肃穆地静候。相比之下，他们反倒安静许多。

"来了！"不知谁的眼尖，随口叫了一声，于是大家全都朝钱塘门里望去。

果然是杜莘老来了。

只见他清癯瘦削，布巾绾发，虽刚过五十，而头发却大半已白。背着一个大箬笠，骑着一匹青骢马。蒲团纸帐，行李萧条，身后连个跟班都没有，这哪里是去上任当太守，简直就像是个行脚僧人。人群中不知是谁在说："他这个样子，倒和画上他的十三世祖杜甫一样！"

杜莘老见这么多人在等着送他，特别还有这许多老百姓，不禁双眼含泪，感激地说："起莘何德何能，敢劳众位大人和父老乡亲相送！"

众人说："杜大人一心为国，倒给自己落了个不是，临行献上一杯薄酒，聊表我们的敬意。"

杜莘老说："起莘身为言官，自当论天下第一等大事，若有所畏而不敢说话，纵然保住了俸禄，那不仅于心有愧，更是对皇上和社稷的不忠不敬，那便是罪人了。所以起莘这样做，只是尽到自己的本分罢了，谢谢各位大人和父老乡亲们的鞭策和鼓励，起莘这厢一起拜领了。"说着便跪拜了下去，众人连忙还拜不迭。

许多人临别依依，久久执着手，似有说不尽的话。有的还拿出在昨夜就写好的诗笺相赠。

这一下提醒了陆游，只因他昨夜心事重重，竟然忘了写诗。他被起莘刚才讲的话深深感动，不禁诗情汹涌，便说："杜大人请等一会儿。"便在自己马鞯里摸出纸笔墨盒，倚马而书：

羽檄联翩昼夜驰，臣忧顾不在边陲。
军容地密宁当议，陛下恩深不忍欺。
白简万言几恸哭，青编一传可前知。
平生所学今无负，未叹还乡两鬓丝。

杜莘老特别看重陆游的诗，接过后认真地读了两遍，说道："好一个'臣忧顾不在边陲'，确实，除去朝中的奸佞之辈，是比靖边更为重要的，务观老弟可谓一语道破。只是起莘离朝远去，朝中的事，就只有望于各位大人了。至于青史传名，无负所学，深感惭愧！"

陆游一指大家说："杜大人，你看，这多么人前来送你，就因为大家都敬佩你。你已为我们大家树立了榜样。这个作用，也许比你一个人上书万言要强大得多！你无负多矣！"

杜莘老说："不过有像务观老弟这样英年而又才识出众的人在朝，起莘可以放心地走了。"

杜莘老骑马上道以后，众官员的轿马也纷纷走动。闻人滋拉了陆游衣角一下，低声说："董臻在玉壶园等我们，说是有要事相商。"

南宋是杭州园林的鼎盛时期，那时许多富家贵族，纷纷在杭州城和西湖四周建起了私人园林，而且任人游赏以竞豪奢。有的地方还特意设些酒楼茶肆于其中，或装点成桃花坞杏花村的山野风光，使之更接近于自然以招徕游人。董臻便在钱塘门外刘家玉壶园等候他们。玉壶园当然是取意于唐朝大诗人王昌龄的诗句"一片冰心在玉壶"。整座园林引水入园，曲曲弯弯，比起西湖，真有尽纳入湖中的韵味。

闻人滋和陆游通过一道弯曲的小桥，来到了水中小山上的一座亭子。这小山四面皆水，亭就在山尖，果然是一个极好的议事的地方。董臻和一个很俊秀的青年早已站在亭外相候。

董臻介绍说："这是我的义弟应天鹊。他刚从北边来，有好消息相告。"

大家见过礼后，正好四面各占一方。桌上早已摆好了茶果点心。

应天鹊说："山东形势大好，许多英雄豪杰，像最有名的开赵、明椿、刘异、李机、李仔、郑云、耿京等，各聚齐了成千上万的兵马，只要这边官兵一发动攻势，即可内外夹攻，没有不成功的。前些时魏胜已经收复了海州（今江苏连云港），只可惜是官兵不至，孤立无援，结果得手的城池又被金人夺去了，白牺牲了许多兄弟。幸亏魏胜武功高强，才得以脱身。义军首领得出了一个共同的认识，即义军各自为战是不行的，必须与朝廷步调一致，才有成功的希望。我们几位头领哥哥一合计，这才决定要我过来和董大哥取得联系，看朝廷究竟作何打算，不要把大家的心都等凉了！"

董臻看着闻人滋。

闻人滋叹了口气："唉，这边的情况说来令人生气。刘锜刘老将军本来可以克敌制胜的……"

应天鹊插话说："听说金人这次南来，把我朝大将的名单在军中一一公布后，由金军将领自己衡量，可以对付谁，便领兵去打哪一路，唯有到了刘锜大人的名下，竟然没有一个将领敢应命，所以金主完颜亮只好亲自统大军攻打这一路。"

陆游说："呵，想不到他们准备得这么细致周到！"

闻人滋说："别人准备得这么充分，一致对我，可是我们怎样呢？威名震河朔的刘元帅，却因被牵制掣肘，致使他不仅无法前进，反而只能退守长江！朝中那些主和派，还唯恐刘元帅得胜，趁机在后面拼命攻击，不责那些贪生怕死之辈，反责备刘大人贪功冒进，把损兵折将的罪过都堆到他的头上，可怜他指挥不动，力不从心，还要为那些草包们背锅，成为议和派攻击的靶子，竟于数日前在军中气得吐血而亡了！"

"啪！"桌上茶具都震了起来，点心跳得满桌皆是！

董臻吼道："气死我了，坏蛋得志，好人受罪，是什么世道！"

陆游说："前线现在怎么办？"

"怎么办？"闻人滋说，"和战两派正在朝中为新的人选闹得不可开交。正直为国的，当然是主张重新起用张浚这样有威望的老将，可是皇上偏偏怕的就是有威望的人，而决定派他的心腹杨存中去，而这人偏偏又是个大草包！"

"杨存中？"陆游不大相信地问。

"你以为是谁？"闻人滋反问道。

陆游说："今年七月，我在大理司职时，曾对圣上说，像杨存中这样的人，不宜久掌军旅，理由说得够清楚了。圣上当时还嘉奖我，不是将他罢免了吗？"

"哼，罢免！"闻人滋听了好笑，"小老弟，你还年轻，对皇帝这一套，你还缺乏政治经验。你说是皇上变了，我还听人说，皇上在有些人面前，反说你是反复无常的小人哩！小老弟，你可要注意一点呵！"

应天鹘听他们这一说，不由犯起了愁："那我怎么办？皇帝要散伙，我总不能回去对几十万义军说散伙吧？要知道，我们一散伙，回去个个都难逃一死！现在已是骑虎难下了。"

这么一说，大家都沉默了。

亭子四周很静，水冷草枯的时候，别说游人，连水鸟都不见一只，甚至连水波都一动不动，仿佛一切都凝住了。

董臻耐不住了，猛地站起来说："不就是怕那个完颜亮吗？我去把他杀了不就完了！"

闻人滋沉思说："这虽属下策，但朝廷已经成了这个样子，也未尝不可！"

陆游高兴地说："这倒是个釜底抽薪之计，趁金国国势不稳，杀了他们的国主，必然引起他们的内乱，他们自然也就再顾不上打我们了。"

应天鹘说："完颜亮此时驻扎在扬州龟山上，守山的是他的近卫军，称为'硬军'，有五千骑。这些'硬军'全是他从他的猎骑士中精选出来的，个个精骑善射，武艺高强。完颜亮曾夸口说：'取江南，此五千人足矣！'他们个个都骄横得不得了，内部虽有矛盾，但对完颜亮却大都忠心，把一个小小的龟山守得铁桶似的。只怕轻易攻不进去！"

董臻说："不是吹的，目前为止，我进不去的地方还从来未发现！"说着一晃，人却不见了！大家往四处看去，池中水波不兴，小径阒无人迹，他人就像根本没有存在过似的消失了！

大家正在惊诧间，忽然他又奇迹般的从亭外走了进来，手里拿着一本书递给了陆游。

陆游不解地接过一看，大惊："这，你是从何处得来的？！"

董臻且不作答，只是问："这是不是你放在敕令所的东西？"

陆游说："我惊奇的正是这一点。这是我放在敕令所案头经常翻阅的，那还有假！"

"是真的，这就对了。"董臻眼含得意之色。

闻人滋和应天鹃在一旁被他俩弄蒙了。闻人滋从陆游手中接过书一看，原来是陆游的爷爷陆佃著的《春秋后传》，上面还印有"双清堂藏书"的印记。于是三人都莫名其妙地望着董臻，猜不透他玩的是什么把戏。总之，透着神秘！

董臻笑了："你们一定奇怪，我怎么会有这本书的对不对？其实答案很简单，是刚从敕令所取出来的呀。"

"敕令所？"陆游更吃惊了，"那在泰和坊，且不说往返四五十里，那儿还有士兵把守，等闲之人是进不去的呀！"

董臻益发笑得得意："这就足以证明我刚才说的，没有我进不去的地方！"

闻人滋见他露了这一手并没有感到多高兴，反而叹了口气说："唉，可惜我们不能个个都有你这样的身手！五千硬军，你一个人能杀得了几个？且不说个个了得，就是全都伸直了脖子让你砍，砍得千儿八百，人不软，刀也软了！"

陆游说："以一人之力自然是不行的，还是得组织些武功高强的人，也许能成。"

董臻说："我们过来的百十号人，个个武功高强，可惜分得太散，一时召之不及。但短期内，就近找个十几二十个还是不成问题的。"

陆游说："如此甚好。董大哥和我便带这一二十名高手偷进完颜亮的御营，能一举杀死完颜亮当然更好，万一不成，也要杀他个措手不及，杀一杀金人的气势也是好的，不要以为我们无人！应兄弟这就回去，就近联系一些义军，暗中结集在龟山附近，只等龟山火起，便攻山接应，我们内外夹攻，顺利撤出是不成问题的。"

闻人滋说："只怕敕令所不会让你走。"

陆游说："当然，我们这次行动，对谁也不能讲。让不让我走也由不得他。我不到差就是了。"

闻人滋说："那你就成了他们可以通缉的对象了！"

陆游说："只要能杀了完颜亮，退了金兵以解救国家之危难，恐怕到时皇上嘉奖我还来不及哩，怎会加罪？若一定要以此给我定罪，我也在所不惜！"

董臻大叫："好！不愧是我董某的兄弟！"

闻人滋说："还是稳妥点好。这样，你写个有事告假回乡的札子，其他事我可以为你遮掩一时。"

事情就这样定了，他们决定于十一月下旬采取行动，便各自分头准备去了。

应天鹄有个拜把子兄弟在硬军里是个小头目。这一天，大家在一起喝酒，正喝得酒酣耳热之际，这个小头目说："真窝囊，咱们说起来是完颜亮的亲军，跟着完颜亮困到这山上，什么好处都没有。那些杂牌军，攻城略地，早都捞饱了，乐够了，我看死了也值！"

有个伙伴打趣说："谁让你是个当兵的，还是个青茸丝甲。"原来硬军中以穿紫茸丝甲为上，穿青茸丝甲的为次。"你看完颜亮，成天饮酒作乐！"

这个小头目说："我倒有个好主意，就怕你们不愿意玩。"

大家说："谁不愿意玩，快讲讲你有啥好主意。"

这个小头目说："我听说山东的许多大户人家都跑到泰州来了，当然漂亮妞和金银财宝也都带到泰州来了。泰州离我们这里不过百里地，快马半天就可以到。我们不如去向完颜亮请战，让我们去攻打泰州，弄他几个钱，找找乐子怎样？"

"好哇！"大家轰然应和。

完颜亮见部队长期困在这长江边，日久生厌，也希望提高士兵的锐气。好在泰州离此不远，让他们去打下泰州，未尝不是激励军队的好办法，便一口答应了他们的请求，但只准去一半，留下一半仍然坚守龟山。有谁不想发财，何况每次攻破城池，照例是放假三日，在这三日里，官不管兵，兵不问官，全都可以任意奸淫烧杀，恣意掠夺，所以谁都想去。被派着去的，个个兴高采烈；留守的，则人人垂头丧气，一肚子的不高兴。不高兴没处发泄，便借着酒出气，连应有的防范也不管了——反正无人敢上他们的龟山。完颜亮完全被懦弱无能的宋廷惯坏了，设不设防无所谓，就是借个胆子给那些守兵们，他们也不敢来——谁敢来捋虎须呀！

陆游要的就是这个离间的效果。他和董臻带着二十位兄弟，在一个月黑风高的夜晚，一下摸了上来，还真是神不知鬼不觉。

这个龟山虽然不怎么高大险峻，但完颜亮布置得体，使整座山易守难攻。他的御帐在山阳，围绕御帐的是按八卦方阵排列的硬军营帐，紫茸丝甲军在里，青茸丝甲军在外，各营帐有守哨，营与营之间有流动哨。再加上堑壕与鹿砦为围护，要想攻入，确实不易。有一天，完颜亮问司天监马贵中天象如何，马贵中说："臣观天象，见太白入于太微右掖门，七日而自左掖门出。太微乃天子南宫，当为御营之象，太白为兵象，大王应谨防有兵犯御营！"完颜亮听了哈哈大笑："我倒要看看南人中有谁敢进入我的营帐！"确实，要想接近他的御营，仅这一道道的硬军营寨就通不过！且一旦发动八卦阵，就是千军万马，恐怕也只是有进没出！

十一月的天气，寒风凛冽，乌云密布，天空正在酝酿着一场暴风雪。大地一片漆黑，只有龟山上灯火通明。金兵龟缩在帐篷之内，时不时爆发出豪赌的喧哗与淫亵的笑闹，可谓是乌烟瘴气。

突然间，号角声起，四面火起！

这些牛皮营帐，都是用桐油浸透过的，虽然有最好的防雨雪功能，但都是易燃烧之物，一经着火，瞬间便熊熊燃烧起来。一时间，龟山成了一片火海！帐幕中的人，见四面冒火，慌得连帐门在哪边也搞不清，你撞我挤，烧死在里面的还真不少。那些逃出帐幕的，既来不及抓兵器，也不知南宋来了多少大军，只有抱头鼠窜，忙着逃生。更有的来不及穿衣，竟是赤身裸体地跑了出来，寒风一吹，浑身战栗，回头想再钻进帐时，已是不可能了。这些硬军，不是烧死，就是冻死。加上二十位高手，身在暗处，远者用暗器，近者用刀剑，不声不响，只听见处处惨叫声，却不知祸自何方而降，金军陷入一片混乱之中。

山上本来有五个军，每军一千人，因打泰州而抽走了三个军。军队走了，因临时出击，所以各军的营帐并没有动。这么多空营帐，既易于放火，又易于藏身，所以二十个兄弟频频得手，自己却一点凶险也没有。

火一起，陆游和董臻两条黑影，径直扑向中军完颜亮的御营。

好凌厉的刀风，无声劈至！

董臻偏要试试对方体力，不避反进，"当"的一声接实，各被震退一步，双方的心中不免都吃一惊：好厉害的膂力！

火光中看得董臻笑了起来："怎么长得跟咱一个模样！"原来对方也是个虬髯大汉，手中执的也是一柄厚背大砍刀。大刀本是金人习惯用的武器，而董臻今天用它，则完全是为了砍人方便。

对方说："你们是什么来路，怎敢犯我大营？"

董臻说："什么来路你别管，你可是完颜亮？"

对方说："放肆！我乃完颜亮的贴身侍卫大庆善。你不说身份，就让你做个糊涂鬼吧！"说着便执刀冲上。

陆游见董臻已接住了大庆善，既然贴身侍卫在此，完颜亮一定就在帐中。他无暇去寻帐门，一个玉女投梭，人随剑势，破帐而入！

御帐被划开一道长长的口子，带入一股冷风，火头顿时暗了下去。

完颜亮陡地一惊。剑光一闪，他已无处退避。

陆游这一剑集中了全部仇恨的力量，去势疾厉无比。

火光大起，应天鹊领着前来接应的义军，从四面八方攻上了龟山。顿时满山都是呐喊声、金铁的交响声和伤亡时的惨叫声。

金军骁骑指挥大磐见四面火起，慌忙赶到御营护驾，他一眼便看见火光中近侍大庆善正和一个人斗作一团。两人动作之迅速，根本无法分出彼此。紫茸丝甲军虽善射，弓箭却用不上。大磐见一时插不上手，急得团团转。

大庆善喘着粗气叫："主人在大营，有危险！"

一句话提醒了大磐，他倒提狼牙棒，几步就赶进了大营。

完颜亮赤裸的身体已多处受伤，虽没中要害，但浑身血污，吓了大磐一跳，高叫："主人休惊，小臣来了！"

完颜亮气喘吁吁地说："快给孤家拿下这个凶手！"

大磐的狼牙棒属重武器，陆游不敢用剑迎实，已属被动，再加上以一敌二，大磐又是生力军，身高力沉，陆游顿时处于下风。但陆游既然来了，也就没有打算再回去，早将生死置之度外。所以他虽处下风，却也并无畏惧之心。人不畏惧，心地就澄明，纵然处于下风，反比他们两个更沉得住气。

此时帐外形势已变。原来那四处作战的二十个兄弟，见义军已至，便都纷纷脱身来到御营会齐，他们一来便和四处赶来救驾的硬军斗在一起。这些硬军再"硬"，怎敌得过这些百里挑一的高手，正如虎入羊群，只杀得这些硬军惨叫连天，四散逃命。大庆善本已不支，这一来心头更乱。董臻见时间已久，不能再拖延，诚恐那三千主力军回来就难以脱身了。于是不再恋战，趁大庆善拦腰挥来一刀之机，刀尖在大庆善的刀背上一点，人已凌空，一挥手，灵蛇闪现，大庆善只觉喉间一凉，一颗此时已杀得凌乱如草窠的毛头，轱辘辘地滚到地上去了。

董臻得手，翻身入大帐。

此时金军近侍局都统梁琉、监军图克坦永年、浙西路副都统郭安国也都赶了过来，被帐外的二十个兄弟截住。

董臻一入帐，便接下了大磐。叫道："小老弟，这里交给愚兄收拾，你赶紧带着陆兄们快走！"

大磐见完颜亮趁乱骑马逃跑，连忙大叫："放箭！"

此时梁琉、图克坦永年、郭安国等均已战死。二十个义军兄弟也已死伤剩下十二个人，由董臻开路，各自挥动手中武器，将如蝗飞至的铁翎箭，击得如雨花四溅。终因箭阵太密，有人受伤，接着中箭死去。

当他们冲到山下与义军会合时，二十个弟兄只剩下了十个，且多数受伤。虽然没能杀死金主完颜亮，但他们的此举已算得上是名声大振。待到金军武胜军总管图克坦守素和明安唐古乌页闻讯率众追来时，义军早已消失得无影无踪了。

陆游得知完颜亮趁乱逃跑，非常恼怒，所幸在后来的情报中证实了金主完颜亮在逃跑途中被部下杀死。金军因失去了统领，加之粮草辎重被那二十个弟兄烧了个精光，不得不撤退。因此一折腾，朝廷直接将陆游削职为民，遣回老家罢了！

董臻见朝廷如此对待陆游，便感到纵然他们组织了义军，也不会得到朝廷的信任，当然也就更谈不上重用了！显然皇帝和许多权臣只图安逸享乐，和北方的人民根本不可能是一条心！有感于此，他伤心地感到英雄无用武之地了！从此，便浪迹江湖，不知所终！

陆游在以后追忆此事时，曾有诗写道：

荆轲专诸何足数，正昼入燕诛逆虏。
一身独报万国雠，归告昌陵泪如雨！

昌陵是宋太祖的陵墓。他的十世孙赵与虤在《娱书堂诗话》里说："唐制，有冤者哭昭陵下，故李洞策夜献帘诗云：'公道此时如不得，昭陵恸哭一生休。'陆务观亦有句云：'积愤有时歌易水，孤忠无路哭昭陵。'"昭陵是唐太宗的陵墓，他这里用哭本朝开国君主的陵墓，以表达他入燕诛逆虏，一身报国仇而遭罢黜之冤，意思更为直接而显豁。如此殊功不去表彰他，而是给予贬谪，陆游也只有到赵匡胤的坟上去痛哭了！

第七章 | 因谗去国

再说攻打泰州的那三千硬军。

自从完颜亮占领了扬州，泰州（今江苏泰州市）原刺史便吓得要命，借口年纪老了，向朝廷申请一个祠禄，吃闲饭去了。原来宋朝规定大臣在离职后，因为没了俸禄，便给一个道教的宫观让他去管理，叫提举某某宫。这管理其实只是挂名，借此领一份俸禄，以示优礼而已。刺史走了，就由原来的副手通判王涛权知州事。王涛也怕死，以移治为由，把州府大印交给了兵马都监赵福，自己也溜了。赵福只要有官做，倒是不怕死，可惜却无能。正好金人入淮，那里的水寨都统领胡深和他的副将臧珏带着乡兵两千，弃寨而逃，一路跑到了泰州。别看他俩对金人无能，对付自己人却很有办法，一来就把赵福的位置夺了过来。这两个逃将刚夺得赵福的位置，一听说硬军要来攻打泰州，便来了个"外甥打灯笼——照舅（旧）"，又溜了。臧珏在临逃时还掘断了姜堰，放运河的水淹城，害得城里老百姓未遇兵灾，倒先遭了水灾。运河没有水，硬军从扬州过得更快。守将既已逃走，他们便径直入城，恣情烧掠，将城中凡可拿走的东西和稍为青壮的男女统统掠去，留下一个兵燹水洗的空城。

这就是宋廷那些有守土之责的官员们的缩影，可见他们腐败到了什么程度！

硬军抢了许多财物，回到龟山一看，大吃一惊：郎主的脑袋没有了，死伤狼藉，一片灰烬，呻吟之声不绝于耳！活着的将士，因为没了主帅，个个垂头丧气。有的干脆打点行囊，准备散伙。这三千硬军倒是一个未损，只是那火热的高兴劲头，此时恰似当头受了一盆冷水，只剩下冒气的份了。

有人眼尖："好了，好了，户部大人来了！"

户部尚书梁球骑着一匹枣红马，在几个侍从的拥簇下，飞快地跑来。马被勒紧，在原地打了一转，他方才跳下来。因此山上的情景他大致已尽收眼底了。

梁球说："大家先静一静，事情到了这一步，是我们万万想不到的，所以我一听到消息，便从扬州赶了来。我们现在还在宋廷的地盘，千万不要先乱了阵脚，否则我们这几十万大军就会全军覆没！我们应当尽快想出个周全的办法。"

大家心想：还有什么办法？一个个都低着头，一时显得很静。

梁球见大家都不说话，便说："当今之计，打是不能打了，好在国内世宗已立，有了新君，我们只有向宋讲和，让我们能顺利回国听命于新主。大家意见如何？"

聚集在这里的军将，只会攻城略地、杀人放火，并没有什么办法，只好说："我们听梁大人的安排就是。"

于是梁球找来纸笔写道：

大金国大督府牒大宋国三省、枢密院：国朝太祖皇帝创业开基，奄有天下，迄今四十余年。其间讲信修睦，兵革寝息，百姓安业。不意正隆（完颜亮）失德，师出无名，使两国生灵，枉被涂炭。奉新天子明诏，已行殒废。大臣将帅，方议班师赴阙，各宜戢兵以敦旧好。须至移牒。大定元年十一月三十日牒。

有人说，完颜亮是他们自己的人杀的。果真如此，他们就不会向宋廷送上这个牒子了。因为弑其君者目的已达到，他就会继其位以领导大军继续南进。如果说杀完颜亮是因为厌战而要归国，则杀之后，偷偷地撤走岂不正好，又何必向敌方自告无主，授人以反乘之机呢？写这个牒子，就是因为他们认识到这是宋廷至少是义军干的，完颜亮之死，宋廷是早知道的了，所以这才重提过去的"讲信修睦"，检讨完颜亮的"师出无名"，意即你们杀了他也是他的罪有应得，而只祈求这时的宋廷"戢兵以敦旧好"，莫继续为仇敌，让他们好"班师赴阙"，这分明都是讨好乞怜的口气，至于"奉新天子明诏"，这只是冠冕堂皇的外交辞令，因为要真是金世宗的旨意，则这个牒就不会由已没有了主儿的空头大都督府来写，而应是由金世宗来向宋道歉了。

牒写好了，却没有一个人敢送。失势的老虎不如猫，一个个低着头不敢照面，说不去不好意思，说去又没那个胆量。装聋作哑，没羞没臊最好。

梁球见大家都不敢去，灵光一闪，一下想到了俘虏。刚好在瓜州抓到的俘虏中有一个穿红色官服的，一问，是成忠郎张真，便让他拿这个牒子到镇江去交给宋督视行府。

张真这回算是捡回一条命，倒是跑得很快。

其实这个时候，宋廷如果有胆略，放马杀过去，金军虽有几十万人马，但只能算作丧家之犬，因为新登基的完颜雍，早把他们当作叛军，不会救援。这样自顾不暇的军队，逃命恐怕还来不及，哪还有什么战斗力？完全可以一举而歼灭！可惜当时宋廷守军将领太傅、御营宿卫使和义郡王杨存中与淮东制置使成闵，将这个讨好牒文送到皇帝赵构手上时，赵构反而"戒诸将无杀"，还说什么"此朕志也"！这也就是为什么陆游和董臻等立此奇功，反而一以"匪类"，一以"交结匪类"而论罪，因为此举违反了皇帝之"志"！

赵构知金人要退了，心中一阵轻松，但接踵而来的便是愧疚，因为他险些亲手解散了自己的朝廷！这两种情绪一掺和，便生出无名的惆怅来。为了排遣这种情绪，他便带了一个内侍，外出随意走走。

临安城虽未遣散，但许多大臣都已把家属送走了。过去各大府邸，丝竹之声不绝于耳，而今一座座宅院，阒然无声，如死去一般，整座临安城便显得凄凉。

赵构走在街上，深感自己的衰老，虽然他此时不过五十五岁，但他觉得自己再也受不起类似的惊吓了！他心中油然生出退位的想法。好在过继的儿子赵眘已有三十五岁，早过了而立之年，可以挑得起这副担子了。但一想到要退位作太上皇，心中又未免有些犹豫，不由又生出了恋权之情。如何是好，一时难以决定。他长叹一声，抬起沉思的头，正好看到有一家朱门未锁，便觉得稀奇："你可知这是哪位大人的宅院？"

内侍说："听说大臣中没有搬走家眷的只有两位，一位是左仆射陈康伯，另一位是礼部侍郎黄中。看这简朴的样子，想必是黄中的府第了。"

赵构心中正自烦闷，想找个人谈谈心，便举步上前。内侍得知皇上要进去，便赶在他前面叩开了门。黄中见皇帝御驾亲临，这可是他从来没有想到过的事，赶紧跪下迎接。赵构扶起他说："爱卿请起，朕只是随意走走，不必行此大礼。"

黄中叩头谢恩起来，当然不便像对待寻常客人那样引入客厅，而是迎至自己的书房，请皇上仍然南面而坐，自己再次行叩拜之礼，然后亲自捧上香茗。

赵构见黄中的书房，虽然没有自己的御书房那样恢宏壮观，琳琅满目，倒也窗明几净，书满四壁。特别有一幅画吸引了赵构的目光。他近前细看，只见那上面画的乃是一位虬髯大汉，怒目圆睁，右手正在拔着左腰挎着的长剑，而脸则仰望长空。空中有一团如蝇的黑点，细看乃是一群打着旋的乌鸦，恰是目空一切而又英雄无用武之地的写照，满纸阴郁悲怆之气，令人不忍卒视。上面篆书三个大字：侠客图。还题有一首诗：

> 赵魏胡尘千丈黄，遗民膏血饱豺狼！
> 功名不谴斯人了，无奈和戎白面郎。

诗很有气概，却没有落款。赵构回过头来问黄中："这画和诗俱佳妙，缘何没有作画和题诗的人的名字？"

黄中见问，慌忙跪下："臣罪该万死！"

赵构奇怪地问道："卿有何罪？"

黄中伏在地上说："这诗与画俱是罪臣陆游的手笔。只因陆游前在敕令所时，与臣甚相得，所以他这次因罪削职回乡时，特送这幅字画给臣以作纪念。臣罪在不该私藏罪臣的东西！"

赵构说："他之罪与你无关，你起来吧。"

"谢万岁不罪之恩！"黄中叩了个头，这才站了起来。

赵构看着黄中的大胡子笑着说："这侠客图上的侠客，画的可是你？"

黄中紧张地说："臣不敢！"

赵构说："朕听说陆游所交匪类之中，就有一个和他一起到扬州去刺杀完颜亮的剑客，是一个虬髯大汉，据说完颜亮的首级，就是他用飞剑斩首的。可就是此人？他叫什么？"

黄中说："臣也听说过此人。他叫董臻。这画中人有可能是他。只是臣未见过董臻本人，不敢胡说。"

赵构说："听说他因朕对他们处置不当，便入山归隐了？"

黄中说："圣上处置无有不当，只是彼等偏狭罢了。"

"你这是为朕讳。"赵构说着，便坐了下来，"应当说，朕对他们的处置似乎过了。朕近来甚觉愧疚。"

黄中不敢说是，也不敢说不是，只有低头不作声。

沉默了一下，赵构又说："董臻若无法找到也就算了。至少还是应当将陆游召回，以补朕过。"

黄中说："陛下圣明，臣立即遵办。"

赵构说："朕问你一句，大家都将家属遣散了，你家为何不走？"

黄中说："圣上六宫皆在临安，圣上不走，臣为侍驾，怎能临危弃圣上于不顾？更何况圣上不安，臣等何敢自安！"

赵构叹了口气："唉！这就是时难见忠贞！那些劝朕逃跑的，倒比朕跑得更快！"

皇帝虽然开恩了，但是主和派坚决反对陆游回到朝中来，其理由是他交结匪人，在朝廷不安全！后两派斗争各作让步，陆游可以回朝，但不准妄生非议，最后被安排在玉牒所供职。玉牒所的任务，只不过是对有关皇帝的一些大事，做做记录而已。要讲责任，最多只是对今后的历史负责而已，对于现实则完全不起作用！所以陆游虽重新回到朝中任职，而内心的抑郁之情却丝毫也没有得到缓解！

由于长时间忧心忡忡，闷闷不乐，待到了绍兴三十二年（1162年）的春天，陆游就一病不起。一个从来不生病的健壮汉子，一下卧床不起，可把他的妻子王氏吓坏了，赶紧领着她的四个儿子，连夜赶到了临安。

陆游抱怨王氏："你这是干什么？把家都搬来了？"

"干什么？"王氏说，"你没把人吓死！听说你病倒了，我们娘儿几个能不来吗？看你刚走几日，便瘦成这个样子！"

陆游说："你以为这里平静？"

王氏说："我不管，就是打仗了，你到哪里，我们也到哪里！好歹在一块，总比两地担忧好！"

陆游只有苦笑，便在国史馆附近的安荣坊租了一个旧宅子，将他们安顿了下来。

这几日有了夫人的精心照料，陆游的病好多了。他躺在躺椅上看书，王氏陪伴着他坐在身边做她的针黹。房中有淡淡的药香。临安的房子比较紧张，没有山阴老家那么阔，所以住得较挤。

"父亲，你看我的字写得好不好？"十二岁的老三子修拿着他写的字要陆游看。

他看了，笑着说："这写的是什么字？像蚯蚓爬似的！"

王氏说："他多大？也要求这么严！"

陆游毕竟没精神，便说："你大哥呢？叫他教你写。"他说的是他大儿子子虡，今年十五岁了。

子修噘着嘴："父亲不是叫他在写文章嘛，找过他，他不理我！"

"哦，"陆游记起来了，他早上是出了个《管晏论》要子虞做。这个大题目，对于一个十五岁的孩子，也许是难了点，难怪半天没见他。"你二哥呢？"老二子龙，今年十三岁。

子修依然噘着个嘴："二哥在跟阿绘做羊车。"阿绘是老四子坦的小名，今年七岁了。

陆游便问："你怎么不去玩呢？"

子修说："不，我不爱玩，我要学父亲，写好字，做好事，长大了去打仗！"

陆游听说高兴地笑了，爱怜地抚着他的头说："别的倒可以，儿子，要是等你长大了，还要让你去打仗，那可就不妙了！"

正说笑着，果然，子龙在一把小椅子上安了两只木轮子，让家里的一头山羊拉着它。看来轮子做得不圆，一路"哐当哐当"地响着。子龙在后面扶着椅子，子坦坐在椅子里，嘴里高兴地不停"咻！咻！"地赶着山羊。他俩的笑声和着车轮声，从书房的窗下滚了过去。

王氏停下针黹，望着窗外慈祥地笑了。

陆游说："就这样安享天伦，也未尝不是人生一大乐趣！"

他话是这么说，可人一好，便给皇上呈上《条对状》，一口气提了七条意见。这真是生就的个性，玉牒所又能把他捆得住吗？

而这个时候，金人毁约，四处骚扰，许多州县，又复陷落。仅以河州（今甘肃临夏西南）为例，金人破城后，捉走壮丁数千人，那几万个走不动的老弱妇幼，就在当地全杀了，临走时还放了一把火，于是一座州城变成了偌大的一个瓦砾场！

形势又严峻起来了。

于是还只有五十六岁的赵构，便再也不想坐那龙椅了，以老了病了为由，让位于儿子赵眘，自己"淡泊为心，颐神养志"，当他的太上皇去了。陆游费尽心血写的条呈，自然也就石沉大海了！

三十六岁的赵眘登基，是为孝宗。

按说他正当年富力强之时，受命于危难之际，背负着全国人民殷切的希望，当思建久安之基，成长治之业，虚以受人，勤以励己，兢兢业业以恢复为己任才对。无奈他色厉内荏，首鼠两端，表面上不得不作出恢复中原的姿态，而骨子里贪生怕死，同样是耽于安乐的。其实赵眘之所以能当上皇帝，也全得力于他的孱弱怕事。那是绍兴二年（1132 年），当时还只二十六岁的高宗赵构，因为自己没有生育能力，便要大宗正事安定郡王赵令时在宗室里为他找个儿子。赵令时找来了十个七岁以下的孩子请他选。赵构一时看中了两个，一个胖，一个瘦。胖的叫赵伯浩，瘦的便是赵眘。赵构本来已选中赵伯浩了。临到要送赵眘走时，赵构心里一动，说再看看，便让两个孩子站在了一起。正当赵构前看后看犹豫不定之时，一只猫从这两个孩子跟前走过，赵眘老实没有动，赵伯浩调皮淘气，便给了那猫一脚，把那猫踢跑了。谁知这一脚把自己九五之尊的位置也踢跑了。赵构见了说："猫惹你了吗？如此浮躁，怎当大事！"结果健康活泼的赵伯浩便被打发走了，而留下了孱弱怕事的赵眘。

赵眘一登上皇位，便将龙大渊封为左武大夫、枢密院副都承旨，将曾觌封为武翼郎、带御器械兼干办皇城司。他俩虽各有各的衙门，却仍然在赵眘的御书房侍候。

这一日赵眘退朝，曾觌和龙大渊媚笑着迎了上去。

曾觌服侍赵眘刚坐下，龙大渊立即献上茶，讨好地问："万岁今朝退朝，面有喜色，有什么高兴的事？让我们两个也高兴高兴。"

赵眘随手便把茶盘推开："不要茶，换酒来。朕今日找到了一个人才，很高兴，你俩陪朕好好喝几杯！"

他见曾、龙二人不懂，便解释说："朕昔日侍候在太上皇身边时，常听他喜吟一首诗，其中有'小楼一夜听春雨，深巷明朝卖杏花'之句，朕也深喜。今日和起居郎周必大谈到此诗，他说乃陆游所作，并还为朕背诵了陆游的另几首诗，朕听了都很喜欢，已赐他进上出身了。"

龙大渊为赵眘斟上了酒，说道："据臣所知，陆游在先朝就是一个主战派的干将，并且还是一个死硬派。周必大就比他随和多了。所以当年太上皇虽欣赏陆游的诗，却始终不重用陆游，就是这个缘故。陛下这样宠信他，恐怕太上皇知道了未必高兴！"

赵眘说："不过他这个人倒是比较有头脑的。前天我找他问话，他对朕说的那些话，言之有据，足见其力学有闻，朕已准了枢密院权知院事史浩和同知黄祖舜之所请，任命陆游为枢密院的编修官了。"

曾觌说："陛下这样信用陆游，臣以为他不会感激陛下。因为他这个人文辞虽好，更熟于历朝典章掌故，本是台阁的绝佳人选。怎奈他偏爱的却是驰骋疆场，像他上次那样。"

赵眘说："朕正是因为他熟谙韬略，文武兼备，是一个难得的全才，所以才待之以恩宠，假之以时日，不怕他不为朕所用。来，你们都干了这杯，以为朕今日得人之贺！"

"能这样当然好，"龙大渊放下空杯，又为赵眘斟满了酒，"就怕'人无害虎心，虎有伤人意'，臣以为对那些主战派们，还是要提防一点的好，不能太过信任了。因为他们都具有野心，若过于娇宠，恐怕得势后就难以驾驭！"

曾觌帮腔说："大渊此言甚是。其实对这些主战派，一个也不能留在朝中，愈是像陆游这样有能力的，愈是要清除彻底，避免有复燃的机会。"

赵眘放下酒杯说："纯甫（曾觌字纯甫），凡事不能操之过急，我刚临朝，不能这样做得太明显。朝野主战势力还是很强大的，特别是民心不可侮，太直白了，就会激起变故，态度还是朦胧一点使人不可捉摸的好。"

这样一说，他俩自是没话可讲了。

没过多久，曾觌和龙大渊都要告退。

赵眘奇怪地看着他俩："怎么？说你们两句便使小性子，不侍候朕了？"

龙大渊说："臣哪敢啊！昨日刘汝一在奏章里不是要陛下'毋使亵御干预枢笔'的吗？臣等再亲近陛下，不仅有累圣德，而且连我们的前途也不保了。陛下自是不怕，我俩却不得不怕！"

赵眘说："我明日就赐你们知阁门事，看他们能把朕怎样！"

两人讨到了这个封赏，这一夜自然是加倍奉承。

赵眘为了拉拢陆游，特赐内宴以宴陆游。陆游又是史浩推荐的，但在皇帝为陆游特设的宴席上，他虽是陆游的长官，却只能是陪客。他坐在左席，而陆游便坐在右首的上席上。酒宴设在御花园。

使陆游感到惊奇的是，在应当是皇后的座位上，坐的不是皇后，而是曾觌和龙大渊！这未免太不像话了！皇帝的原配郭皇后是后来追封的。她早在绍兴二十六年就逝世了。直到赵眘于绍兴三十二年登基，这六年间，他的正室一直空着。不过，赵眘自有了龙、曾二人，其实也无心于什么王妃了。但正宫不能没有皇后，德寿宫的太上皇便要赵眘立夏贤妃为皇后。夏贤妃原是皇太后阁中侍御，是皇太后身边信得过的人。赵眘最后还是遵从太上皇的旨意，册封夏贤妃为皇后，但也只不过是聋子的耳朵——摆设，皇帝去的时候并不多。其实别说皇后那，就是整个三宫六院，皇帝去的也都很少。所以《宋史·后妃传》中说他"帝虽在位久，后宫宠幸，无著闻者"。

在歌舞中，赵眘因为要看看陆游的才学，便对身边的歌舞伎说："你们何不请陆大人为你们题诗？"宋时在酒宴上请名人题诗在扇面、丝巾，甚至衣裳上，是很风雅的事。

这时有个歌女笑吟吟地走过来说："请陆大人为小奴在此扇题诗一首，可否将小奴的名字嵌上？"

这个倩丽而聪颖的少女，显然是意在考验自己，陆游心想，便一笑接过歌扇。这是一柄生绡白团扇，正方便写字，便问："芳名？"

少女说："小奴名'新桃'。"

陆游拿起案头早备下的毛笔，一挥而就。

歌伎接了过去，美滋滋地看了一眼，走过去和司乐们嘀咕了几句，不久，便丝竹声扬，这歌女走到当中的红毯上，轻启樱唇，半歌半舞唱了起来：

寒食清明数日中，西园春事又匆匆。
梅花自避新桃李，不为高楼一笛风。

唱的正是陆游为她题的诗。也许她看是题有自己名字的诗，唱起来倍加投入，真可谓声情并茂。

陆游正要鼓掌，瞥见上座者的脸色包括皇上在内，皆有不悦之色。再看对面的史浩，正在一个劲地对他使眼色。于是，刚扬起的巴掌也就只好颓然放下。但他心中却是高兴的，因为他寓有讽谏的诗，毕竟为他们所理解了。

这一场酒宴自然是不欢而散了。

出得宫来，陆游故作不明白地问史浩："史大人，学生的诗有什么不对之处吗？怎么听得大家都不高兴？"

史浩说："你的诗嵌字奇巧，别有新意。只是你在不知不觉中却触犯了忌讳！"

"啊！"陆游故作惊讶地问，"这是为何？"

史浩说："陛下嬖幸曾、龙二贼，朝中无人不知，所以正宫至今尚付阙如。前日太上皇要圣上立夏贤妃为正宫，父子闹了个不愉快，你诗中偏说'西园春事匆匆'，东西宫为妾媵所居之地，当然是对正宫而言的，你说他们'春事匆匆'，岂不意味着他们的关系要结束了吗？而那'高楼'在他们看来你是在暗喻德寿宫也就是太上皇的。那'新桃李'自是指曾、龙二人了！'梅花'避他俩，不是指他们是正宫不得以立的原因吗？而"不为"云云，岂非直斥圣上之宠幸曾、龙二人而不听命于太上皇的吗？这就置天子于不贤不孝之地了！他们的事，能做得，却说不得！'梅花自避新桃李'，你一个'避'字就等于坐实了曾、龙二人恃宠侵权之罪了。你这首诗无异于将他们也包括圣上的罪行大白于天下，你让他们怎么高兴！老弟，莫怪老朽说你，你装作不知道的，逢场作戏，不就得了，何必那么认真。这一来你将本来对于你前途大为有利的一场欢宴，变成将于你极其危险的杀机了！你可要小心啊！"

陆游在写诗时，只是逞一时的快意，却没有想得这么复杂。而皇上连讽谏都反感，却是他万万没有想到的，所以回到枢密院他未免有点闷闷不乐。

参知政事张焘，比较了解枢密院的事，和陆游关系极好。他俩可以说是忘年交，因为张焘此时八十岁，而陆游还不到四十。张焘非常欣赏陆游的才学，他的许多表章，都是请陆游写的。这天他又踱到枢密院来了，见陆游闷闷不乐，便问："务观，怎么不高兴？"

陆游便把他在皇宫内宴以及如何作诗的情况说了，最后说："圣上在这不光彩的事卜陷得这么深，将来朝中大事，必为他二人所乱！大人身为相国，国之安危，怎不忧心？如不及时除去这二人，诚恐大错铸成，就无能为力了！"

张焘说："我也闻得此事，只是宫内之事，外臣不好过问。你既然把这事提到治乱的高度上来，我就不能不管了。你等消息，我明日就去面圣，一定要将曾、龙二人参掉！"

张焘倒是说话算话，正好赵眘因参奏曾、龙二人的大臣太多，心中非常烦闷，便征求张焘的意见，意在得到张焘的支持。

谁知张焘却说："陛下对他俩也太亲近了，外面的风言风语多得很哩！"

赵眘说："听谁说的？"

张焘说："臣听陆游说的。陆游说是他亲眼所见的。"

赵眘恼羞成怒，拍案说："陆游真是个不识抬举的小人！朕好意赐宴，他不思感激，反而在外面糟蹋起朕来了！我已让他滚蛋了，你还听他说，我看你是老糊涂了！"

张焘见皇上如此大怒，吓得连忙跪下叩头不止："臣糊涂，臣听言不实，罪该万死！"在皇帝的雷霆震怒之下，什么安邦治国，他早丢到九霄云外去了。

三月十八日，赵眘下诏，免除张焘参知政事之职！其实，张焘若不是老糊涂了，何致丢官。昔日仁宗皇帝好女色，王素为谏官，便对仁宗说：听说王德为陛下密进很多美女？仁宗奇怪，也像孝宗这样问：你听谁说的？王素就回答得很漂亮。他说，臣为谏官，职责就是听风。有这事，就请陛下改正，没这事算臣瞎说，何必追问它的来由呢？仁宗只好老实承认是有这回事。但朕不进御，让她们侍候朕的左右总可以吧？王素说，怕的就是美色在君左右，那如何是好！于是仁宗便命太监各支钱三百贯，马上把她们送走。王素说，陛下肯纳臣言就行，何必马上送走。仁宗说，朕虽为皇帝，但感情和普通人是一样的。如不马上送走，等朕见到了她们的美色，怕会因悔而变卦了！所以还是让我没见到她们之前送走好。仁宗和王素就在殿上等着，一直等到太监回报全部遣送完毕，他才起身回宫。

陆游遇见的，君不是仁宗，臣不是王素。张焘既罢，他也就真的"滚蛋"了。接着下诏，着陆游为镇江府（今江苏镇江）通判！

　　王氏带着四个孩子从山阴奔来，刚刚住了一年，又被陆游送了回去，一路埋怨。

　　倒是许多朋友理解他，对他这一次的贬谪，纷纷送诗来赞美。周必大在诗中称他为忍辱扶国的"范蠡"，范成大和韩元吉则一个称赞他的"孤忠"，一个推崇他的"许国丹心"。陆游捧着这些火热的诗，感到自己似乎不是踏在被贬谪的路上，而是胜利之后的又一次出征。

第八章 | 雪溪刺虎

南宋孝宗乾道八年（1172 年），正月。

新春的头场大雪，愈下愈大，扯絮搓棉，漫天飞白。

四川宣抚使王炎以檄相招，委任陆游为左承议郎权四川宣抚使司干办公事兼检法官，让他火急赴任。陆游便草草收拾行囊，离开夔州（今重庆奉节），急匆匆走马赴任。因为四川宣抚使司在南郑（今陕西汉中），是当时宋廷西北前线，乃金宋必争之地。陆游从来就志在杀敌，有此能上前线的大好机会，他怎不急于赴任？

可这赴任的道路愈来愈坎坷！风雪使人睁不开眼，他只能紧紧地抓住马的辔头，顶着风雪，一步一蹬地前进。

翻过一道小山梁，要不仔细看，前面怎么也看不出是一座更高的山！空中漫天飞雪，山和天也连成了灰白一体。若不是脚下的路愈来愈陡，他还真不知道自己已进入梁山。

梁山，也叫高梁山，在四川梁山县东北，与万县接界。它东尾跨江，西首剑阁，迤逦数千里，山高岭峻，古木参天。正所谓"岩岩梁山，积石峨峨"！只因是去南郑的必经之地，所以在这种天气里也不得不冒险前行。这一路本来就难走，更何况遭遇了冰雪天气。

陆游想找个地方歇下，等大风雪停后再走。不然不是被风刮了下去，也会因路况不明而失足，摔下悬崖断壁，那后果就不堪设想了。

歇脚的地方还没找到，他的马便一声低嘶，似乎发现了什么情况。果然，刚进入峡谷，忽然从山坡上跳下两个人挡住了他的去路。

"站住！干什么的？"

陆游以为是两个山贼，正待拔剑，近前才发现是两个军官模样的人。陆游知道脚下已是梁山，便很有礼貌地问："二位可是梁山军的？"

"先答复我，你到底是什么人？再不说可就莫怪我们不客气了！"

"在下陆游……"

还没等他说出是去四川宣抚使司的，两个军官就满脸堆笑地收起了腰刀，抱歉地说："对不起，陆大人，在下正是梁山军的部将。他是王兴，我是赵勇。"

"哦，王将军，赵将军。"陆游叉手为礼。

赵勇说："敝上郑都督前日接到王使帅的军帖，知道陆大人要从敝地经过，所以特地派我俩在此迎接，我们已经守候两天了。只因最近这里不大太平，所以我们不得不先问一声，还请陆大人原谅。"

陆游连忙说："哪里，哪里，这是应该的。倒是因陆某害的二位将军在此吃苦，深感得罪！"说着一叉手，"我在此向二位将军请罪。"

王兴说："陆大人千万别这样讲，这是在下的职责。请赵爷陪大人慢走，我先回营禀报都监去。"说着转身就消失在雪雾之中了。

赵勇接过陆游手中的缰绳，笑着说："好一匹神骏的白马，再加上大人这一身羊皮大氅，裹在这大风雪中，根本就看不出来。要不是它刚才一声低嘶，还险些让大人从眼下错过，那我们就无法交差了！"

陆游拍拍他的马，得意地说："你没发现我们，它倒发现你们了！"

赵勇陪陆游在风雪中艰难地走着，因为是顶风，他们讲话时都必须背过身来，不然，风就会把要出唇的话塞进人的嗓子眼里去！

陆游说："敢问贵都监大人尊讳怎样称呼？"

赵勇说："我们的都监大人姓郑，名修，蓬州（今四川蓬安县）

人。为人倒是极其和蔼可亲的。"一说起他们的使君，他便夸开了，这大约是因为他早听到了陆游的名声，不愿自己的使君被比了下去。"听说他七岁就日诵万言哩。他领军的方式，不是向朝廷要粮饷，也不是向地方摊派，而是领着我们在这里开垦土地，所种出的粮食，除了保证我们自己的给养外，多余的就给这里的老白姓。所以他在这里人缘极好，大家都非常爱戴他！"

说着说着，转过山嘴，风便小多了。山坳里好大一片军营。粗大的圆木组成了寨墙。寨里面旗帜迎风招展，帅旗上斗大的"郑"字在风雪中呼啸。要不是有人引路，还真不容易发现在这个山旮旯里有这么一片开阔地！

郑都监已率领着梁山军的文武官员，站在辕门外，夹路欢迎。

陆游见状，紧走几步，叉手对大家说："陆游何德何能，敢劳各位大人在这大风雪中迎候？"

陆游这年是四十七岁。从服饰上他认出都监郑修，原来是一位年近七旬的长者。白鬓银须，慈眉祥目，倒不像是位带兵的武官。只见他满面堆笑："得识陆兄，三生有幸！"

按官阶，都监比陆游的地位高得多，但陆游是一位爱国诗人，诗名早为大家所钦佩，特别是他之所以通判夔州，正是由于他在朝中力主抗金，敢于当面讽刺皇帝以及奸佞小人，和当年敢于怒斥秦桧一样。他之刚毅，朝野上下，钦慕久矣！所以郑修这才折节下士，他这样讲，也是肺腑之言，而不是泛泛的客套话。

进得大帐来，红毡上两排矮几。

矮几上酒肉已摆整齐。

两行矮几之间，是一溜铜火盆，炭火熊熊燃烧着，暖气中融合着酒肉的香味，有种特别的温馨。

刚从风雪中艰难跋涉而来的陆游，一接触到这种温馨，便不由得浑身酥软，食欲大动。

大家脱去了大氅，早由军士接过。

　　郑修将手一摆，做了个请的姿势："知道陆兄这一路是又冷又饿，所以特备薄酒伺候。只是山野军营之中，就只有这些粗货，请勿见笑。"

　　陆游口中客气着，放眼望去，果然军营之中的酒菜，别具风味。几上放的竟是大块白煮的牛肉，整只烧烤的麂子、黄羊，一堆堆的干辣椒、生蒜瓣，大碗盛酒，每张矮几上都摆着一只大酒罐。这样的席面，倒是令人豪气陡生！

　　陆游哈哈一笑："好个英雄宴！令陆游在还未上前线之前，便已深受感动而要爱上这军营生活了！"

　　"好！"郑修说，"果然豪爽，如此便请。"说着便让陆游在右边首座席地而坐，自己便到左边首席上盘膝作陪。其他人按官职大小依次坐下。郑修一声"请"，大家便毫不客气地拔出腰间的短刀或匕首，将自己面前的牛肉、黄羊整块地割了便吃。有的甚至连刀子都不用，就那样将整只腿子撕下来直接啃，吃得好不痛快！

　　席间，陆游说："郑大人，去西北前线，可有捷径？"

　　郑修说："欸，称大人就见外了。你就称我饭牛翁，我就叫你务观，我们作一个忘年之交，不知可否？"

　　陆游见郑修如此豪爽，便也痛快地说："好！如此小弟先敬老哥一杯。喝此一杯，名分便定，你是兄长，我为小弟。"说着一饮而尽。随之又斟酒于碗，两人举碗为誓："生死之交，永不相忘，若相忘，有如此酒！"两人各于席前奠酒于地。

　　大家见他俩如此相契，便都纷纷敬酒，使筵间的热情一下达到了高潮。

　　待大家安静下来后，郑修说："这么大的雪恐怕一时半会儿不会停。就是停了，一时路上也难以行走。你就安心在这里多盘桓些时日，遇上这样的天气，迟到些时日，节帅也不会责怪的。"

　　陆游说："责怪当然是不会的；只是根据塘报，边情紧急，小弟于心不安！"

一位姓郝的虞候说："陆大人想走捷径，莫如绕梁山，走邻水、广安，经岳池，过剑门，从利州到达南郑这一条路线较好。"

陆游说："听说不是还有一条山路吗？"

另一位将军说："不错，是有一条山路。只是近日发现了虎情，已有好几起商旅之人伤了性命的事情。所以这条山路近来已不大有人敢走！郝虞候说的是一条驿道，比山路安全些，也方便些。如果为了安全，还是走驿道为好。"

郑修说："说这附近有虎，是传闻还是事实？你们查过了没有？"

赵勇是行营护军部将，他是负责营地安全的，便站起来报告："果真是有虎。前日有一老太婆就曾到末将处哭诉，说她老头子和儿子到山中去采药，一去便没有回来。后来有人告诉她，在山中见到了他们的衣物，想是已被老虎吃掉了。他要求我们军队去为她杀虎，以报夫子之仇！"

陆游这时已有了几分酒意，便激动地说："那为什么不去除掉它呢？"

赵勇说："我们也不是没有想过，只是虎踞深山，出没无定，一时不易找到。"

陆游对郑修说："既然如此，兄弟我明日就来一个'明知山有虎，偏向虎山行'如何？"

郑修心想：我这个把弟真是个诗人，浪漫得可以。一个文官都敢去捋虎须，真把老虎当病猫了！但口中却说："贤弟千万不可造次，真要碰上老虎，可不是闹着玩的！"

陆游说："如果真要遇上，便除去它。为民除害，也是我们要做的重要事情。"

郝虞候到底年轻，生性好动，他趁着酒兴说："大帅，不如这样，等雪停后我们去围一次猎，能猎到那一只虎更好，如果碰不到它，走马放鹰，也好让陆大人在这里痛痛快快玩几天，不是也很有意思吗？”

郑修直拿眼色去阻止他，无奈这位年轻的虞候已喝多了酒，加上大家又都在兴头上，听说围猎，个个摩拳擦掌，哪还管主帅的眼色，一致附和说："这是个好主意！"

陆游也高兴："好，反正走不了。"

郑修见大家热情高涨，便不愿去扫陆游的兴。同时也想到，既邀请陆游多盘桓几日，大雪封山，枯燥的军营生活有什么好玩的？能打几天猎玩玩倒也不错。何况哪有这么巧，一只老虎，就一定被陆游碰上了？即使能碰上，多选些武艺高强的士兵保护也就是了。这么一想，也就同意了。

大家见有猎可打，高兴起来。于是席间气氛又达到一个高潮。

第二天一早，大雪停了，风也息了。留下一地足足有一尺余深的白雪，混茫一片。

大雪天，不肯冬眠的野兽都要出来觅食，留下鲜明的脚印，在雪白的大地中，大老远就可以发现它们。所以说，雪天打猎，是最好的时机。于是大家准备了宿营的东西，饱餐一顿，带上鹰犬，几百骑兵就向南山进发了。

郑修生怕他新结识的这位诗人弟弟有什么闪失，特选派三十骑精兵紧随陆游，他们的任务不是打猎，而是在暗中保护陆游的安全。"伤了一根毫毛，拿你们是问！"郑修在他们出发时，在背后这样警告他们。

几百骑兵到了深山老林，选了林间一片平地拉上了青毡帐，作为宿营地，然后分组出发。

陆游一行三十余骑，出得营地，疾驰如风。陆游白马白裘，在玉树琼枝间，几乎眨眼就消失了，吓得三十骑精兵紧紧追上。要知道郑修的精兵，个个都是百里挑一的骑射好手。三十余骑哗啦啦一下散了开来，陆游在前，众士兵在后，形成一面倒扇形，又像一张大网铺了开来。一时间鹰呼犬吠，雉起狐奔，闹得林间树上，成块的雪崩了下来。

这些郑修的兵虽说任务不在狩猎，但见了狐兔麋鹿、山鸡野鸽之类，哪有不射的道理。所以各人的马后，都挂有不少的猎物。

正猎在高兴之际，忽听见自己的猎鹰在头上呼声甚急！他们立时勒住了马，循声望去，只见一只巨大的苍鹰正在追击他们的猎鹰。他们的猎鹰并非凡物，是产自辽东的海东青。自从和女真作战以来，断了来源，此物就更宝贵了。架鹰手一见，赶紧打着嗯哨，唤它落下。但是任你猎鹰飞得多快，那只巨大的苍鹰如箭射至。每一冲刺，都要在猎鹰身上撕下一团血毛撒了下来。不几下，猎鹰便如断线的风筝，打着旋坠了下了。

这只大鹰显然不是谁家饲养的，而像是这里的空中霸主。它的领地看来是不许别的飞禽来侵犯的。

亲兵们眼睁睁地看着自己精心饲养的猎鹰被这头大鹰啄死了，都纷纷张弓搭箭，愤怒地向它射去。数十支铁翎激射而至，奇怪的是这头巨鹰并不害怕。只见它张开双翼，只扇得几下，竟然将射去的箭全拍了下来！再射，也依然是这样，何曾伤得了它半根毫毛！众人一个个气得咬牙切齿，只有向它干瞪着双眼。倒是这头鹰似乎被激怒了，它凄厉地尖叫着在众人头上盘旋，看样子似在寻机下击！

陆游一时性起，这时也举箭向它射去。众亲兵都是行家，听得弦响便知道这一箭力道很大！巨鹰似乎也知道这一箭的厉害，竟不像前两次那样用翅去拍，而是铁尾向下一勾，身子便直了起来，用它一双铁钳般的巨爪去抓那支箭。但并没提防陆游的第二支箭后发先至，正好从那巨鹰朝下的尾部贯胸而入。这畜生十分了得，它凄厉地叫了一声，上蹿数丈，翅膀扇了几扇，终于仰面朝天地栽了下来。

众人一齐欢呼。早有几匹快马跑去将鹰抢到了手，一人拉一只翅尖，展开来居然比一匹马显得还要长！一支箭从它的肛门一直穿过胸膛，直达颈部。要不是它随箭势上蹿数丈，消退了些力道，这箭恐怕还要穿颈而出！这只鹰看得众人张大了嘴半天才合上。大家齐声称赞："陆大人好厉害的箭法！这一箭恐怕得有八百石的膂力！"

陆游笑着说："可惜只是只鹰，而不是完颜宗弼。"

他说的完颜宗弼，是金人侵宋的三军统帅。

正欢笑中，远远传来了鸣金之声。

大家于是清点猎物，这才说着笑着，款款归营。

这一夜，数十处篝火都同时在烤炙着野味，香风十里，引得营地四周的树林内，闪烁着好多对绿莹莹的眼睛。那都是些凶猛的野兽，闻着肉香赶来了。只是由于篝火熊熊，它们才不敢接近，倒是时闻那阒黑的树林内，有撕斗吼叫的声音。

一座座的青毡帐内，呼拳喝令，笑语如潮。

第二天，天上又飘起了小雪。

对于头天收获甚多因而兴致正高的人们，似乎天空不飘雪反而失去了冬猎的意味。饱餐过后，大家兴致更高地出营去了。

这一天，陆游他们跑得更远。

这是因为在陆游的心中，立志非找到那只经常吃人的老虎不可。而士兵因亲眼见识了陆游的箭法，知道他并不像他们主帅担心的那样，只是位文绉绉的诗人。他的骑射功夫，非常了得。于是三十一骑，放开马来，飞箭似的驰向老林深处。为了减少像昨天那样的负担，他们这次干脆连鹰犬也不带了。

这一天虽也猎获了一些獐兔之类的小动物，但陆游却是一箭不发。

猎队奔驰着，雪也愈下愈浓。

大家跑得肚子有点饿了，正好前面有一座山神庙。

陆游说："我们不如到庙里歇息歇息，人不累马也乏了，弄点东西填饱肚子再说。"

大家来到庙前一看，原来是座没人主持的小庙，左右不过一间房那么大，破得七零八落。殿内尽是枯死的蒿草，除了石凿的神龛外，连山神像也不见了。好在四面虽已断残，但还可以避风。大家进得门来，一下就把个小庙挤得满满的。草丛中有两只小狐狸，猛一下见过来这多人，吓得在人胯下四处乱窜，大家也就弯腰在自己胯下去抓那俩小家伙。小狐狸非常滑溜，引得大家你挤我撞，跌成一团，跌倒了还快乐得哈哈大笑。

可怜的小东西自然是被抓到了，但大家个个碰歪了盔甲、浑身沾满了草屑的样子，比狐狸还显得狼狈，于是又引起彼此间一阵大笑。

围猎时他们历来只带酒不带干粮。军士们剥了一头小牛犊子似的大肥獐子，没用水洗，就那样血糊糊地架起柴来烧烤。破庙里残存的木板不少，但有经验的士兵们却偏要到门外去砍些松枝来烧，烤的油滴到燃烧的松火中，发出诱人的香味。

獐子烤熟后，大家围在火塘边，就着獐子，大口喝酒，大块吃肉。

众人说："陆大人，我们好佩服您，借此机会，我们敬大人一杯酒。"说是"一杯"，却是捧起酒囊咕咚一口。陆游也就豪爽地喝上一大口。众人的这话，虽也出自真心实意，但也别有意图。因为郑修深知陆游是志在猎虎，曾教他的亲兵有机会就把陆游灌醉，大家乐得你也敬，我也敬，还真灌了陆游不少酒。哪知陆游的一双眼睛，不是愈喝愈朦胧，而是愈喝愈亮。除了双颊渐渐红了起来，完全不见醉意。

欢笑声中，陆游忽然侧耳倾听。

"虎啸！"陆游说。

大家闻言都静了下来。果然，远远传来虎啸，似乎就在山下。

"走，上马！"陆游率先走出庙门。众人见他上马时有点晃悠，说没醉，似乎也有些醉了。他伏在马上，马便飞驰而去。

众人这时深悔刚才不该轮番灌陆大人酒的，也许做了件蠢事！要是陆大人此去因酒醉而被老虎伤害了，他们就是有三十颗脑袋也不够顶罪的了！于是大家怀着紧张的心情，紧紧地跟了上去。

他们下得山来，盘住怒马，却又没听见虎啸。

陆游说："老虎一定在这附近，我们分头去找。这样范围大些，谁发现了它立即鸣笳通知我。"

三十名精兵面面相觑。因为他们的任务不是来猎虎的，是不让陆大人接近老虎，这样各自一放单，个人危险是小事，要是陆大人出了事，谁能负起这个责任呢？何况陆大人这时分明已有了醉意，才说了这样的大话。这话当然不敢明讲，只好面面相觑，你望我，我望你，一时谁也拿不定主意。

陆游见大家犹豫着，以为他们胆怯，便不管他们，带过马头，按自己当时在庙里辨认的方向，两腿一夹，径直向山坳跑去。

众人哪敢怠慢，也立即策马跟上。但转过山嘴，却没见到陆游！

这一惊非同小可，他们往前面急追了一段路，仍然没有看见，甚至雪地上连马蹄印也没有！他们打着马在附近寻了一圈，仍然没见。三十人又不敢分开，商议了一阵，有人说："怕是又上山了？"于是大家又打马上山，在林中兜了一圈，同样，雪地上也不见有马蹄印！奇怪，一人一骑，难道就这样无声无息地消失了不成！

大家正在焦急时，忽听山下虎啸声又起，且啸声悲惨，好似撕心裂肺，激荡在山林间，引起阵阵雪崩，隆隆声震得大地似乎都在颤抖！

"呼！"三十颗心一下提到了嗓子眼上，急得差点摔下马来！大家惊惶地互看了一眼，立即打马下山。谁知这些马听见了虎啸，竟是只在原地打转，怎么也不肯前进一步。有一匹马甚至岔开后腿，吓得屁滚尿流。

众人无法，只得弃马急奔下山。好在是山军，上坡下岭，都比较麻利。

原来陆游转过山坳时，正好看见山下桂溪的对岸有一只大虎在饮水。他便立即打马涉溪而过。众人先是只注意看前面，没注意脚下有一行蹄迹已折向低凹的溪边。再等他们跑了一段路因不见人马而想到要找蹄印时，早已赶过头了。所以他们便一直未发现陆游的踪迹。

不过，纵然是陆游的马神骏，毕竟只是一匹马，一旦到老虎跟前，它也不敢再前进了。

老虎听到马的踏水声，抬起了头——额上的"王"字赫然可见！

一声低啸，便纵了过来。

马立即惊得后退，后腿一坐，险些将陆游掀到了水里。好在冬天，溪水只能淹齐脚踝。待陆游在水中站住时，虎已跃近，箭是无用了，便从马鞯中抽出长剑，顺手拍拍马。马经主人这一拍，不再那么惊恐，徐徐地走开了。

老虎这时已不再跨跳，而是探长腰身，款款地走了过来。

陆游长剑平胸，也一步步地向老虎迎去。

这是一只成年的雄虎，身上黄黑相间的斑纹，随着它的每一步而前后滚动，一闪一闪发着光。一对射出凶光的圆眼，绿莹莹的，阴森逼人。它那嘴上两边的虎须，这时已向两边耸起，露出了白森森的牙齿。血红的、薄薄的舌头，已忍不住在舔它的嘴唇了。它似乎已闻到人肉的香味。

雪，在人虎之间无声地飘落着，空气似乎已经冻结，陆游走到和老虎相距两丈远近，便停下了脚步。

老虎呜呜地低吼着，喷起腥臭的涎沫，溅到了陆游的脸上。

　　陆游仍然一动不动。他手中的剑泛着森森杀气，寒光闪闪！也许正是这剑光和杀气，才使得这头饿虎不得不小心止步。它似乎知道眼前的这个人，不是一口就可以吞下去的肥肉，他似乎有刺，所以得小心下口。

　　两双眼睛相对，不能稍屈，不能旁顾，这是一场意志的较量！只要谁稍一闪躲，谁就准得死在对方早已蓄势的一击之下！

　　与人相比，也许老虎缺乏意志，也许是它太饿了。大雪封山，它已是许久未进食物了。刚才喝了一点溪水，本想果腹，谁知反把一个空胃洗得更加难受。倒是它这时的饥肠辘辘声听得人毛骨悚然！老虎终于耐不住了，它不再在乎陆游手中的剑，一个虎伏，随即一道黄光扑向了陆游。

　　你动我动。陆游一个左侧身，闪过了老虎正面的一扑。陆游知道，老虎凝聚周身之力的这一扑之威是不可阻挡的，纵然能一剑刺得伤它，自己也极有可能被扑翻在地。所以，他一个左侧身躲过了老虎的这正面一扑。不过，陆游在他侧身闪过的一瞬间，也将全身的力量全部凝聚在了持剑的右手之上，认准了老虎颈上那一道白色花纹，一剑劈了下去！

　　"啪！"老虎虽收刹不住自己一扑之势，紧急时却也懂得要去挡那劈来的一剑。于是它的右掌也同时挥出，厚厚的虎掌与剑身一触，竟将如风劈来的剑击开了，而虎掌居然不见有血！

　　这第一个回合已使陆游有些心悸了！他哪知道，老虎也是在奋力疾挥，两边力道相当，所以俱无损伤。

　　但在此时，老虎被完全激怒，在它的一生之中，还从来没有什么东西能躲过它的这闪电式的一扑。这一次扑空了不说，自己那奋力的一掌，还被击伤了筋骨，使这只脚爪疼痛得失去了力道。所以当它再次向陆游扑去时，由于右掌不得力，单肢使劲，身子便不由得向左侧了起来。这一侧身，老虎的右胸就露出了空门，陆游轻易地向右闪去，同时来一个"回风摆柳"，宝剑反劈，老虎再次出掌，用的却是左掌。这一来，它两掌受伤，立地不得，所以它的第三扑便不再是纵向扑来，而是后腿撑起，如人立一般。

站起的老虎比陆游高大得多，确实气势逼人，令人不寒而栗！这也是老虎的可怕处，胆小的人恐怕马上就被吓得晕死过去！但对于勇者来讲，这正可谓是老虎的愚笨之处。它身子太过高大，不便于转身，而一双前爪又短，掩护不及。整个雪白的胸膛，无异于向陆游袒露了巨大的空门！

陆游得此机会，怎肯错过？一个"卞庄刺虎"，侧身出剑，用的正是地方，对准了老虎雪白的胸膛，闪电一刺！"噗"的一声，剑被老虎的肚皮吞进一半，滚烫的鲜血就涌了出来，射在陆游洁白的裘衣上，顿时像炸开了一朵大红花。

这只像牯牛一样粗壮的老虎，恐怕足有八九百斤重，剑中肺腑，疼得它一声惨啸，就地一滚，溪流里立刻染红了一大片。陆游没来得及抽剑，只听"啪"的一声，剑被虎身拗断。这就是众人听到的那一声虎啸。啸声过后，四山响应，雪崩崖裂，连陆游也感到心惊！

说时迟，那时快，老虎就地一滚，带起一身血水又反身扑上。

陆游没想到老虎受伤这么严重，行动还这么快，忙乱中便忘了剑身已断，待到一剑劈空才醒悟。仅这瞬间工夫就已足够老虎将一双钢钩般的虎爪搭在他的双肩之上了。

众人这时奔到溪边，看到溪那边老虎已扑到了陆游身上，他们脚下的溪水已是血红一片！不禁大惊，一时都傻了！

这时人虎已胶着在一块儿，远远望着又不敢放箭，不知如何是好。

"快去抢下陆大人，莫让那畜生吃了！"

不知是谁这么喊了一声，大家这才惊醒，拔出腰刀，齐声呐喊着向溪那边扑去，全忘了溪水的深浅！

陆游在虎爪刚搭上自己双肩之际，当即一埋头顶住了老虎的下颚，使它的头转动不得，这下它想用嘴咬也不行了。同时双手扳住了一对虎肘，双脚缩起蹬在了老虎的后胯沟上，周身用力绷直，犹如一根大弹簧顶在了老虎的颏下，不仅虎头转动不得，连四只脚爪也移动不得了。而陆游的头，也使老虎感到了窒息。

毕竟老虎受创太深，流血不止，加上陆游顶住了它的咽喉，呼吸不得，渐渐地虎爪没劲了，松开了，整个身体也软了下去。陆游不待它倒下，奋起一拳，又捣在了它的耳门上，发出一阵骨碎声，顿时老虎的耳鼻又流出血来，连眼珠也已突出，眼见是不能再活了。陆游这才拖起老虎的尾巴，向迎着跑来的众人走去。

众人见陆游只身打死了这么大一只猛虎，如此神勇，钦佩得五体投地，哪管水不水的，就在溪流中间，众星拱月般将陆游围住。

这个说："我们还以为大人被老虎撕碎了哩！"

那个说："陆大人一定是天神下凡，不然怎么一拳就把老虎打死了！"

心细的人看到陆游裘衣被撕破，一身鲜血，便说："大家先别瞎嚷嚷，快给陆大人止住血！"

大家一听，都从自己百宝囊里掏金枪药。

陆游看看自己身上已被老虎撕烂了的裘衣，活动了下身体，笑着说："幸好是冬天，衣裳穿得厚。要是夏天，恐怕就经不起它这么个撕法了。"

他见大家还在怔怔地望着自己，便说："大家上去吧，看你们的靴子都被冰水浸透了！"

早有人去到溪边将陆游的马牵了过来。陆游就在溪中捧起冰凉的水，将手上脸上的血污洗了，然后大家七手八脚地把老虎抬上岸去。

一个领头的将士屈指为哨，放在口中一吹，三十匹马都奔了过来。大家找了个避风的崖下，生起火来，烤着鞋袜。在他们烤火的山崖对面，有一片山崖崩塌了，露出赤红色山石，于一片白雪之中，分外显眼。有个士兵见了，想起刚才听到那一声虎啸的骇人情景，便提议说："哥们，看见对面那座山没有？别处都被雪封盖了，那一片不就是刚才被虎啸震裂的吗？为了纪念我们今天惊险的奇遇，为了表达我们对陆大人为民除害的英勇行为的钦佩，今后就叫那山为'虎啸山'，怎样？"

"好！""要得！"大家南腔北调地应和。

从此，这里就有了虎啸山。

陆游只身搏虎的壮举，在远近都传开了，就是他自己也感到十分得意。在他以后的诗中，前后有十二处都写到了他当年打虎的这一情景。他深以为憾的是，他这一身本领，皇上不让他上前线去杀敌，却让他徒然老去，所以他在淳熙六年，已然五十六岁，即将步入老境时，还写诗深深叹惜：

刺虎腾身万目前，白袍溅血尚依然。
圣时未用征辽将，虚老龙门一少年！

"龙门"是指唐时征辽名将薛仁贵，因为他是龙门人。薛仁贵当年白马白甲，屡立边功，陆游也喜欢穿白袍、骑白马，也有志于立马边疆，为国捐躯。可惜宋孝宗不是唐太宗，不肯起用他，而只让他在梦中去统一祖国，虚老一生，使我们后人每每读到他的这些诗篇，都要为之扼腕。既为了陆游，也为了宋廷。

第九章 | 单骑入金

　　陆游一到南郑，还没寻下住处，便被告知：请径去宣抚司议事厅议事。

　　陆游因大雪封山，在梁山军待了很长一段时间，几乎到开春才走。到邻山时，已是山花惹袖，处处莺啼。到岳池正是插秧缫丝的季节，在利州、阆中道上，听那杜鹃的啼叫让人好生感慨！待到抵达南郑，计算起来，从白雪皑皑的冬天，一直走到莺老花残的暮春三月。而今方到治所，便被召见，想是宣抚使王大人已等不及了！

　　宣抚司衙门前是一个广阔的练兵场。周围旗帜飘扬，偌大的广场上，只在西北角有几个人，时时传来训斥声，特别是那皮鞭落在肉体上的啪啪声，夹杂着撕裂般的惨呼，令人毛骨悚然！

　　陆游奇怪，听说王大人以和治军，为何又如此残暴地鞭打士卒呢？他带着马头，要去看个究竟。待他跑到跟前一看，地上一字排开跪着五个士兵，个个赤着上身，双手被缚；另外有五个士兵，一人背后站一个，手持皮鞭，正一下一下抽打着他们。每一鞭下，惨叫声和着血珠溅起，那背上已皮开肉绽，没块好的地方了！再看那坐着的监刑官，却是一个十四五岁的少年，唇红齿白，面如敷粉，只是长着一双鹰的眼睛，小小年纪便使人感到有一股逼人的戾气。椅后站着两个挎刀的军官，是年纪三十开外的大汉。陆游见这五个士兵被打得可怜，便动了恻隐之心，翻身下马，上前叉手对坐着的少年说："请问少将军，为何对这几位弟兄施此酷刑？"

　　这少年侧过脸来，看得陆游一惊。原来他那半边脸上有一块很大伤疤，使他那张俊美的脸狰狞起来。"吴疤子？！"陆游在心中叫道。因为他听人说过，吴挺的儿子吴曦，性格残暴，桀骜不驯。有一次将他父亲气得一脚把他踢到火炉里，脸上烧伤留下一个大疤，军中便称他为"吴疤子"，众人皆视他为凶神恶煞，退避三舍！早有人向陆游打过招呼，此去南郑，少沾惹他父子为是。想必就是这个吴曦？这个少年见前来问话的，不过是身穿绿色官服，腰束黑银带的八品文官，便不屑一顾地又扭过脸去。

陆游讨了个没趣，不由僵住，一时走也不是，不走也不是，又着手竟不好收下。

皮鞭仍在不停起落，惨叫声已变作有气无力的呻吟，渐渐地人已支持不住而趴下，眼见快要断气了！

陆游实在忍无可忍，便气愤地说："军法可以杀头，不至于残酷的鞭人致死！"

那少年冷冷地说："触犯本少爷，一刀杀了岂不便宜了他们！本少爷办事，历来如此。你是什么东西，也敢来管本少爷的事？"

"你！"陆游从来没受过这种侮辱。若不是怕一来就惹事影响不好，他真恨不得将那个疤子脸痛揍一顿！这时他只能暂且忍下这一口恶气，便重重地"哼"了一声，一甩袖子走了。

进得宣抚司大门，迎面是一道大屏风，这屏风不像许多武职衙门那样画的是老虎鹰隼之类的凶禽猛兽，而是画的一枝花，并且是被谁折断了的一枝梨花，随意地遗弃在那如茵的绿草地上。虽是折枝，那梨花在绿草上倒衬得分外洁白，上面还有晶莹的露珠，显然是昨夜刚遗下的，所以花瓣并不曾枯萎，反而如粉面含泪，更加楚楚动人！陆游不知这画的含义是什么，一时也没心情去想。走到近前，这才看见那上面的落款，乃唐代有名的画家边鸾的手笔。心想：难怪画得这般活色生香，简直就像是刚搁上去的一般。

转过屏风，是一条长长的甬道。甬道两边是执戟武士，九级台阶的正上方，直书"静镇堂"三个大金字，周围饰以龙纹，想必是御书所赐了。

堂上已坐了不少的人。正座上坐的自然是枢密使、四川宣抚使王炎了。他虽已五十八岁，但看上去青鬓红颜，显然保养得十分好。他一见陆游进来，便高兴地站起来说："哎呀，总算把你盼到了。我在前年就邀你入幕，没想到你去了夔州。自从知你已动身来南郑后，我便日日盼望，所以命令门上，一见你来，便请到这里。今天正好，我们正在商讨进军大计，你来得正是时候。来，来，来，我给大家介绍。"说着把手伸向了陆游，"这是陆游，字务观，他的许多令人钦佩的事，想必诸位都已熟悉了。"

"久仰！久仰！"大家一起起身，叉手为礼。

经过王炎逐一介绍，他认识了坐在王炎左首的一位年轻的将军，是追封为信王的吴璘的世子吴挺。吴挺这年只三十五岁，然而他以门第之功早在他父亲手下为中郎将，而今已是御前都统制了。都统制是驻扎在外地的禁军首领。堂两边依次坐的是参议高子长，机宜周元吉和范仲芑、张演等幕僚，陆游一一和他们打了招呼。

陆游性急，不等落座，便叉手对王炎道："枢使大人，卑职见操场上，有位少年将五名士兵鞭打致死，不知所犯何等大罪！卑职不过略问一下，就遭到他的辱骂，如此暴戾，想必也是大人的属下了！"

王炎一听，便知是怎么回事了。他拿眼去看吴挺。

吴挺说："看样子又是犬子在生事了！容小弟回去再查问。至于有辱陆兄一事，小弟在这里当面请罪。"说着一揖至地，倒弄得陆游不好意思起来。

王炎见状，有意调和一下氛围，便笑着说："要说吴大帅的这位公子吴曦呢，还真是个不受羁勒的俊才！"

"枢使大人还要夸奖他！这小子太劣，实在拿他没有办法！不过我的那一些禁军，如果不从严惩治，也是不好带领的。陆兄乃文职，怎知我们带兵的苦处。"吴挺说着，不由接着卖弄，"所以我的治军之道只十个字的讲究：杀人如杀草，使钱如使水！"

这话伤了陆游的自尊心，他说："卑职虽没带过兵，但卑职得自家祖父的遗训，早熟兵书，深知对于士卒，当以爱以诚。固然俗话说：'军无赏，士不往；军无财，士不来。'大帅所言'使钱如使水',如若滥赏,也会导致骄惰!而若说以杀立威,'杀人如杀草',恐怕更会引发一系列问题。"

王炎怕他俩在这里顶了起来,便说:"好了,好了,我们还是议正事要紧。"

机宜周元吉便在议事厅正中的地面上铺开了一块大白布,上书《蜀道北段线路示意图》。

王炎说:"辛弃疾从滁州(今安徽滁县)来信,希望我们从山东进军。但是我考虑山东接近燕京(今北京),是敌人的心脏部位,固然如俗话所言'打蛇打七寸',能在这里一捣而平之,固然很好。但也正因为这样,敌人也就势必力拒。可惜我们并没有压倒敌人的绝对优势,这样就会形成僵持的局面,旷日持久,兵连祸结,这就需要极大的经济实力,依目前朝廷的财力是负担不起的,更何况他们供应近,而我们供应线远。所以我的意见,如果不能一下收复中原,至少可以先收复长安,然后进军汴京。首都一收复,可以起到振奋人心的作用,对于整个复国大计,必定会有不可估量的影响。从我们这里向长安进军,比其他地方容易得多,且有好几条秘密的出口,可以神不知鬼不觉地逼近长安。周机宜,请你将这几条路线的情况给大家讲讲,然后听听大家的意见,看走哪条道路为好。统一了意见,我们就要着手准备了。"

周元吉便用一根细长的竹竿在地图上指点道:"我们从汉中(今陕西汉中)到长安,中间横亘秦岭山脉,山的北面是渭水,山的南面是汉江。这两大河流都有许多支流,与秦岭犬牙交错,形成许多河谷地带。由于山河险峻,走的人极少,却有利于大军的隐秘行动而不易为人所知。现在我们从东往西数,大致可分为子午谷的子午道、西骆峪河谷和傥淡水河谷的骆谷道、沿斜水和褒水而行的褒斜道、古陈仓道,以及散关的连云栈道,一共有五条道路可走。"

高子长说:"这五条道路中,古陈仓道全长为一千二百多里,且要翻过峻岭八九处之多。子午道也长达千里，其中的谷道长达八百八十里，修这长栈道，耗费巨资，时间也太长！骆谷道虽最短，但道路蜿蜒于秦岭主峰，还要经过险峻的八十四盘，比较难走。这几条路线，似乎都不适宜。比较好走的是褒斜道。褒斜道虽长八百里，但主要是谷地，用不着翻那么多的山。"

陆游说："褒斜道虽较平坦，但正因为它多河谷，栈道仍然长达一百五十余里。急滩搭栈极不容易，修起来工程浩大，经费为难。更主要的是，旷日费时，贻误军机，所以我以为还是走骆谷道为好。刚才高参议说了，它在路线上最短，虽然山高路险，比较而言，路程较短，投资较少，不过人吃点亏。好在我们的士兵习惯于走山路，难走一点，也就算不上什么了不起的大困难了。"

吴挺说："这几条路没有不险的。我以为根本的问题是，此时出兵，皆非所宜。目前我们的形势是需要休养生息，以待时机。只要我们守住了汉中一线，保住了西蜀大后方，稍待几年，就会国富民强，到那时再出兵，纵有些许困难，也不足为惧！"

正在他们争论之际，门上禀报："关中密使求见。"

王炎一听，便说："快请！"

不一会儿进来两个货贩子，一个挑着一担笋，一个挑着一担干鱼。大家感到奇怪，怎么门上这么不懂事，这些干货不送到伙房，却送到议事厅来做啥？

只见那两个大汉放下担子，从各自的干货内剖出一个蜡丸呈上。

王炎剖开一看，原来中间是一块三寸大小的黄绢，上面的字只有蚂蚁那么大，密密麻麻地写满了。细看方知是长安义军送来的情报。奇怪的是，两人蜡丸内容都是一样的。

王炎问："二位壮士可是一起的？"

"正是。"两人齐答道。

王炎说："既是一起的，为什么同样的内容要写两份？"

其中一位说："要说应是五份。我们这次一共出来五人，扮作各种身份，由不同路线出发。这是因为金人搜查得严，稍一不慎，被其发现，便会被捉去拷打致死！而今只来得我们两人，想必那三位已遇难了！同样五份，为的是纵有万一，总有一人可以到达。幸好过来后，我们二人相遇，这才结伴而来的。"

王炎便命手下安排二人休息，盛情款待。二人下去后，这才对大家说："关中义军说他们诸事皆备，只要朝廷一发动，他们便为内应，内外夹攻，看来拿下长安是没有问题的了。只是刚才我们讨论的几条路线，各有利弊，到底走哪条路线，事关整个军事行动之成败，还得有人事先察看一下才好。不知哪位愿意前去？"

一时都没人应声。

陆游因刚来，不便急于表态。见大家都不作声，便起身说："卑职不才，愿意前往。"

王炎说："你走了三个多月，刚刚才到，还没休息一天，怎能又劳烦贤弟！"

陆游说："卑职到此，所为何事？不正是为报效朝廷吗？今日有此机会，应当庆幸凤愿得偿，路程远些算得了什么！"

王炎见他说得慷慨激昂，便说："好！既然如此，那就劳烦贤弟辛苦一趟。我同意你之所言，你不妨先从骆谷道出去，渡过渭河，与义军取得联系后，再自大散关返回。我派两个护卫给你。具体行动方案，待你回来后再定。各位还有无高见？"

大家自然没有意见，王炎便宣布退堂。

吴挺退堂后便对陆游说："陆兄可否迟一日启程，小弟欲于明日在敝处设私宴，一来为陆兄洗尘接风，二来为犬子的不逊向陆兄赔礼道歉。在座诸公，均为陪客，不知肯赏脸不？"

大家见吴挺要请客，便一致赞成。因为他家不仅园林美、酒美，姬妾更美，早为大家所歆羡，正是求之不得，岂肯放过机会。

陆游见大家如此高兴，当然不想一来就扫大家的兴，也笑着说："大帅抬爱，敢不从命！"

吴挺高兴道："好，一言为定。今日在座的，少一个我都不依！"做了一个罗圈揖，在家将的拥簇下走了。

大家散时，工炎留下陆游。

王炎嘱咐说："你到武功，去街西头一家铁匠铺找胡铁匠，就说你要钉马掌。他问你钉马的哪只掌？你便说：马有五只掌不曾？他就会引你去见义军首领。"

陆游点头记下。临走时说："卑职有一事不知当讲不当讲？"

王炎说："务观，我重视你，犹如兄弟。我们如不能推心置腹，何能成大事？你我之间，今后不论任何事，都不要猜疑顾忌才好！"

陆游显然受到了感动："大人如此看重陆游，小弟定当披肝沥胆相报！"

王炎抚着陆游的背说："此话言重了。为了大宋江山，我们必须相互支持。不知你要讲的是什么事？"

陆游说："我来时一路上听到不少关于吴挺吴大人的反映，说他倾财结士，骄横恣肆，是一个有个人野心而没有国家责任心的人。他在此恐怕不仅不会为大人所用，反而起着掣肘的作用。而今他掌握着重兵，如果与大人不是一条心，终为心腹之患！不如将他除去，而起用现在的兴元（今陕西汉中）尹吴拱。他与吴挺虽为堂兄弟，但这人宽厚待人，与吴挺刚好相反。这次大人委他修山河堰，不是成绩卓著，深得圣上的嘉许吗？"

王炎叹了口气："唉，你说的情况我何尝不知道。你可知吴挺更得皇上的欢心，且他所率领的正是皇上的禁军，别说换帅这样的大事必须通过皇上，你刚才见到了，就是他儿子，十几岁的娃娃，我又怎能管得了他！如若诉之武力，他手下死士不少，诚恐不易得手，那就外患未除，内里反倒先乱起来了！"

　　说着两人只有叹气。

　　王炎说："不过，他会不会反对我，这还不一定。所谓成事在天，谋事在人，你我只是尽心力于人事而已，再多也就顾不上了！"

　　两人黯然作别。

　　吴家的花园虽在云山高处，却是"层轩皆面水，老树饱经霜"，"栋危猿竞下，檐迥鸟争归"。酒宴便设在云山亭。这云山亭自然又在林泉的最高处了。所以时有轻云缥缈，漫游于歌伎舞女之间，使人恍若身在仙境。幕府诸公，虽从武事，却是个个会作诗。大家饮酒赋诗，无非对吴挺的歌颂罢了，这些诗不提也罢。只有陆游的诗，在众诗中却是一个不和谐的音符。

　　歌伎在唱他的诗：

　　参谋健笔落纵横，太尉清樽赏快晴。
　　文雅风流虽可爱，关中遗虏要人平！

　　听到这支歌，且别说身为太尉的吴挺，连那些参谋们的脸也红了。

　　吴挺的一张笑脸沉了下来。有一个人，早捕捉到了吴挺面部的这一微妙变化，便附在他的耳边，将他昨日偷听到的陆游和王炎的一番对话，悄悄地告诉了他。所有搬弄是非的人，莫不善于添油加醋！渐渐地，吴挺的脸结了一层霜，满眼杀气，冷气森森地盯着正在一边饮酒谈笑的陆游。他将手向前一挥，身后便出来一个劲装的武士，俯首听命。吴挺望着陆游的一双眼睛并未移开，只是嘴唇动了几下，武士便点着头，一挺腰，向后去了。他这一去，便险些要了陆游的命！

　　武士一走，吴挺的脸色这才缓了过来，笑着向大家劝酒，对陆游更见殷勤。

这一顿酒，直喝到月到中天才罢。

第二天，陆游一身劲装，带着派给他的两个护卫从洋州（今陕西洋县）北上三十里进入傥谷，越牛岭到了酉水上游的华阳镇。眼前是一片大山。他们在华阳镇上住了一宿，第二天便往北，开始爬比秦岭分水岭还要高的兴龙山。

兴龙山，高与云齐，嵯峨怪峙，有一种慑人气势。山高且陡，可以说没有一寸平地。由于长年很少人走，荆棘藤葛纠缠如网，还不时遇上断崖绝壁。好在他们三人武功均不弱，不然可谓寸步难行！他们渴了就饮山泉，饿了就吃自己带的牛肉干。爬了一天，人特累，眼见天色昏暗了起来，便找了个山洞歇下。这个山洞很大，里面很干燥，地上还铺有茅草，从烧过的灰烬来看，之前有猎户或山民在此住宿过。他们怕夜间有野兽侵袭，便也在灰烬处燃起一堆篝火。洞内有一条小溪，水清澈见底、甘甜可口。

半夜，他们被呼啸之声吵醒，好在山洞处于背风处，尽管洞外天翻地覆，洞内生着的那堆火，依然稳稳燃烧着，这才给了他们以安全感，他们睡得反而更加踏实了。

一觉醒来，大风已息。出洞时才吃惊地发现，到处崖崩木折，有的树竟被连根拔起！

陆游笑着对两个伙伴说："这样惊险的场面，可惜我们未看到！"

两名护卫，一个叫石安，一个叫梁青，都是二十一二岁的小青年。石安人如其名，敦厚憨实，矮矮胖胖的。他老声老气地说："要是我们在场，这会儿恐怕也只能到山下去捡骨头了！"

梁青和石安正好相反，是个瘦高个，身手灵活。只见他就地转身，一石出手："不一定。"就在他说出这三个字时，一只大灰兔不知从何处跳起，倒地便不动了。他过去提起打中的兔子说："这小不点还没被吹走呢，何况我们三个大活人！"

梁青会一手好暗器，所以进山以后，他腰上总挂有他顺手用山石打到的山鸡野兔。每到休息时，他们便有新鲜的烤肉吃，不再吃那些干牛肉了。

出兴龙山，便是江汉支流的渭水上源。

过渭水，就要翻秦岭正脊了。

自从有了那一次大风的经验，他们过夜一般都要找山洞或山石的裂缝。这一日行了许久却未见一个可以容身的山洞，全是遮云蔽日的大树林，树下则是一尺多厚的陈年烂叶。老林中，天色黑得又早，大家正在着急，忽然眼前一亮，林中空出了极大一片，却又偏在中间孤立着一株巨大的古树。树身有间房屋那么粗壮，正中有一个空洞，足有两扇门那么大！石安一见，高兴地说："好了，今夜有地方住了！"说着一个箭步蹿了进去。

"小心！"陆游刚说了一声，因为树洞往往也是诸如熊类等猛兽的巢穴。

"快跑！"只听石安大叫。

一团火一样的东西已包围了石安！他双手乱挥，无奈那火却是愈包愈紧，发出强大的"嗡嗡"声！

陆游这才发现那是一群野蜂，倾巢而出，便大叫："石安，快抱住脑袋！"

他和梁青立即掀起上衣将头裹住，一人折了一枝松枝，一晃火折子，松枝易燃，二人便舞着火枝向蜂群扫去。野蜂着火，落了一地，其余未烧着的，见了火也都飞走了。原来树洞中悬着一个巨大的蜂窝，石安一头撞在了上面，惊起了蜂群。

野蜂落的落，逃的逃，这才露出了石安，头脸已肿成球状，别说双眼睁不开，连鼻孔和嘴巴也都肿得没有缝了！由于不能呼吸，加上野蜂的刺是有毒的，石安的脸瞬间变得发紫，很快便由紫而乌！他痛苦得倒地乱滚。可怜，陆游和梁青眼睁睁看着石安痛苦而死，却无法救他！

那些火红色的野蜂，一个个足有三寸多长，翅膀虽被火烫得没了，却仍然在石安身下乱爬。陆游抱起石安，放在一个干净的地方，然后抽出石安的腰刀，愤怒地和梁青一起，对着满地爬的野蜂一阵乱砍，直到将它们砍成一大摊肉泥，这才掷刀抱头恸哭！

梁青怒火无处发泄，跳起来一把火将蜂巢点燃了，连这棵数百年的大树也烧着了。顿时火光冲天，烧得噼啪乱响，倒像是燃竹鸣炮为石安举哀！

他俩就在这火光中，坐在石安身边，为他守了一夜。

第二天，他俩将石安就地埋了，立石为碑。陆游用刀在上面刻了四个大字——"石安之墓"，不禁热泪长流。梁青和石安本是极要好的朋友，更是放声痛哭了一大场，这才上路。

过秦岭，进入大蟒河，正值汛期，山洪暴发，水流湍急！

崖壁高处，山桃正开得一片烂漫，野性十足。山风过去，花瓣飘落如红雨。一条栈道，贴着悬崖，高高地穿入那片桃林之中，再加上云雾缠绕，恰似一条游龙，腾身游入红霞中一般。

这一景象看得陆游和梁青又惊又喜。喜的是景色这么美，而惊的是这路也太险了！陆游紧了紧背囊，从中取出一柄爬山杖。这杖一头尖，一头有着双钩。见梁青也收拾好了，说了声"上"，自己便率先爬上去了。

栈道一般是以粗大的方木为梁，一头将山凿出方孔，揳入山腹，另一头架于立在水中的木柱上，然后再在上面铺上木板。道面一般宽一米五至三米。有的栈道设有护栏，甚至在上面还修起一间间的阁子。但在这大蟒河上，山陡河深，别说阁子，连在水中立桩都没有，全凭那木梁横挑之力，架于半山，远远看去，高耸欲飞！由于年久失修，一踏上栈道，木板乱响，横梁也在颤动。往前看还好，如若眼往下看，心便会陡地提起，头晕眼花！陆游在以后的诗中，追忆起这一段经过，还惊心动魄地写道："一筇缘绝壁，万仞俯洪流。"凭着一根爬山杖，攀附在万仞之高的绝壁上，看着脚下汹涌的洪流，那是个什么感觉？恐怕只有身临其境的人才能体会得到。"著脚初疑梦，回头始欲愁。"是的，一直往上攀还可以，千万别回头。回头看的虽然是自己走过来的路，见了那险状，尽管已走过来了，恐怕再也没有勇气走下去了。

他俩走了一段，到了一个稍微平坦的山坳，见有一位武官，带着二百来个身背斧凿绳索等工具的士兵，坐在那里休息，显然他们是负责维修栈道的。

陆游问那位军官："前面的栈道可好走？"

军官摇摇头："这段经过我们修理，还可通过，前面愈高，坏的地方也愈多，恐怕难以通得过去了。你们要是没有急事，最好绕道过去。"

陆游心想：我们已穿行几百里，还怎么绕道？只是口中还是说："多谢指点，我们事虽不急，但手脚灵便，只要有道，应该也无妨。"

军官见陆游不信，也就不再勉强。只是说："好吧，万一通不过还是回来，千万别涉险！"

果然，愈到高处，栈道愈腐败，有的地方，竟一连几根横梁都脱落了，成了一段空缺！好在横梁虽失，石孔犹在，每孔之间约有三米远近，这就全靠他们的轻功与耐力了。

攀至一处，石面风化得特别厉害，连石孔也不能承受脚的力量。

陆游关照梁青："你前脚踏在我起脚处，小心轻放，不要性急！"

悬崖上，他俩如同两个并列的小黑点，久久不见移动。因为他们必须仔细地将两脚两手放稳了，才敢开始下一步。有时蹬落一块风化石，便会吓出一身冷汗。石块迅速变小，落入如雷翻滚的河水里，一下便消失了，不起浪花，没有声响。

风化区眼见就要爬完了。陆游虽然十分庆幸，但他知道"行百里者半九十"，所以是愈加谨慎小心了。忽然梁青一声撕心裂肺的惊叫,陆游本能地用手去抓,不但没抓住梁青,反被梁青下坠之势一带,他也仰面倒下!

山风使劲地吹着,灌得他双耳生疼。但是陆游没有慌乱,一个空中翻转,调正了身子。就在这时,眼角有绿色一闪,他立即一手抓去,"哗"的一声,他重重地往下一顿,身子又悬空弹起。原来他这一下挽住了山腰横生的一棵小树。再回头向下看去,梁青已坠落入河中。一入河水,便不见了人影!

"梁青!"陆游大喊着。

山风将他喊出的回声撕成了碎片,只有身下奔腾的河水,发出如雷的怒吼。他知道,再喊也无望了。他已分明感到手上抓的松枝在松动!他想到自己不能再失落,否则连自己也会成为投降派反战的口实,而这次进军的计划便永远不会有人再提起!

可惜石安之死,他还哭得一哭;而梁青的殒没,他连哭也不敢了!

陆游只身一人,出得大蟒河谷,再经八斗河而翻老君岭,这是秦岭主峰太白山的南侧,已进入金人占领的地界了,只是因为山深林密,没人管得了。直到他从西骆谷出山,三十里至周至,过渭水而至武功,这一段路上陆游才不得不小心起来。他不仅将自己装扮成客商,而且只在夜间行走,白天只住农舍,连小镇都不入。

武功是一个县城,只有一条十字街,很容易就找到了胡铁匠,和义军首领接上了头,商妥了有关事项。最后他们说:"其实长安的金人很恐慌,他们强迫居民在城外挖了三道壕沟,"说着笑了,"我们挖得开,自然也填得拢。只要王师一到,保你畅通无阻!"

陆游告别他们,骑着义军赠送的一匹骏马,逆渭水而上至陈仓。

这一日,陆游来到了大散关下。

他骑在马上对守关将士喊道:"我是宣抚司检法官陆游,有腰牌在此，快放我入关。"

不一会儿，城楼上出现一个武官，对陆游说："陆游，谁不知你已投降了金人，成了奸细！"

陆游气愤地说："这是谁说的？我刚完成使帅交的任务回来，你们还不开门，小心误了大事！"

武官向陆游背后一指："陆游，你还敢说不是？你看你背后！"

陆游回头一看，可不是！尘土尽头，正是金人的旗号！有一支不小的骑兵队伍，顺自己的来路疾驰而来。

"快开门！"陆游急了，"若有失误，你们将吃罪不起！"

"什么罪？开门揖盗之罪？"守关武将哈哈大笑，"你还想让开城门不是，嫌迟了点吧？老实告诉你，我们的吴大帅神机妙算，早知你投敌了，要的就是在这里截住你！看你还神气？"

"吴大帅？"陆游奇怪吴挺为什么会这样，但已由不得他细想了，金人已在他身后一箭之地勒住了马。

领头的谋克一拎马缰，向前走了几步："陆大人，敝邦郎主非常钦佩你的人品才学，更同情你在宋廷里受到排斥摒弃的遭遇，所以特命在下前来为陆大人牵马，到我大金朝去担任要职，岂不比在这城下受小人之气好得多！"

陆游冷笑："谁说我不受重用了？我大宋朝圣明天子特派我到这前线来，杀光入侵之敌，光复我失地，拯救失地父老乡亲于水火之中。这便是对我最大的信赖与重用！这样光荣的使命，岂不比叛国投敌的卑鄙行径伟大得多！"

谋克说："你这次偷渡过来，与我地乱党联系，寻找进军路线，你以为我们不知道？我们早就收到情报了。我可以告诉你，我们之所以不在半路截杀你而要到关前来客气地邀请你，为的就是要让你认清形势，你已无法再回去了。刚才他们不是对你已说得很清楚了吗？所谓识时务者为俊杰，你难道还看不出来你已无路可走了吗？你这趟这么辛苦，其实也是白费力气，不会有用的！"

陆游说："有没有用，这并不需要你们来决定！"

谋克仰天哈哈大笑："你可知道，你们宋廷可是一切都听从我们决定的吗？"

陆游气得几乎要跳下马来！他不得不承认这个谋克说的是事实！便气哼哼地说："哼！至少我便不听！"

谋克说："陆大人是聪明人，你应该看到你现在已是有退无进了。关，你进不去！倒是退回来随我们回朝去，反而能得到荣华富贵，何乐而不为？如果大人敬酒不吃吃罚酒，我们即使请不到活着的你回去，也要抬一个死着的你回去！总之，你是绝对进不了关！"

陆游也仰天哈哈大笑："大丈夫何处不可以死，只要死得其所！今日我就死在这儿，成全你们抬一具死尸回去吧！"说着拔出了宝剑，一道寒光在谋克的脸前闪过。

谋克的马不由自主地向后退了两步。

谋克知道再说无益，便把手中大刀一挥："上！给我捉活的！"

他明白捉一个活陆游比抬一个死陆游回去更有功。何况百十号人马捉他一个还不容易吗？殊不知这一来却无疑救了陆游一命。因为他手下的人不敢伤了陆游，所以出刀便有许多顾忌，反倒给了陆游众多反击的机会。

怎奈金兵实在太多，几十匹人马将陆游包围着，逃是逃不掉的，然后每轮四骑，一轮一轮与陆游大战。金人用的全是长枪大刀，而陆游只是一支短剑，只能在马上团团招架，却无法还手进攻，逼得陆游只好弃马下地，完全用腾跳的功夫与之周旋。

陆游体力不支，心中长叹：罢！罢！罢！我今日总算是血染疆场，对得起养我育我的国家和人民了！

正在难耐之际，忽听关内一声炮响，大散关的关门大开，一大队宋军分左右包抄了过来。听那一马当先的军官大叫："务观兄，小弟张演来了！"

在同僚中张演最和陆游意气相投，交往密切。平常二人总以道义相激励，可谓志同道合。恰巧他奉命视察，今日来到了大散关，见关外金人阵中尘土飞扬，分明是有人在与金人鏖战，而城上何以偃旗息鼓，偏偏像没有事似的？有战士告诉他是陆游，而守城校尉却因吴挺之命，不准开关。于是张演大怒，一剑将这个校尉斩了，这才领兵出关接应。

陆游见张演领兵前来，精神大振。陆游和张演一道，猛追一阵，杀得敌人只剩下几骑，四散落荒而逃。张演这才命令鸣金收兵，打扫战场，收拢了敌人丢下的几十匹战马，并从敌人身上剥下了几十套盔甲，得胜回营去了。

陆游回到宣抚司，自然将一路上的情况向王炎讲了。待讲到大散关一战险些丧命时，王炎听得脸都白了，但也只有摇头叹气！

陆游说："卑职投效大人麾下，本来就是随时准备以死报国的。大丈夫死不足惜，只是这样死于自己人的卑鄙暗算之中，却未免窝心！"

其实更令人生气的还在后头。王炎按陆游提供的情报拟出的收复长安的计划，送到朝廷以后，却迟迟没有回音！

朝廷虽没回音，但王炎还是在积极准备，已命人按陆游画出的行军路线，在骆谷道开山修栈道了。

工程进展得很快，到了七月，便已基本竣工。安抚使司的幕友们便相邀到城中最高处的高兴亭去看骆谷道在修通后的烽火。

这天正是七月十六，月亮特别圆，月光分外皎洁，月华如水。他们上得亭子来，眼尖的叫道："快看，骆谷道，那一路平安烽火！"远远的一线火光，虽是很小，但在众人的心里却是暖暖的。只有陆游，似乎看见那儿擎起烽火的，是石安，是梁青，是他们用青春在燃着那火！他的眼眶湿了，不知怎的，路通了，他反而没有去时那样的激情！

亭子里早安排下了酒宴。于是大家猜拳喝令，传杯赌酒，又是歌，又是舞，好不热闹！

陆游离开这火热的场面，独自凭栏，向东北眺望。虽然手中拿着酒杯，却久久没有饮。

"务观，看什么这么入神？"张演走近说。

陆游回过脸凄然一笑，脸上犹有泪光闪动："看灞桥，看曲江，看南山！四十七年了，北方沦陷得太久了，我是多么地急于看到长安啊！"

张演和他并肩靠着栏杆，也入神地眺望起来。过了一会儿，他喃喃地说："栈道修通了，这一日一定不远了！"

随即转过身，望着陆游："务观，我相信我们终会看到长安，并会亲自一游的。"

陆游一口饮尽杯中的酒。想到朝中久久没有回信，便黯然地说："希望如此！"

"嘻嘻！"一阵粉脂香和着笑声来自身后。

他俩转过身来，一个歌女亭亭地站在他们面前，以歌扇掩着笑口："两位大人逃席！我是令官，当各罚三大杯！"

张演说："哎哟，酒已喝了不少，不能再喝了！要罚？我看这样，就罚陆大人为我们写一首诗，岂不比狂饮更雅！"

歌女听张演这么一说，拊掌道："早听说陆大人诗好，不过这次呢，因为我要唱，不许写诗，要填一首词。怎样，陆大人？"

陆游见这歌女一双会说话的眼睛滚动如秋波，瞬间想到长安的曲江来，唐时的风流盛会，便如在目前。于是也来了兴致，笑着说："好！冲着你唱，我也要写一首词试试了。"

那时凡有酒宴，必备有纸笔，以便大家即兴吟诗。陆游走过去，提起毛笔却不写在纸上，而是让这歌女持平了她的生绡白团扇，就在上面写了一首调寄《秋波媚》：

> 秋到边城角声哀。烽火照高台，悲歌击筑。凭高醉酒，此兴

悠哉!

多情谁似南山月,特地暮云开。灞桥烟柳,曲江池馆,应待人来!

待这位歌女唱到"灞桥烟柳,曲江池馆,应待人来"时,大家热血沸腾,不禁流下滚烫的热泪。尽管大家泪流满面,仍不禁叫好!

参谋高大卿是陆游的表姐夫,这时用筷子点着陆游说:"好个务观,你真是锦心绣口,你不说长安人民盼望着我们早日打回去,却偏要揪心地说,连那里过去的繁华所在,也急待我们回去整顿它,叫人好不心疼啊!"说着不禁又唏嘘起来。

周元吉拭着泪说:"我们决不会辜负灞桥烟柳、曲江池馆的期待的!下一次宴会——庆功宴便安排在那里,由兄弟我来做东。"

大家又轰然叫好,一时情绪都达到了高潮。

只是他们哪里知道,骆谷道的修通,不是意味着他们进军,反而是加速了他们这一批爱国人士的解散!这真是南辕北辙,历史总是这样和人开玩笑。

这时的朝中,正是太上皇的连襟张说用事。而张说之所以得以重用,又是起自虞允文。当时左司员外郎兼侍讲张栻就严厉地批评过虞允文:"宦官执政,自京(蔡京)黼(王黼)始;近习执政,自相公始。"陆游代王炎拟定的计划,特别是骆谷道已通,随时可以出兵,使朝中一些贪生怕死之辈惊恐万分,他们赶紧来个"釜底抽薪",让陆游远离前线,到僻远的川蜀腹地去视察,且令他火速上道。等他视察到四川广元一百一十里开外的嘉川铺时,便听到消息:朝廷已于九月九日调王炎回京任枢密使去了,而把那个和张说勾结得正紧的虞允文调了来任宣抚使。

听到这个消息,陆游如冷水淋头。这一人事变动,实际是不让收复长安以逼近汴京的计划实现。他想到大散关下那个谋克的话，果然，他那次单骑渡渭水之行，真是白费力气，毫无作用。他想到这里，不禁掉下了泪，他为石安难过，为梁青难过，更为那些望眼欲穿的义军和一路上热情接待他的沦陷区的百姓难过！

十月下旬，他返回南郑。

宣抚司已是面目全非了。不仅是"宾主相期意气中"的王炎走了，连那些积极于战备的幕僚们也一个不剩！而等待他的则是一纸调他到内地的成都府安抚司任参议官的命令。职位虽没变，但离他心心念念的前线，已是千里之遥了！半个月工夫，形势彻底地颠倒过来了。包括王炎在内的他们这一帮爱国志士，全都被闲置起来了！于是他想到了梁朝对付曹景宗的故事。当时梁武帝害怕曹景宗再立军功，便加封他为公爵而剥夺了他的兵权，让他去了扬州养老。曹景宗对人说："我昔在乡里，骑快马如龙，与年少辈数十骑，拓弓弦作霹雳声，箭如饿鸱叫，平泽中逐獐，数肋射之，渴饮其血，饥食其肉，甜如甘露浆。觉耳后风生，鼻头出火，此乐使人忘死，不知老之将至。今来扬州作贵人，动转不得，路行开车幔，小人辄言不可，闭置车中，如三日新妇。遭此惛惛，使人无气！"虽说曹景宗是加官晋爵，而王炎与自己只是平调，但"闭置"使之不得动弹、惛惛无气的味道却是一致的。所以陆游在离开南郑时，特作《书事》一诗说："扬州虽有东归日，闭置车中定怅然！"

第十章 | 梦里烟尘

"渭水岐山不出兵，却携琴剑锦官城！"这是陆游的自嘲诗，又何尝不是在讽世！孝宗把他从前线调到了大后方，这是他最大的遗憾！他是带着这种遗憾赴四川的，其心情之落寞可想而知。

乾道八年（1172年）的十一月，他离开了南郑。来到大剑山的剑门时，寒雨连山，他头戴斗笠，身披蓑衣，骑在一头小毛驴上。毛驴那干瘦的蹄，敲在嶙峋的山路上，那声音被雨洗涤得好脆，"嘚、嘚"地敲着一路苦涩，回响在山谷中，也似乎"平平仄仄"地在诗人的心上敲打着。于是，在这条艰涩的路上，便敲出了清奇的诗："此身合是诗人未？细雨骑驴入剑门。"他一直想做一名战士，而命运捉弄人，偏偏让他成了一位有名的诗人！他的诗确实出名了，连皇帝都称他为"小李白"。"国家不幸诗家幸！"这到底是他的幸，还是他的不幸呢？

到了成都安抚司，离前线远了，衙门也比宣抚司小了。既无战事，何议可参？连参议官的职责也是可有可无的了。所以陆游来此的第一个感觉便是"身似野僧犹有发，门如村舍强名官"。虽然"冷官无一事"，倒也落得个"日日得闲游"。赖过了残冬，便是春暖花开的时候。

这日，陆游被鸟声唤醒。早晨的阳光照得他睁不开眼，可谓是一个好晴天。陆游盥洗完毕后，穿了一身便服，便吩咐备马。

侍卫牵过马，问道："要不要请其他几位大人？"因为他们平常出游，几乎都是结队而行的。

陆游一只脚已踏在了马镫上，想自己心烦，何必拉上别人一道去呢？便说："算了。"随即翻身上马，直奔东南方向，一口气跑出了七八里地，来到了走马河。走马河原为大江，一名汶江，又叫流江。战国时李冰为蜀太守，穿二江于成都，既通灌溉，又便舟楫。成都称"锦城"，经此水濯过的锦，分外艳丽，走马河濯锦的姑娘也就特别多。"走马"二字，顾名思义，是公子王孙、达官贵人走马于此，以追欢逐乐的。走马河上有座万里桥，酒馆青楼林立。唐代诗人张籍就曾有诗道："万里桥边多酒家，游人爱向谁家宿？"到了宋朝，酒家茶肆，环境之绮靡，更甚于唐了。

陆游来到一家叫熙春楼的酒楼，早有小二殷勤地接过了马缰。陆游直奔楼上，选了靠河的南边一间阁子坐下，随意观赏堤上的游人和那河中的画舫。他叫了几样菜、一壶酒，便独酌起来。

小二在上菜完毕时，笑着问："客官独饮有甚情趣，何不叫个姑娘来陪陪您？"

这家酒楼沿河而建，如一道长廊。南北两边的楼上楼下，各有二十多间暖阁，中间还有一个大厅。主廊的两头，是护以朱栏的画楼，许多歌女舞妓，凭栏笑语，真的是莺啼燕语。陆游抬头一看，满眼珠翠，环肥燕瘦，各尽其妍。看过去，看过来，只有一个离群索居的着紫色衣裳的女子，不言不笑，支颐沉思，似与世相忘，使他动了心。陆游便指着她对小二说："就请这位着紫衫的姑娘吧。"

小二笑着说："客官好眼力。只是紫荷姑娘有些高傲不近人情，有时呼唤，她往往不到。如若不来，还要请客官不要见怪才好。"

陆游说："来与不来，由她自己决定。劳烦你带个话，就说吴中狂士陆游，邀请这位傲姑娘。"

小二一听说眼前这位客官便是陆游，马上换了一副恭谨的神情，高兴地说："那一定来！那一定来！紫荷姑娘平素就很喜欢唱大人那些诗，如果说大人相邀，恐怕跑都来不及哩！"

果然，不一会儿，陆游便听得一阵轻快的碎步，紫荷随在小二身后进来了。

紫荷只是深深地望着陆游，小二暗中拉了拉她的衣袖，小声提醒他："紫荷姑娘，快见过陆大人！"

紫荷仍然是那样痴痴地望着："梅花有情应记得，可惜如今白发生！"紫荷吟过又说，"梅花诗人并未见老！"

　　紫荷吟的这两句诗，是陆游在绍兴二十五年作的《看梅绝句》五首中的第四首。其实他那年还不过而立之年，只是由于婚姻失意，在礼部考试又因权奸当道而被斥黜，心情压抑，故意作此狂放之语罢了。想不到过去了近二十年，眼前这位年轻姑娘倒还记得！一阵意外的高兴，使陆游放声大笑："姑娘好记性。有你这样的姑娘还记得它，陆某的诗总算没有白作了！"

　　陆游指着身侧的椅子说："姑娘请坐。"

　　紫荷且不坐，低声地说："紫荷身虽下贱，但自诩其心如荷。别人怎样看我，我不计较。陆大人是紫荷心中钦慕已久的英雄，希望陆大人能叫我一声紫荷，而不以姑娘相待，我此生也就满足了！"说着盈盈欲泪，凄婉动人。

　　陆游赞道："好个'其心如荷'，出污泥而不染，实属难得。就凭你记得我二十年前的拙句，并以'不老'期望我，如此属意，我便以你为红粉知己就是。从此我叫你紫荷，你叫我务观，我们便是好友了！"

　　紫荷说："这个我可不敢。紫荷于礼，还是应尊您为大人。争得大人以字呼我，已属非分，还怎敢奢望与大人并肩？"

　　陆游哈哈大笑："想不到紫荷心出污泥，而行同流俗！好笑！好笑！"

　　紫荷粉面飞红，望着陆游，调皮地叫了声："务观！"

　　陆游乍听一愣，接着哈哈大笑说："果然遣将不如激将，终于被我激出紫荷的本色了！"

　　紫荷羞涩地低头一笑："既不以紫荷为嫌，便请移玉，到我那儿小坐如何？"

　　陆游一听便起身："已见其人如解语花，怎可不一识藏香之所！"

　　紫荷坐了一乘青帘小轿，陆游骑马傍轿而行。紫荷将轿子的窗帘掀起，和陆游指点沿途风景，有说有笑，不一会儿便到了一家庭院。进得院来，紫荷便和陆游并肩而行，穿假山，渡水榭，来到一座画楼前，紫荷说："这便是你说的'藏香之所'，只怕会令你失望，我那里没多少脂粉香！"

一走进紫荷的房间，果然扑鼻而来的不是一般青春少女房间里的那种脂粉香，而是好闻的水果的气息！原来窗前紫檀架上，放着一个大紫砂花缸，缸内一大株半人高的紫含笑正在开放。

陆游嗅了嗅："啊！这花真好闻！妙在花而有果香。我原来曾说人间哪来像你这样可爱的人儿，原来你是紫含笑的精灵。你一定是把真身藏在了这里，而用化身来游戏人间了！"

紫荷不答。那脸上的笑，含蓄而淡远，亦如这含笑。

陆游将房内四周看了看，觉得雅致极了。室中有大量琴棋书画，那墙上挂的字画，都是名人精品！只是不知为什么，房中最显豁处却空着一块，实为美中不足。

紫荷进门时便叫妈妈备酒，这时由两个使女送了进来，放在房中一张圆桌上。

紫荷请陆游坐下，不用送来的酒，却从她柜子里取出一小坛酒来，然后拿出一套碧玉琢成的酒具，给陆游斟了一满杯，也给自己斟了一杯，笑着说："菜是家常菜了，只是这酒却是我藏了很久，今日特意为你开封的。请尝尝，不知可堪一醉否？"

陆游见这酒，清冽无色，有如山泉，而酒香却极为浓烈。一滴入口，仿佛吞下了一团温润的火，从喉咙一路暖到了心里。

陆游哈了一口气："呵，好厉害的酒，想必有个更厉害的名字吧？"

紫荷说："叫'北府兵厨'，怎么样？"

"好！"陆游叫道，"好别致的名字！西晋时期阮籍好酒，听说步兵营有个厨子会酿酒，他就舍弃司马昭大将军府的差事而跑到这个步兵营去当一名校尉。这'北府兵厨'想必就是他的典故了。"

　　紫荷笑着说："你倒会反穿皮袍——装羊（佯）。这是东晋的故事，你偏要扯上西晋。你是只想吃酒，大约你也和阮籍一样，用酒来麻醉自己而不愿面对现实，所以这才要扯上几百年前的阮籍，而就是不愿提一百年以后的谢玄，是不是？"

　　陆游苦笑："若兵厨与阮籍无关，我就真的不知道了。"

　　紫荷说："好，你想逃避，我就偏不让你逃避。不然就枉费了我这一番藏酒的深意了。"

　　陆游说："这名字与你藏不藏它有什么关系？"

　　"当然有啦！"紫荷说，"喏，我告诉你，东晋时谢玄镇守的广陵（今江苏扬州），在当时的都城建康（今南京）之北，所以后人为了纪念谢玄之功，便把军府所在地美喻之为'北府''北府兵厨'的酒，是谢玄用以犒赏英勇的士兵的。"

　　陆游说："呵哟，那我喝不得！"

　　"不！"紫荷说，"你不仅喝得，而且正应当给你喝。"

　　陆游说："我可不是战士。"

　　紫荷说："这里还有一个北府兵的故事哩。当年谢玄组织了一支精锐部队，百战百胜。"

　　陆游插嘴说："这个我知道，历史上最有名的以少胜多、以弱胜强的晋秦淝水之战，就是这北府兵创造的奇迹。"

　　紫荷说："对。想那苻坚，当年是何等的骄狂，根本无视长江之险，他说，我这么多部队，一人投一支马鞭，就足以将江水截断！但是他再强大，也还是败在府兵的手下。而今金人也妄想渡过长江，立足吴山，我是多么盼望有我们自己的北府兵啊！这酒我就是藏着以待这样的英雄的！可惜一直无人能让我开封。今日幸好遇上了你，当也不枉费这'北府兵厨'了！"

　　陆游说："照你这一讲，我就更不够资格喝了。如果说过去我在南郑，经常上前线，还可以算是一名士兵的话，而今远离前线千余里，当的又是一个参议闲官，如果我也厚着脸皮称什么英雄，岂不要让那些在前线披坚持锐的将士笑掉大牙！赶紧换成'懦夫酒'或'逃兵酒'来饮才是！"

紫荷深情地望着陆游："你这种自讽的疏狂，正说明你还没有消沉。"

陆游苦笑："不消沉又能怎样？"

紫荷说："你只身刺虎，勇则勇矣，但在紫荷看来，也未免是匹夫之勇！"

陆游插嘴说："批评得好！"

紫荷接着说："可你单骑入金以联络义军，这才是真正的大勇。更可敬的是，你因主张抗金，直斥权奸，而备受挫折，考试被黜，一再远谪，然而你素志不移，百折不挠，这便是紫荷心中的大英雄了！"

陆游笑着说："你不仅如花解语，更是妙舌生香。我的这些丑处，经你这么一说，反倒都成美的了！看来你对我的了解还真不少。"

紫荷嫣然一笑："我们这种人，别的本事没有，倒是消息最灵通。因为我们接触南来北往的人太多了。我不仅知道你武功了得，更醉心于你的诗词。喏，你看这里——"

陆游顺着她手指的地方看去，正是他认为美中不足的那块空白处。"对了，"他说，"我正要问你，为何这正中处却什么也不挂？想必定有缘故。"

紫荷说："我留着这块空白，就是希望有朝一日能挂上你亲自为我写的诗。"

陆游笑了："你真会讨好。要是我今日不出来，或者出来了没碰上你，你这个希望岂不要一直'希望'下去吗？"

"那也不一定。"紫荷眯着一双笑眼说，"因为安抚使大人是经常要举办宴会的，而每次宴会都会叫我。你当然也是要去的了，届时我求你赐一件墨宝，你难道还会真的悭吝不赏吗？"

陆游说："要是你，我还真的不会不写。"

紫荷便笑道："那你还不快写！"

陆游和紫荷边喝着酒边谈着话。正所谓酒逢知己千杯少，谈得投机，酒也就喝得多了。此时陆游已有了几分醉意，见紫荷如此逗人喜欢，她说的这话，不论是真是假，他都爱听，便说："好，拿纸和笔来！"

紫荷从插字画的大瓷瓶中抽出一幅立轴，在自己的紫檀画案上展了开来。她牵着画轴说："早为你准备好了。"

她画案上笔墨都是现成的。陆游选了一支长锋狼毫，在墨盂里一蘸，略一沉思，笔势便如疾风骤雨般扫向纸面。

羽箭雕弓，忆呼鹰古垒，截虎平川。吹笳暮归，野帐雪压青毡。淋漓醉墨，看龙蛇飞落蛮笺。人误许，诗情将略，一时才气超然。

何事又作南来，看重阳药市，元夕灯山。花时万人乐处，欹帽垂鞭。闻歌感旧，尚时时流涕尊前。君记取：封侯事在，功名不信由天！

陆游写罢，读了一遍，觉得还算满意，便在后面写道："调寄《汉宫春》博紫荷女史一灿"。下款是："吴中狂士陆游醉草"。

紫荷见了下款，拍手笑道："妙，妙，看来你活该到我这里来的了。"

陆游不解地问："这是为什么？"

紫荷笑道："你可知我这里为什么叫'万里桥'吗？"

陆游说："不知道。"

紫荷说："这却是三国时期的故事了。那时刘备要娶孙权的妹妹，便让费祎从四川到吴国去行聘礼。诸葛亮就是在这座桥上为费祎饯行。从川入汉，道路险阻，是一趟苦差事，所以费祎伤感地对诸葛亮说：'万里之行，始于此桥。'从此人们便称此桥为万里桥。那日是我们川人不辞万里到你们吴国去行聘礼，不想今日吴中狂士没等聘礼倒自己跑到四川来了！只是不知可曾找到婆家？"说罢笑得花枝乱颤，好不动人！

陆游说："胡诌！"

紫荷说："别不信啊，这可是有史为证的！"

陆游说："我岂有不知之理。史书上说的'聘于吴'，是国与国之间访问的一种礼节。刘备娶孙夫人那会儿，他还没到四川哩！"

紫荷说："尽信书，则不如无书嘛！"

陆游笑着说："那我不管，读史不熟，当罚一大杯！"

紫荷故意苦着脸："这种烈性酒，人家陪你喝已是舍命陪君子了，你还要罚？再喝我就会醉了，看你一个人喝有什么趣？不如我把你写的这首词唱一遍，算领罚怎样？"

陆游想她讲话的声音都这样好听，唱起来更不知怎样的妙哩，便点头说："好。唱得好，这罚就免了；唱得不好，双罚并举！"

紫荷便要陆游将他写的字挂在了当中那空白处，果然十分相称。

紫荷坐到琴台前，褪下琴衣。但那不是琴而是瑟。琴意缠绵，而瑟则高亢，宜于悲壮激昂的情调。传说瑟是古代庖牺氏所创，原为五十弦。泰帝使素女鼓之，其声悲，泰帝遂一破为二，所以如今的瑟就只有二十五弦了。但听起来，仍然是那样的悲壮激越。陆游用手中乌木镶银的筷子，敲着酒壶以应和着节拍，唱至动情处，紫荷声泪俱下。于是，陆游推椅而起，拔出剑来，随着紫荷的歌声，将一支龙泉剑舞得如游龙戏水，鸾凤翔空。歌是好歌，剑是好剑，一时间剑舞与歌声相融合，不知歌是剑，还是剑是歌！两人已经忘记了是在唱歌舞剑，而只是任着自己心中的情愫自在交流，那不是在唱、在舞，而是情之不能自已！

一曲终了，两人相对互望着，久久地。似乎那声音、那剑光仍在他俩之间萦绕。他们感到从未有过的痛快，那心扉也被彼此的歌声和剑影而叩开。

紫荷静静地，似乎害怕搅乱了这情绪似的慢慢地站起来，慢慢地游移着，待到走近陆游时，又一下猛地扑到陆游怀中，不禁轻轻地啜泣了起来。如果说刚才声泪俱下是出于悲愤，而此时的泪，则全然是一片欢喜了。

陆游弃剑在地，轻拥紫荷说："谢谢你，你唱得太好了。你简直唱出了我的心声！我要为你干三大杯。"

他拿起酒壶："哎呀，这怎么好！"

原来这把用整块碧玉雕琢出来的珍贵的酒壶，竟被他刚才用筷子敲缺了，壶盖已裂成了两片。

紫荷接过壶说："这套酒具原是一位贵公子送我的。我并不看得十分珍贵。现在被你敲缺了，我倒要珍贵起它来了。"

"你这是安慰我？"陆游尴尬地说。

"不，我这是真话。"紫荷说，"玉壶虽宝贵，但只要有钱，不难买到。可像我们今天这样，我为你歌，你为我击节赞赏的日子，恐怕我这一生难再有第二次了！所以，作为我这一生中仅有的这样有意义的一天的纪念，它是纵有再多的金钱也难以买到的。"说着，将壶中的酒，倒在了陆游和她自己的杯子里。

"干！"两人一碰杯，一仰脖子，再照杯，两人都笑了。

紫荷放下杯子，显然已醉得不浅，笑着说："今日一聚，不枉我过此一生了。我无以为报，送一幅画给你吧！"说着走到画案，拿过一段织有暗水纹的白色吴绫，便在上面画了一枝紫色的荷花，掩映在一片深沉墨绿的大荷叶旁。叶上珍珠般的雨珠，好似在随叶的倾欹而流动。此外，两笔芦草，几点漂萍，风枝雨叶，竟画得栩栩如生！

陆游不由叫道："好！"

紫荷换过一支墨笔，在画的上方题道：

雾鬓风鬟，潇潇冷骨停云峰。若兰芳芷，偏是身多刺！茎断丝连，心苦情何炽。人间事，覆云翻泗，勿忘伤心紫！——调寄《点绛唇》为吴中狂士作。紫荷顶礼膜拜。

这数行小字，因为多了几分酒意，斜行狂放，反倒显得疏密有致，尽态极妍。而这小词又是何等地气傲而情长呀！画、词、字，真可谓三绝，早把身边的陆游看得呆了！

紫荷放下笔，笑道："酒醉无力，博你一笑吧。"

陆游望着她那因酒微红的嫩脸，无限怜爱地说："小小年纪，真想不到你会学得这么精？"

紫荷黯然一笑："棒打三年，兔子也会这么精的。何况我已不小了，都二十五岁了，像花一样，到了快要飘零的时候了！"

她们这个行业，以十三至二十三岁为正当时。十三岁以前，小小年纪，为了学得一身技艺，吃了很多苦。二十五岁是成熟了，但正如花盛开，烂漫则烂漫矣，距离飘零之日也就不远了！想到自己在花容谢去以后，此身何托？她不能不黯然！

她说："我已不胜酒力了，你能扶我去花园坐坐吗？"

其时园中海棠盛开。海棠最盛于蜀，其次才是长安。紫荷的园中，连海棠也是紫绵海棠。原本海棠品种甚多，有垂丝海棠、西府海棠、贴梗海棠、木瓜海棠，都是木本。其中以西府海棠最名贵。而西府海棠之中，又以紫绵为最佳。因为这种海棠色艳而多瓣，开花时，因花繁盛竟至不见有叶！紫绵海棠花下有一石床。石床上满是吹落的花瓣。紫荷在陆游的扶持下，来不及拂去落花，便一歪身躺在落花之上。陆游就倚在她身边的一株海棠树上看着她。紫荷一躺下，便醉眼微醺。她今日高兴，确已有了七八分醉。她那一身紫色衣裙，和她那红润的脸蛋，融入在这花丛中，真不知是她醉了，还是花醉了！也许只是看她的人醉了！

　　陆游见她快合上眼时，便说："喂，别睡着了，小心着凉生病的！"

　　"嗯——"紫荷懒散地赖着不起。

　　"喂，你别睡，"陆游哄她说，"我讲个故事给你听。"

　　紫荷睁开了一双微微发涩的眼睛，欲睁还闭，恰如她房中开着的含笑，竟是妩媚极了！

　　陆游见她不作声，又逗她："哈！你这个样子倒使我想起杨贵妃来。当年唐明皇在沉香亭子里想见她，内侍禀报说贵妃酒醉未醒。唐明皇便命侍儿们将她强扶了来。只见她鬓乱钗横，懒慵慵的别有一种媚态。唐明皇说这哪是妃子醉了，分明是海棠睡未足嘛！你这个样子，才真是好一幅海棠春睡图哩！"

　　紫荷懒懒地说："你把我比杨贵妃，不怕罪过！她是天上的月，我只不过是任人践踏的泥罢了！"

　　陆游认真地说："说什么她是月，你是泥！我虽没见过杨贵妃到底有多美，但当年唐明皇也只不过说她是睡未足的海棠，充其量，一株海棠花罢了，还缺乏灵性！而你在我的眼中，是海棠妖精，不是人而为花，而是花而为人！该有几分的美丽！"

　　紫荷笑了："你先说我是含笑的精灵，这会儿又说我是海棠妖精，我到底是什么精啦？"

　　陆游说："你不高兴我说你是妖精，对吧？"

　　紫荷被他闹得睡意也消失了，便坐起说道："我们女人只要动人一点的，大都会被人骂为妖精。这是因为妖精不是人间所有的凡体。它最美丽，最聪慧，行为乖僻，不为任何事物所束缚，甚至连佛祖见到它都头疼！就是神仙也没有它的这种无羁无绊的自由！神妖的区别也在这里。认真说来，神仙未必能脱俗，而妖精却是绝对的超凡脱俗了。只怕我没有这样的美，这样的聪慧，我毕竟还是个人，所以不能像妖精那样自由自在，而还要在这泥潭里打滚！"说着说着，清亮的眼泪就流下来了。

陆游连忙说："好了，好了，不说这些了。你想睡，我扶你回房去睡吧，免得在这里受了风寒！"说着便伸手去牵紫荷。

这时，太阳正当午，花阴洒在紫荷身上，斑斓灿烂，酒力和阳光的温暖使她要烊化了。刚站起来，却无力迈步，便倚在陆游的肩头。她没走，陆游也不动。过了好一会儿，紫荷幽幽叹了一口气。

陆游说："又是什么使你叹气了？"

紫荷说："我如果能这样靠着你一辈子，那就太幸福了！"

陆游说："这好办，我就坐在这里，让你靠着我一辈子。"

陆游说着便坐到了石床上，紫荷就坐在他身旁倚靠着他。就这样，她已经感到很满足了。杏眼微烊，满是醉意。但她的心却是清醒的，她淡然微笑，真的，她笑得很凄惨、很揪心："那怎么可能？你是天上的雄鹰，我靠不住你，你自己也只有孤独……"说着，声音便渐渐地低了下去。

陆游一动不动，只觉得她那如兰的气息渐趋沉重。他便小心地把她放倒，将她的头放在自己怀里。

他轻轻地为她抹去了脸上的泪痕，然后又轻轻地为她抚平那微皱的双眉。

春天的太阳照在人身上，本来就容易催起倦怠，再加上陆游因为难得的高兴喝多了一点。身子一暖，倦意便袭上身来，更何况紫荷静了下来，没个说话的对象，便靠在身后的海棠树干上，也想静静地闭目小憩了。

刚一合眼，也许很久，便听见有人喊：

"陆大人，陆参议，宣抚使大人有请。"

陆游睁开眼睛一看，是一位中军站在自己的面前，便懵懵地问："有什么事？"

"大军已出动，可是到处寻不着大人。"中军说。

"什么出动？"陆游仍不解地问。

中军说："皇上已下诏出兵攻打金邦，要收复中原以及幽燕诸州，难道陆大人还不知道？"

陆游一听朝廷已下诏出兵，而且大军已发，让他怎能不急！顿时一骨碌站了起来，出得门来，马已备好，翻身上马，策马便跑。

果然，黑压压的大队骑兵，铁甲银戈，如潮水般涌动前进。他只是奇怪，这多兵马行动，竟听不到一丝声响？

他来不及细想，催马赶到中军。宣抚使王炎坐着一匹黄骠马，一身戎装，身后的帅旗迎风招展，很是威武。

陆游问："使帅，这是要到哪里去？"

王炎说："务观，你来得正好。大军马上就要渡黄河了。你赶快为我起草一份檄文，晓谕金人，令其投降；并通知北方义军，令其速作内应，一举歼灭入侵之敌，还我河山！"

陆游听得热血沸腾，他早就盼望着这一天了！

"几日可以完成？"王炎问。

陆游豪爽地答道："何须几日，倚马可待！"他连找块石头坐下的时间都没有，便命亲兵捧砚，以马鞍为几，奋笔疾书：

王师如火，所向燎原；凡我义师，定当同心而协力。寇仇若冰，近阳则解；若敢抗拒，无异自取灭亡！创百世之雄基，在此一举；论千秋之勋业，岂让多时！羽檄所至，一体知照。切切！

檄书刚草就，便听得前哨报告，前面发现敌人的主力部队。陆游掷笔上马，请求让他前去迎战。

王炎说："务观智勇双全，正要有劳贤弟！"

陆游领了三千铁骑，一字排开，掩了过去。

近了，近了，渐渐地在对面飞扬的尘土中，已看得见敌人那丑恶的面孔了。这使陆游很激动，这一天他终于望到了。他今天特地换了一柄厚背大砍刀，为的就是要劈碎那一张张丑恶的嘴脸，杀得再多，也不会卷刃。尽管敌人气势汹汹，万马奔腾，但几十年来在他胸中压抑着的怒气，此刻都化作了手中的刀光。他每一刀专找敌人的面孔劈去。凡挡着他的，刀光一闪，血光飞起。三千铁骑长驱而入。敌人哪里见过这种仗势，顿时乱了阵脚，掉头便跑。那些跑得慢的，不是被挤倒踩死，就是干脆被后面急于逃命的同伙而杀掉，一时间，因互相践踏残杀而死的不计其数！

敌人逃进城了。

由于双方首尾衔得甚紧，不等吊桥收起，陆游已飞马而过，一刀劈去，吊桥的铁索便断，他已冲进城了。部队见主帅已进城，且城门大开，便也如潮水般灌了进去。

敌人刚进得城来，陆游的大队已掩杀而至，他们根本无法立得住脚，只好弃城而逃。正所谓"兵败如山倒"，谁也挡不住，金人倒似在前面作向导，引着陆游的队伍，南门进，北门出。陆游知道他们的后续部队会收拾他们夺下的这些城池的，所以只管带着队伍，乘胜追击！

敌人受此重创，不得不弃兵甲而伏地请降了。

陆游意气风发地坐在马上受降。看着敌人将士一个个低着脑袋被押了过去，旗帜和戈矛放在他脚下，陆游平日胸中郁积的那些窝囊气，总算一泄而尽了，不由得心中大畅，将手向身后一伸，命令亲兵："拿酒来！"

"你还要酒哇？都醉成这样！"

奇怪，这亲兵的声音怎么这样耳熟？他回身看去，哪有什么亲兵，再一回头，连降兵也没有了！只有自己独自一骑，倒提长矛，立在旷野之中！四周乌云翻滚，秋草如丝，在秋风中瑟瑟抖动。

"呀！"一声惊叫，乌鸦飞走了。他这才一惊，睁开了眼睛。

眼前阳光灿烂，海棠似锦。一张如花笑靥，正甜甜地对着自己。

"紫荷？"他犹以为是梦！

"哇！你忘得倒快，"紫荷假作生气地说，"刚睡一会儿就不认得我了？"

陆游仍怔怔地望着她。他怎么也不相信刚才竟是一个梦！老天的这个玩笑开得太大了，这一梦醒来而造成的巨大的失落感，使他几乎承受不起，他似要大哭一场！

"你怎么了！"紫荷见他这种失神落魄的样子，惊恐地推着他问。

"什么时候了？"他终于醒过来了。

紫荷看看太阳："刚过午时。"

陆游惨笑了一下："紫荷，真想不到，不到一个时辰，我便收复了大片失地，敌人悉数向我投降，就差进军上京（金国首都，今黑龙江阿城南白城）了！"

紫荷说："你做梦还伸手向我要酒喝。我睡得正香，你将我一拍，叫'拿酒来'！吓我一跳，我想你一定是醉了。等我起来要去为你拿酒时，这才发现你根本没有醒。是在做噩梦？"

陆游笑了："我正在受降，一时高兴，便要酒喝。"

紫荷一脸的悲戚："你真是在做梦，朝廷目前哪有打算收复失地的样子。只有你，连做梦都是收复中原！唉，说来也真让人心疼！"

陆游凄然一笑，说："是的，而今也只有做梦的份了。"说着起身，抱歉地对紫荷说："我此时心情糟透了，我要回去了。"

紫荷说："好，你要走我不留你。但你总得让我把头梳了好送送你呀。"

他们回到了楼上。

紫荷便去到镜台前梳她的头。

陆游呢？紫荷因没听见他的响动，便扭脸去看，原来他又在画案前奋笔疾书。紫荷边绾着长发，边向他走来，想看看他写的是什么。

陆游这时字已写好了。原来写的是一首律诗，题目是《睡起书事》，是有感于他刚才的梦：

京华豪饮醵千钟，濯锦江边怯酒浓。
烈士壮心虽未减，狂奴故态有谁容？
折梅著句聊排闷，闭户焚香剩放慵。
午枕如雷君莫怪，西风吹梦过吴松！

紫荷读了笑着说："诗是好诗，只是调子未免低沉了点。你果真在梦中得意过，哪怕是梦，我也劝你还是写出来，聊胜于无嘛，总比你写这徒然感叹的诗，更有鼓舞人的作用。"

这首记录梦的诗，他后来果真听了紫荷的话写下来了。不过那时已到了凉秋九月，他独在嘉州（今四川乐山）思念着紫荷的时候。

诗是这样的：

杀气昏昏横塞上，东并黄河开玉帐。
昼飞羽檄下列城，夜脱貂裘抚降将。
将士枥上汗血马，猛士腰间虎纹帐。
阶前白刃明如霜，门外长戟森相向。
朔风卷地吹急雪，转盼玉花深一丈。
谁言铁衣冷彻骨，感义怀恩如挟纩。
腥臊窟穴一洗空，太行北岳元无恙。
更呼斗酒作长歌，要遣天山健儿唱。

——九月十六日夜梦驻军河外遣使招降诸城觉而有作

第十一章 | 梅花之恋

"紫荷！"

陆游像往常一样，来到楼上便喊。他已去过熙春楼，见紫荷不在，便径自寻来了。

"说曹操，曹操到。"紫荷对在座的一位女尼说，"是他来了。"

"看，来了不是？你还在怨他！"女尼说着便站起了身，"我还是避一下，让你俩好谈话。"

"不要紧的。"紫荷拉住她说，"陆大人是位爱国英雄，你正应该见见他。"

她们正说着，陆游已上楼来了。

紫荷和女尼都站了起来。

陆游见有一位不认识的女尼，便问："这位女德士是……"

"贫尼了因。"女尼双掌合十，低着头说。

紫荷说："了因大师是百花潭水月庵的住持，是我的知己好友。"

陆游这才注意，只见这位水月庵住持足蹬双梁僧鞋、白布袜，下着厥修罗筒形裙，上穿呈田字形的五条衣，头戴功德冠。古时帽与冠是不同的，冠只是收束发髻的一种装饰，如鸡之有冠。《急就篇》说"冠绩簪篸结发纽"，是一种贯簪以备结发之纽。据宋王偁《东都事略》记载，宋徽宗曾于宣和元年（1119 年）下诏："改佛为大觉金仙，余为仙人大士。僧为德士，尼为女德士……德士依道流戴冠。"既要戴冠，就一定有髻，可见当时的女尼即女德士是戴发修行的了。了因看上去不到三十岁，不施粉脂，眉宇间英气奕奕，神色淡远疏朗，一派大家风范。于是陆游再次叉手："得识清范，实乃三生有幸！"

紫荷叫侍女重新献上茶来："二位请坐，都别站着，站客难打发！"

落座后，了因说："久仰陆施主的大名。施主英名卓著，贫尼钦佩不已！"

陆游说："大师乃出家之人，国家兴亡，也常挂于心中吗？"

紫荷说："你一定不相信，了因在未出家前，是位赫赫有名的女将军哩！"

"哦！"陆游真是有些吃惊了，带着几分敬意望着了因，"现在怎么出家了呢？"

了因叹了口气："唉，说来话长，好在早已过去了，不谈也罢！"

陆游见她说话时神色黯然，既不愿讲，想来一定是一桩十分伤心的事了，便不再追问，改个话题道："对了，我刚进来时，见你俩谈得很投机，谈的是什么，可告诉在下？"

了因很开朗，在生人面前并不拘束，这大约是一来她与紫荷本为知己，在紫荷这里较为随便，二来她已了解陆游的为人，对他颇有好感，所以她坦然地说："谈的是你。"

陆游知道一定是紫荷在说他什么，便望着她说："我有什么好谈的？"

了因含笑望着紫荷，却是对陆游说："她在抱怨施主您呢。"

陆游望着紫荷说："是怪我这么长时间没来？我这不是来了吗？"

"来了？"紫荷娇嗔道，"多长时间了才来！紫荷自知卑贱，怎敢怨大人，自叹命薄罢了！"说着便掉下了眼泪。

陆游赔笑："其实我是整日在衙门里枯坐，哪里也没有去。只是心情不好罢了，何尝是有意冷落你！"

紫荷拭泪一笑："这个我也知道。怎奈自从见了你后，不知怎的，见谁都讨厌！日子过得十分无聊，终日像掉了魂似的，只想看到你！我这才懂了什么叫'一日不见，如隔三秋'！日子长得让人难耐！"

因为了因在座，陆游听得紫荷这样说，虽然十分感动，却也不好再说什么，他毕竟是年近半百的人了。

了因见陆游颇为尴尬，便笑着对陆游说："紫荷虽是风尘中人，却是眼高于顶，非等闲之人，从不假以辞色。今日能如此钟情于施主，自是缘分。久闻施主的诗写得极好，但贫尼平日所见，多是慷慨激昂之调，今日为了抚慰紫荷，能作一粉脂语吗？"

陆游笑笑说："诗本以情，只怕无情；若是有情，何诗不可以作的。为了紫荷的深情厚谊，我也是应当写一首诗以赎前愆。"他走到紫荷的画案前，从紫檀匣内拿出一张薛涛笺，极工整地写着：

> 吾生何拙亦何工，忧患如山一笑空。
> 犹有余情被花恼，醉搔华发倚屏风。

了因拿过来看了，称赞道："好个'忧患如山一笑空'，古之美人，'一顾倾人城，再顾倾人国'，还只是使人陷于沉溺，化解有形的身外之物；而紫荷一笑，却可以使如山之忧患一扫而空！这就不是美使人沉溺，而是使人升华，是移人之性情于无形了！紫荷，陆施主好看重你啊！"

陆游说："大师慧人，幸勿以俗情见笑！"

紫荷说："美的你！空不空于我何干？这山本来就是他自己找来背的。朝中多少个大小主事的头儿都不忧，他一个幕府参议，忧哪门子嘛！就是'余情'到我这儿又能多少！"

了因笑道："好了，好了，陆施主这样看重你，你就不要再赌气了。依我说，能得到陆施主爱国之余的这一份情也就该满足了！男儿志在四方，怎能成天围着妆台转！"

紫荷说："你这是什么知己？倒帮起他的腔来了！"

陆游说："大师，诗我可是写了，难道她不也该写一首吗？"

了因笑着说："坏了！坏了！我陷于维谷之中，你们两个倒转来夹攻起我了！不过呢，紫荷的诗还是应该写的。"

紫荷说："我们女人，只有那一个'情'字了得，可没有他这么大的抱负,忧国忧民! 写出来让人笑话我们! 我看不写也罢。”

了因说:“这有什么关系,连孔夫子都说'亦各言其志也',圣人尚且不强求一律哩。我虽是出家人,但也知道,人若无情,恐怕有国也不会爱的。所以'情'之一字,可大可小,而其精诚专一以感人是一样的。王戎说得好:太上忘情,最下不及情,正所谓'情之所钟,正在我辈!’这一'情'字,又岂是什么人都可以谈得的?”

陆游说:“想不到大师的一番说法,竟将一'情'字说得这么精辟。紫荷,看你还有什么说的?”

紫荷说:“看来我是一定要献丑的了。”说着她也从那匣内取出一张诗笺,但写的却是一首《鹊桥仙》:

说盟说誓,说情说意,动便春愁满纸。多应念得脱空经,是哪个先生教的?

不茶不饭,不言不语,一味供他憔悴。相思已是不曾闲,又哪得功夫咒你?

陆游读罢笑了:“我刚才说的是实话,何尝是什么'脱空经'?倒是你刚才生气的样子吓我一大跳,原来你没工夫咒我,那生气当然是假的了!”

了因怜惜地望着紫荷:“紫荷呀紫荷,老天没枉生你一个大'情'人,看你真的将一个'情'字写得多深多透! 只是你如果看不破它,今后恐怕就只有苦了你自己了!”

紫荷说:“我也明知是跳不出这火坑的。既然女人为情活着,哪怕只有这样一天,使我得以尽我之情而倾出,我也无悔此生了!”说着眼圈又红了。

陆游见状,生怕又引起她的伤心,连忙说:“好了,紫荷,别伤心了,都怪我不好,懒得出来。今后我一定多来陪你就是。”

了因说："正该如此。对了，你们相聚不易，也该让你们多谈谈了。贫尼就此别过。"

了因刚站起，紫荷又拉她坐下了："你倒会借由头，我偏不让你走。大家一起谈谈心，岂不更快活！"

了因说："我一早就出来了，庵里确实还有许多事待我料理。你们如不嫌弃，不妨也到小庵坐坐。小庵虽无园林之胜，但那各种梅花开满一院，也颇值得一看。"

紫荷说："既然如此，我也就不强留你了。"

了因坚决不让紫荷送她下楼，二人就在楼梯口，再三叮咛，然后了因这才噔噔地下楼走了。

紫荷转身刚坐下，陆游便迫不及待地要了解这位女将军的身世。

紫荷说："了因俗家姓杨，原名玉笛，老家就是这里的华阳县。她丈夫姓刘，当年她和她丈夫都是左骁卫上将军陈敏部下的正将。她和她丈夫各带一军，镇守楚州（今江苏淮安）运河。

陆游说："呵，这个我知道，那是前年的春天，朝廷曾命陈敏筑城于楚州。当时长淮两千余里，可以通向北方的大运河有五条，这便是清、汴、涡、颍、蔡。但是通南方入江的，就只有昔日周世宗凿通的老鹳河。也就是当年韩世忠和梁红玉围困金四太子金兀术，兀术受当地人指点逃掉的地方。"

紫荷说："正因为此，通道被她夫妇二人把守得异常严密，特别是杨玉笛，军纪阵法，更是超过了她丈夫，金人感到极大的威胁，便给朝廷施加压力，朝中竟然有人随便找了个借口，将她丈夫杀了。"

"砰"的一声，陆游一拳击在桌子上："这就是做儿皇帝的悲哀！只要人家不杀他，什么都可以出卖！连岳元帅都杀了，何况其他？自毁长城，绝不是兴旺的征兆！"

"来捉刘将军时，杨玉笛正出巡水寨，"紫荷继续说道，"她听到消息后，便不敢回家，立即弃寨而逃，从此隐姓埋名。不久她到临安，将那个诬陷她丈夫的仇人杀了，这才辗转回乡，从此出家为尼了。"

陆游说："如此说来，她真是可敬又可怜的了！"

紫荷叹了口气说："才高易折，红颜命薄！她不幸而为出色的红颜，更不幸还是一位出色的女将，这对于她来说真是双重的不幸了！"

陆游怔怔地说："她法号'了因'，人生固然痛苦，但有恶因也有善因呀。此因一了，人生还有什么意味？"

紫荷说："所以她就出家了呀！"

"不过，依我看她未必能'了'，"陆游说，"她既称许我如山忧患一笑空，又感叹老天没枉生了一个你，作为曾是女将军的她，感情、功名，她未必不在意，只是不得已才逃入空门罢了。"

紫荷说："了因和我都是可怜人，我是跳不出这个火坑的了，只有和你再结来世缘。但了因是个好人，我和她平时的接触中，知道她也是非常钦慕你的为人的。她虽出了家，却是自由人，我真心希望你能和她结合。这样，你不仅有一个红粉知己，在事业上，她也可以成为你的好帮手。她能和你在一起，也不枉了她这位女中豪杰！"说时虽然在笑，眼泪却如珍珠断了线般掉了下来。

陆游连忙安慰她道："你这是何苦呢？我根本没有想到过这些事！"

紫荷说："不是的，像你这样的好人，却一生坎坷不得志，我是诚心希望能有像我或了因这样理解你的人在你身边照料你的。我虽然不可能，但是有了因和你相伴，对我也是一个极大的安慰。所以我希望你今后多去看看她。"

陆游说："我感谢你的好意，这些事以后再说，好吗？"

紫荷说："不，我一定要你考虑。说老实话，我不单是为了客中孤寂的你，也是为了不要埋没了了因。她不是请我们到她那里去赏梅吗？我们过几日便去如何？"

陆游见她好不容易高兴了，便也就点头答应了。

过了几日，陆游如约来到紫荷处。

紫荷为了出门，刚坐下梳妆打扮，便有成都府派人来，命令紫荷应差侍宴，因为有某要人过境。差人见陆游也在这里，便说："正好参议大人在此，省了小的跑路，就请大人一道赴宴好了。"

紫荷也要陆游去。

陆游说："你是身不由己，是非去不可的了。我还算半个自由人，是可去可不去的。何况我一向都懒得看这些人的嘴脸，不去算了。"

紫荷说："这样也好。那么你先到水月庵去，宴会如散得早，我随后也去，好吗？"

陆游一想，紫荷已不在，同僚多半也赴宴去了，自己也实在没个去处，便说："这样也好。"

水月庵在百花潭边。庵虽不大，但环境清幽。它和别的寺院不同，不是大开山门，香火鼎盛，任凭游人游览，而是山门紧闭，既没有一般寺庙钟磬唱经之声，也没有佛前燃烧的香火气息，有的只是那关不住的梅花香，老远就可以闻到。待走近庵前，只见那沿墙一圈，已撒下了许多红红白白的花瓣，益显出那关闭着的一片寂寞春愁。陆游心想，再来迟几日，恐怕梅花就要谢尽了！

陆游将马系在庵前一株古柳树下，然后敲响山门。不一会儿，门"吱"的一声开了一条缝，露出半张面孔，显然，那是一位年轻的女尼。只听她冷冷地道："此处不进香，请施主上别的庙。"说着就要关门。

陆游连忙将马鞭伸进了两扇门之间，使它欲合不得："我不是香客，是特地前来拜见了因大师的。"

小尼把门拉开了一点，这次是完全露脸了。她将陆游浑身上下打量了一番，然后说："请问施主尊姓大名，以便小尼禀报家师。"

陆游说:"你就说陆游求见。"

小尼听说是陆游,便一下开大山门,和颜悦色地说:"家师前日回来曾提到施主大名,熟人不必禀报,请施主随小尼来。"

陆游进得庵来,就像进入了一片梅海,香气袭人,沾衣惹袖。不由得赞道:"哎呀,好一院梅花!都是尊师种植的吗?"

小尼说:"这里原来就是一片梅林,只因家师爱梅,便选了在这里清修。"

陆游说:"尊师原名玉笛,这就难怪她喜欢梅花了。"

小尼不解:"家师爱梅,与她的尊讳有什么关系呢?"

陆游说:"唐代大诗人李白不是有诗说过'黄鹤楼中吹玉笛,江城五月落梅花'吗?"

小尼嘻嘻一笑:"才不是的哩。我听师父说过,她之所以爱梅花,是因为她喜欢梅花的品性。她常说梅是冰姿,不畏霜雪,可是个性又热烈,所以它总是等不及春天的到来就开放了!她总是教育我们,做人要有梅花这样的品格!"

陆游说:"想必这也就是令师的品性了?"

"当是。"小尼高兴地炫耀着,"前些时,金人不知怎的知道了以前家师的丈夫是被朝廷屈杀了,家师为此而看破了红尘,特派了两名使者,备了份厚礼,不远千里来到这里,要邀请家师去为金官,因为他们郎主非常钦佩家师治军的才能,还说去了可以领兵打过来,以报杀夫之仇。"

"哦!"陆游这还是第一次听到金人潜到宋地来招揽人才的事,听得十分心惊,明知了因没有去,还是不由得惴惴地问,"你师父自然是不肯去的了?"

小尼说:"谁说不是?不光不肯去,有一个使者见说不动家师,自以为武功了得,就要行蛮威逼,结果被家师打翻在地,割下了一只耳朵,狼狈地跑了。"大约是想到当时金使狼狈的样子,小尼开心地大笑起来。

"好！好！"陆游更是拊掌大笑。

说着便已到了经堂前。

了因听到陆游爽朗的笑声，便迎了出来："慧月又在胡诌什么，惹得陆施主这么好笑？"

那个叫慧月的小尼，一双笑眼望着陆游，只笑不语。看得出来，她们师徒倒像姐妹。

陆游见慧月只笑不答，也就不提。只是说："紫荷约我今日来拜谒大师，临行时她有了事，我便一个人先来了。真是冒昧得很！"

了因笑着说："不是紫荷的面子，我恐怕请都请不来哩！有何冒昧？倒是贫尼此生有幸了。只可惜请你们来赏梅的，却是大半已凋零，零落成泥，无复枝头颜色了。"

陆游说："于此更见梅花的品格，纵然是零落成泥碾作尘，但它清香如故。你这里真香啊！"

了因说："如此说来，陆施主可谓是梅花的知己了。既然陆施主这样有品位，即便是这残枝也得看一下！"说着便邀请陆游进得经堂来。

这经堂虽是不大，但清洁无尘，十分精致。中间是一尊水月观音的高大塑像，衣饰绘彩逼真，相貌神态如生，庄严中倍感亲切。左边的墙壁上挂了一幅也是水月观音的水墨画像，相形之下，着墨简单。然而就那么几笔，却是淡神疏中，令人望而神远！陆游想，这一定是哪位名家的手笔，走近一看落款，竟是紫荷画的，不禁心中着实钦佩！

了因见他看得很仔细，便在他身后说："紫荷可算你的红粉知己了。只是可惜，她前日跟我说她很想脱籍从良，怎奈未被允许。还用苏东坡的话说，'慕《周南》之化，此意虽可嘉；空冀北之群，所请宜不允'。不过这也属实，她如果一走，这里真的就没她这样的人了。她实在是成都的门面，过往大员，都喜欢让她侍宴，那些专以逢迎邀幸的老爷们，怎肯放她走呢？唉，说来她真是不幸！"

陆游说："你们佛门不是有这么一个故事吗？一只鹦鹉问禅师，它怎样才能脱出樊笼，禅师说：不言语！鹦鹉因不能言语，就失去了它的价值了。果然它的主人便把它放了。紫荷太多才多艺了，正所谓'象有齿以焚其身'！"

了因苦笑道："是呀，紫荷太要强，她苦就苦在不甘低贱！"

陆游说："这就是为什么越多聪慧而好强的人，便越多愁苦的道理了。"

这时慧月捧上了茶。

陆游揭开碗盖，一股清香，直透脑门，令人精神为之一振。只见那茶色黄中泛绿，刚呷得一口，便满口生津，不涩而甘，不由赞道："好茶！色、香、味俱佳，不像一般的茶那样略带苦涩，像是饮甘露哩！"

了因笑道："你真是品茶大家。这茶的确不是用一般的茶叶煮的，而是我用梅花的花蕊熏制而成的。"

陆游说："怪不得这么清香。幸亏这不是果树，有些果树一旦花蕊被采摘掉那就无法结出好果子咯。"

了因一笑："施主以为那些果树有好花就一定能结出好果子吗？世上的因果往往是颠倒的，好心并不一定有好报，所以有些果树也未必开了花就结果！它带给人的清香，也许比给人以青涩的果子好。"

"哎呀，不得了！"陆游说，"想必这就是大师为什么要叫'了因'了？"

了因说："无因无果，便省却许多烦恼！"

陆游说："大师真的修到清净无为的境地了。难怪宝刹中如此一大片梅林，竟不见一个游人！"

了因说："这是为了我的两个徒弟。她们都很年轻，以前也曾有过一些寻花问柳之徒，借赏花之名，常来纠缠不休，后来被我打跑了几次，大约是他们传出了我的恶名，知道水月庵不是好玩的地方，所以不三不四的人便再也不敢来了。"

陆游望着了因，只见她虽是一身缁衣，却仍然是那样英姿飒爽，不禁为孝宗皇帝不会用人而深深感到惋惜。一位梁红玉式的女英雄，却被逼得出家当尼姑，不由感叹道："紫荷虽苦，虽被人视为玩物，但反过来，她在这些人之中，却又是鹤立鸡群！正是有那样多的俗物为其衬托，这才使得她清高的品格愈加突出！她的精神有痛苦的一面，也有值得骄傲的一面了。倒是大师你，一盏青灯，了此一身韬略而任小人得志，未免让人气闷！"

了因苦笑："大宋多少高出了因千百倍的人才都屈杀了，我一介女流又算得了什么？就以施主而论，论韬略，岂不超过贫尼百倍，而今又怎样呢？你不是有诗自叹'身似野僧'吗？你是官身，请问你又发挥了多少才干呢？"

确实是，以陆游之才而来此作一参议官，又于世何补呢？他听了了因这话，也就只有搔首而报以苦笑了。

了因说："我们不谈这些丧气的话。对了，你看我这右边的墙壁还是空着的，不如给我写一幅字挂上，和紫荷的画配对，谅她见了也不会怪辱没她的画了。不知施主赏不赏脸？"

陆游说："你是在紫荷处见着了的，我那几笔俗字怎么可以放在你这殿堂里？岂不有辱佛门？"

了因说："说来罪过，我并不是为了装饰佛堂；我这个人不喜欢装饰，只因我喜欢罢了。说实话，我并非没有名人字画，但我都不愿挂。佛讲缘法。我只喜欢紫荷的画，她画得真好，不是吗？后来我在她那里又看见了你的字和词，我又喜欢得不得了，也很想有她那样的一幅，所以这才诚心求你的。"

陆游见她说得这么诚恳，便说："承蒙错爱，我只好献丑了。"

　　了因便请他到后面的写经堂。了因特地选了一幅条屏展开，请陆游在上面题字。

　　陆游站在书案前，想到临行时紫荷对他讲的那番话，一时竟不知写什么好。正自提笔沉吟，在一边为他研墨的慧月，见他拿不定主意的样子，便说："施主进门时，不是念过李白的咏梅诗吗？家师喜欢梅花，本庵好多梅树，施主何不就将那首诗写了，挂在庵里一定相称！"

　　"慧月！"了因制止她说，"要你在施主面前逞什么能，多嘴！"

　　一句话提醒了陆游，他左手将自己脑门一拍："对。小师父果真其慧如月，表里透彻！谢谢提醒，我就写一首咏梅的诗好了。"

　　慧月听陆游这么一说，非常得意，看了师父一眼，放下墨便又去为陆游牵条幅。

　　了因抱着手在一边看。

　　陆游这次写的是正楷。字体方正有力，于严整中不乏流丽。这样端庄的字体，挂在佛堂里极其相称，了因看了不由心中暗暗叫好。

　　他写的是一首七言律诗：

　　家是江南友是兰，水边月底怯新寒。
　　画图省识惊春早，玉笛孤吹怨夜残。
　　冷淡合教闲处著，清臞难遣俗人看。
　　相逢剩作樽前恨，索笑情怀老渐阑。

　　慧月看了说："这不是刚才念的那首。"
　　陆游说："这是我特为你师父写的。"
　　慧月说："那么，又不是咏梅的了？"
　　陆游说："也是咏梅。"

"哦，"慧月说，"我懂了！"

了因笑着岔开她："你懂了什么？不早了，还不去备斋饭。请施主就在我们这里用午餐。"后一句是对陆游讲的。

陆游说："看来紫荷是不能来了。我回去还有事，吃饭就不用了，只是这梅蕊茶想讨 点回去。"

"这好办，"了因说，"慧月，你去把我那罐梅蕊拿来给陆施主。"

陆游说："我怎能要一罐，包点就行。"

了因说："我这里有的是，拿不穷的。"

陆游走后，了因将他写的字挂了起来。写时还不觉得，现在对着它沉下心来细读一遍，便觉得这首咏梅的诗，像是有许多弦外之音。第一句"家是江南友是兰"，从表面看固然是写梅，梅兰竹菊古称为"四君子"，自然可以为友的了；梅原产于长江以南，说那儿是它的"家"也未尝不可！然而这贸然而起的"家"，更像是指他自己，那么这以之为友的兰，是以我为"友"吗？第二句"水边月底"虽有典故，那是本朝林逋咏梅的名句"疏影横斜水清浅，暗香浮动月黄昏"，自然是借典以暗示我"水月"庵了。"怯新寒"自然是指我之新寡守此水月了。他能体会到我在水月庵中新寒之怯，是何等的细心而体贴啊！想到此，不由心头一热。第三句"画图省识惊春早"，是指紫荷，那么第四句的"玉笛孤吹怨夜残"则分明是指我了。她还不知道，紫荷已将她的俗家名字告诉给陆游了。她还在这里猜度他是知道她的名字的呢，是仅仅因为借用李白"黄鹤楼中吹玉笛"的典故碰巧用上的呢，还是有意怜惜她之"孤"此一身，因而想到她春宵难耐而怨此残夜的呢？是有意，还是无意？至于颈联"冷淡合教闲处着，清臞难遣俗人看"，算是很能理解她的了。是的，像她这等于世情冷淡的人，确乎只宜休闲。朝廷赏识的是奸佞之徒，那么他自许是雅士了，紫荷虽说过他对自己的关心，当时她以为那不过是一般的好奇心而已，并未在意。从这两句看来，他倒是真的把自己看得很高的了。想到这里，不觉面红耳热，摇头一笑！出家都三年了，自认心如古井，将许多男子都不放在眼下，怎的于他只略感春意，便也漾起微澜？她有点不相信陆游的诗意真的如她自己想的这样。她想是不是自己有点自作多情了！但尾联他又分明说到"相逢"。"相逢"不是指与自己的会见又是什么呢？只是不知他剩作樽前的"恨"是什么！为什么见了我后，使他的"索笑情怀"淡散了呢？他真的就这么在乎和我的这一次"相逢"？

这首诗真是一个谜！

但不知怎的，了因越是猜测不定，便越是想要去读它。后来干脆把它挂到了自己的云房，竟是百读不厌。而且每每引起遐思绮念，读得自己双颊绯红。

她想很快见到陆游，好让他为自己破这个谜。

但这个谜是自己的心事，他写的未必是自己所想的。假若如此，岂不惹他笑话，自讨没趣！更何况自己又是一个出家人，这一片心事又怎能去对一个不相干的男子讲呢？传出去岂不让人羞死！

她整日就这么矛盾着，在矛盾中又盼望着。

然而，陆游并不再来。

陆游从水月庵一回来，"权通判蜀州"的命令已在等着他。

他西出成都，到了蜀州治所唐安（今四川崇州）。在当时，正职尚且无所事事，何况是副职，且还是个暂时代理的！"残春犹客蜀江边"，他到这里真是像作客来了。蜀州风景并不恶，有青城山、鹤鸣山几处好玩的地方，但不知怎么回事，紫荷那一席万分贴己的话，使他久久不能忘怀。他不能不承认紫荷的话是极富真情而又实际的，因此，他心中总容易想到了因，似乎这里所有的景致，都不及百花潭，更不及水月庵中的梅林！就连带来的梅蕊茶，也失去了那日的味道！整日枯坐，百般无聊，所接触到的一些人，更是言语无味，面目可憎。每到雨天月夜，倍感凄清！来蜀州几日，不觉昔日戴的帽子也大了，腰上的犀带向后移了又移，竟是不知不觉中消瘦了许多！

这一日，他感到实在是无处安顿自己了，便向知州告了事假，也顾不得红日西沉，从厩里选了匹快马，直奔成都。一百五十里路程，一夜之间便赶到了。待他来到水月庵，红日刚上，好一个明媚的早晨。他跳下马就去敲门，把山门擂得震天响。

慧月吓得脸色发白，不知出了什么事，想开门又不敢去开。

了因说："你退下。可能又是哪个凶神恶煞寻事来了，让为师去教训教训他！"

了因来到不断鼓动着的门后，轻轻抽开门闩，猛地拽开，撞进一汉子。了因一个"临风摆柳"，伸脚一勾，这个汉子便直直地扑到了地上。了因正待一脚踏上去，陆游早已一个前翻站了起来："别动手，是我！"

了因见陆游跌得身上脸上都是灰，笑弯了腰："我当又是哪个无赖来了哩！"

陆游边掸灰边笑道："大师好利索的手脚。殊不知诚心拜佛，正无妨无赖！"

了因也随他的话答道："执意向善，须待有缘！"

"'家是江南友是兰'，若无缘怎能万里来相会？"陆游说。

了因也用他的诗反讥道："'索笑情怀老渐阑'，纵有缘又奈何萧索！"

陆游说："正因为萧索，所以拜我大士，欲求玉笛吹却怨！"

了因听了，岂有不懂之理。因为她这些时日也同样感到了从来没有过的寂寞，便不由脸上一红，怕再深答下去一定会很窘，便不再和他来什么对答，着急地说："施主请到庵中喝茶。"

慧月送上茶，还是那梅蕊。陆游嗅了嗅："怎么这茶又这般香了？"

了因不解。

陆游说："我上次从你这里回去后，便被遣往蜀州代理通判去了……"

了因插嘴说："难怪这久不见你来！"

陆游笑着说："很久了吗？"

了因知说漏了嘴，脸一下红了："少贫嘴，快说我的茶怎么不香了？"

陆游说："我在蜀州，日子过得无聊极了，最奇怪的是，连你送我的梅蕊，也没有在这里喝的香！"

了因咯咯一笑："梅本无香，香在心中。想必你那时心中已没有梅了！"

陆游说："梅岂随心，要能随心，我早带她走了！"

了因的脸又一红，一时低头无语。

陆游便趁机毫无忌惮地大胆看着她。他要一补这些时日的思念。

了因似乎已有察觉，便把头压得更低了。

不知怎的，了因的羞态使陆游一下感到他的心和了因贴近了。他很奇怪，一个叱咤风云的女将军，一个空门修行的女德士，害起羞来也是这样的妩媚动人！

陆游不好意思紧盯着她，便抬起头来四周打量，见对面墙壁上并没有挂他写的那幅字，心中不由得咯噔一下，停止了跳动。紧接着便觉得自尊心受到了伤害，自己刚才的一腔热情也落空了，两者一掺和，便化着一股酸气："想必是我的诗做得不好，字也不堪入目了？"

了因抬头，见陆游望着那一面空墙发愣，便知他误解了。但那幅字因自己念念不忘，这才挂到自己卧室中去的，这话却不好对他直讲，便说："呵，不是呀！正因为诗好字好，被一位好友要去了。我正想求你再为我写一幅哩！"出家人不打诳语，这好友便是自己禅心以外的另一颗心，所以称之为好友也就算不得是打诳语了。她一边这样想。

陆游听了仿佛又活跃了起来，高兴得此时要他做什么都可以，便说："只要你喜欢，我便再写一幅就是。"

于是，他写了一首《再赋梅花》：

老来爱酒剩狂癫，况复梅花到眼边。
不怕幽香妨静观，正须疏影伴癯仙。
松筠共叹冰霜晚，桃李从教雨露偏。
此去西湖八千里，破愁一笑得无缘？

因为前一首诗如谜般长期盘桓在自己心中，所以了因的思绪在陆游一开始写字时，便萦绕在他的笔端，边看边想："老来爱酒剩狂癫"，他不是说"索笑情怀老渐阑"吗？为什么只隔了这几天，"老"境未改，竟因"梅花到眼前"，心情便从淡散而转"狂癫"了呢？她不禁抿嘴一笑：变得好快！这到他眼前的梅花，自然是指我了？她有点得意。那么，他这酒外之狂癫，岂不是指对自己之倾倒？想到这里，心中不由得一阵狂跳。"不怕幽香妨静观"，她当然知道自己是嫁过人的，然而却仍要许以"正须疏影伴癯仙"。既以梅花代我，疏影是梅的雅称，自然指的也是我了。"癯仙"当然是他。想到这里，不禁抬起头来，看看本来就显得清瘦的陆游，而今比过去又瘦了许多，他竟是为自己而消瘦了！想到这里，心中不由得又是一阵激动。这个"伴"分明是在暗示向我求婚，愿娶我为他的终身伴侣了。"松筠共叹冰霜晚"，他五十，我三十，作为女人，三十岁和他相识，也算是晚的了。他是松，我是梅，松竹梅本为"岁寒三友"，因为诗律不能重复"梅"字，故他这里以筠（竹）来代替。我们的晚境，也确乎处于冰霜之中，这时的友谊，也的确最值得珍惜。同沾雨露，当然是指我们的结合。他的愿望多美，我们这半路的结合，能像桃李之逢春吗？后面两句更为显豁：他家在西湖，分明是在问是否有缘能让我和他一同回到他的老家去呢！因为自己刚才说过"须待有缘"，本是无心对他"无妨无赖"的，没想到倒被他捉住把柄了。想到这些，心里一片慌乱，不由得面红耳赤起来。偏是陆游放下笔后，又是这样痴痴望着她，望得了因也不敢抬头，连感谢的话也说不出口。

憋了半天，了因眼望别处说："呵，对了，你今日总可以在这里吃一顿素餐了吧？"

陆游说："你不说我还真忘了。我从昨天下午起，奔驰了一夜，什么也没有吃呢！经你这一提，我倒真有些饿了。"

了因便叫慧月和秋水将酒菜放在园中的瘦雪亭子里。亭在梅林之中，花虽谢，犹有残枝，这种疏朗却充满生机的梅林，倒很合乎他俩此时的心境。慧月和秋水布好酒菜后，便都退了出去，亭中只剩下他俩。

了因为陆游斟酒。陆游便拉住了那过来斟酒的手，诚挚地说："玉笛，你若能和我在一起，有朝一日，你我同返沙场，共同破敌，你如梁红玉击鼓金山，我效岳少保直捣黄龙，这样的人生，多么得意！你我从今以后，一定都不会消沉，也不枉天生你我！"

了因没有抽回手，低头说："我虽心仪于你，只恐怕对你名节有亏，爱你反而害了你！"

陆游说："丧夫再嫁，何为失节？只要你我意气相投，何必管他人如何说呢？更何况如今国家有难，生灵涂炭，正是大有作为之时，只要你我今后拼搏沙场，即使是马革裹尸，就足以让那些空谈什么名节的人愧死，到那时候人们还能说我们什么呢？"

了因说："你的心愿我是了解的，只是而今我已身入空门，你的好意，我只有待来世才能完成。"说着不禁眼圈红了。

"那有什么，"陆游着急地狡辩道，"你之所以出世，原本就是因为入世而不可得。既可入世，夙愿得偿，那么，虽出世了又为什么不可以再度入世呢？佛法本讲普度众生，现在沦陷区的人民陷入水深火热之中，你有些本领不去解救，坐而视其受难，还成得了什么佛！所以你而今入世倒是出世了。"

一席话说得了因低头无语。过了一会，她叹了口气："也许我的冤孽未满，本如死水的心，也被你说乱了！真不知如何是好！"

陆游见她口气有了松动，便又说："人生几何？如果有一番抱负，何必守此青灯？我之所以恋于你，正如紫荷说的，你不仅是我的红粉知己，而且在事业上，你会是我的好帮手。如果你我联辔中原，共除鞑虏，实现还我河山之抱负，试问天下纵大，像这样的能有几人？须眉之友尚难，更何况伉俪！我既找到了千载难逢的你，你让我又怎能割舍得下？"

了因羞涩地收回手说："你是诗人，固多浪漫，只恐怕世事并不如你所料那样圆满，到时你就会有一种失落感了！"

陆游说："谋事在人，成事在天。我只尽人事，不问天命，更不怕世间的险阻！"

了因说："这事还得让我再想想。希望你不要逼我。"

陆游见她有允意，松了一口气："好吧，只是希望不要让我等得太久！"

一句话说得了因又红着脸低下头去，临低下头时没忘妩媚地看了陆游一眼。

陆游有了这一个眼神，高兴地站了起来，喜滋滋地说："好，我等你消息。那我先走了。"

了因依然那样坐着，只是含情地看着他走了出去。

第二天，陆游派人送来了一封信。来人说："老爷命小人立等大师的回话。"

了因拆开信，又是一首诗：

西郊梅花矜绝艳，走马独来看不厌。
似羞流落蒙市尘，宁堕荒寒傍茆店。
翛然自是世外人，过去生中差一念。
浅鬓常鄙桃李学，独立不容莺蝶觊。
山矾水仙晚角出，大是春秋吴楚僭。
余花岂无好颜色，病在一俗无由砭！
朱栏玉砌渠有命，断桥流水君何欠？
嗟余相与颇同调，身客剑南家在剡。
凄凉万里归无日，萧飒二毛衰有渐。
尚能作意晚相从？烂醉不辞杯潋滟。

　　了因读到"矜绝艳""看不厌"时，既喜又羞。喜的是有陆游这样的人爱自己，羞的是自己毕竟三十岁的人了。他虽自惭头发白了，但又怎知我也三十已过。当然，这点也许他已想过了，所以说"余花岂无好颜色"，而是难得有"同调"的罢了。假如我真的"作意晚相从"于他了，他真的会喜欢得喝得烂醉了还要喝吗？

　　"大师，小的还在等回信哩！"

　　了因这才惊醒，闹了个满脸通红，便解下自己佩戴的一块玉环交给了来人："请你把这个交给你家老爷便是了。"

　　陆游在家等得火急，见带回一只玉环，不禁大喜。因为《荀子·大略》载："问士以璧，召人以瑗，绝人以玦，反绝以环。"示以环，自然是示以团圆之意了。于是，他便风风火火地去告诉了紫荷。

　　紫荷便找她的姐妹们商量，正准备为他俩举办婚事时，朝命又下，要陆游着速去代理嘉州（今四川乐山）知事。陆游要走，婚礼便不能在成都举行，而杨玉笛又不宜再住在水月庵里，紫荷便提议，干脆让杨玉笛随陆游一起赴任，到了嘉州再说。

这天，紫荷到城西的青衣江边，送杨玉笛和陆游上船，在船上摆下了酒席为他们饯行。

紫荷说："你俩的事，不宜再拖，到嘉州就举行婚礼吧。只是可惜我喝不到你们的喜酒了。就让我今日为你们饯行，也算是先喝你们的喜酒好了。"她不等他俩举杯，便已先喝了一杯。

陆游和玉笛知道她心里难过，齐声说："别这样，紫荷。我们一定争取再回来。好在此去，不过是代理，等新任知州一到任，我们便都回来！"

无论他们怎么劝说，紫荷还是喝得酩酊大醉。陆游和杨玉笛这一走，好事者便把他俩的事一直传到了朝中，说陆游无视礼法，把水月庵的尼姑拐跑了！

当然，陆游和杨玉笛两人在船上，什么也不知道。只知道在船上并肩欣赏风景，饮着酒讨论着国家大事，商议着到嘉州要办好哪些事。后来《嘉州县志》称他："流风善政，至今颂之！"那么杨玉笛襄赞之功，也是不可磨灭的了。

这夜船到雅安，泊在石桥下。

夜很静，远处的山谷有两三灯火如豆，令人想到那是多么温馨的家。

陆游因听到有消息说洛阳义军在年初已攻克了卢氏县，杀了金人的县令，可惜最终因孤军无援，最后只好弃城投奔这边来了。舟中无事，他便和杨玉笛展开大散关的地图，分析可攻守的形势。

玉笛将食指竖起，小声说："听，岸上有响动！"

陆游听了听："是山上的麋鹿到溪边找水喝。"

他们还不知道，已有人伏在他们篷顶上了。

陆游指着大散关地图，兴致勃勃地大谈他如何几次出入大散关，多次和北边的义军共商大事，只可惜，他们商议的计划，一次也没有实现。如果按他的计划，他将如何渡黄河，出幽谷，发燕赵义军，一举平定中原。然后重治都城，修天子之七庙；再整顿吏治，使百姓休养生息，一定可以上追前朝"贞观之治"，下开昌明万世之基。最后他说："玉笛，我这雄心壮志只有你能够理解，也只有你才能帮我完成！你在楚州未能实现的事业，让我来接替刘将军，和你继续完成吧！"

一席话不仅听得杨玉笛泪光莹莹，感动不已，也使篷顶上的汉子听得热血沸腾。

灯前一叶飘落，船舱内顿时多了一条身穿夜行服的虬髯大汉！那烛光连闪都没闪动一下，足见此人轻功超凡！

陆游和玉笛都惊诧得站了起来，已来不及寻剑了。虬髯大汉虽然身背钢刀，却摇着双手说："在下没有恶意，请二位放心。"说着自己先拉了张凳子坐下了。

陆游和南北双方的义士打交道多了，乍见之下，虽然吃了一惊，却并不感到怪异，便和玉笛在自己的原位上坐下。

陆游说："壮士深夜莅临小舟，仓促之间没好招待，薄酒一樽，尚堪共醉。"说着便为他倒了一大杯酒。

虬髯大汉说："刚才在二位篷顶上，听君一席话，正宜痛饮三大杯。"他不等陆游再斟，便自己拿过酒壶，连饮了三大杯。三杯下肚，抹着他那一把胡须说："来得鲁莽，尚祈恕罪！"

陆游说："想必壮士不光为饮酒而来，一定有何指教。"

虬髯大汉哈哈大笑："教则不敢，我原是受人之托，追杀你俩而来的。"

"哦，"陆游说，"这是为何？"

虬髯大汉望着玉笛说："这位想必是前年在楚州大败金人的杨玉笛将军了？"

玉笛奇怪他怎么会知道，便说："惭愧，正是奴家。"

虬髯大汉说："幸亏我没有鲁莽行事！"

陆游说："此话怎讲？"

虬髯大汉说："我叫师伯浑。有人说你拐带尼姑私奔，因国内不能立足，有计划投敌，所以要我前来在路上截杀你们。我因深知陆大人的为人，所以并不深信，便在下手前想听听你们私下商议什么，是否果真准备投敌。在你们篷顶上已待了一会儿了。后来听见陆大人称夫人为玉笛，又提到楚州，我便想起前三年金人为打通南下的通道而逼朝廷屈杀刘将军之事，当时凡是有血性的，无不扼腕痛惜，只是后来不知杨将军的下落，我们还时时怀念，今日不期在此相识，又听得两位有此抱负，则二位相遇，实为英雄识英雄，诚乃一大幸事！我如鲁莽从事，一来就动刀子，固然暗中容易得手，但所谓女尼，实在不曾想到是杨将军，那么以二位之身手，恐怕我们都有伤残。如做下对不起你二位的事，我岂不铸成终生难悔的大错吗？"

陆游听得惊心。而今官场上谁没有三妻四妾，我只不过找了个红粉知己，为什么偏偏遭人忌恨呢？幸好遇上的是这样一位血性汉子，而不是见利忘义的小人，否则真是不堪设想！于是举杯感激道："来，师兄，为我们今晚有幸相会干杯！"

师伯浑一饮而尽，抹了抹胡须说："今夜之事，说大人'疏放'自是借口，恐怕还是与二位力图抗金有关，而今朝中小人用事，两位今后还要多加小心为是。"

陆游和杨玉笛同声说道："师兄所言极是，我们记住了。非常感激你对我们的关切！"

师伯浑说："今夜之会，岂可无诗。来，陆大人，你写诗，我来唱，以尽今夜之欢。"

陆游豪情大发："好，我来写，只是近体诗太软了，不足以写出你我胸中的豪气！"

杨玉笛说："何不题一首古风呢？"

陆游挪开桌上的地图，一口气写下了十四韵：

上马击狂胡，下马草军书。

二十抱此志，五十犹癯儒。
大散陈仓间，山川郁盘纡。
劲气钟义士，可与共壮图。
坡陁咸阳城，秦汉之故都。
王气浮夕霭，宫室生春芜。
安得从王师，汛扫迎皇舆。
黄河与函谷，四海通舟车。
士马发燕赵，布帛来青徐。
先当营七庙，次第画九衢。
偏师缚可汗，倾都观受俘。
上寿大安宫，复如正观初。
丈夫毕此愿，死与蝼蚁殊。
志大浩无期，醉胆空满躯！

师伯浑放喉高歌。他那浑厚的嗓音有如狮吼，从江面上远远地传了出去，山谷响应，惊得那些山鹊水鸟格磔飞起，惶惶不知所逃。他豪迈地且歌且饮，陆游他俩听得热泪滂沱，为之击节而频频举杯。待他一阕歌完，几个人都大醉得东倒西歪了。

船的破浪声使陆游忽地惊醒，睁眼一看，朝阳洒满船舱。船舱中杯盘狼藉，玉笛犹在酣睡中，朝阳映在她那残酒未醒的脸上，极其耐看，只是没见到师伯浑。

一问船家，船家说："我们是被那位大汉叫醒的，他要我们告诉老爷前途多保重，说完他们便走了。"

陆游问："他走多久了？"

船家说："他走了，我们也就起来开船了，船走了近一个时辰了。"

陆游听了，顿感惆怅。见舱底板上落有一张大字，拾起一看，原来是师伯浑就他昨夜砚池中的剩墨写的一幅狂体草字。因为剩墨已成胶状，所以字写得墨枯笔燥，但那字势飞动，如春龙奋蛰，奇鬼搏人，有一种不可遏制之势。上款是"书赠务观、玉笛贤伉俪"，下款是"癸巳初夏师伯浑醉书"。"癸巳"是孝宗乾道九年。陆游高兴地叫醒玉笛："快起来看！"

玉笛睁眼见只有陆游一人，睡眼惺忪地问："师伯浑走了？"

"早走了，"陆游说，"只留下了这幅字。"

他俩展开同声念道：

云龙风虎喜相从，意气由来肝胆同。
堪笑世间宵小辈，妄将虫鼠比鲲鹏！

师伯浑本是杀他俩而来的，最后却以云从龙、风从虎来称赞他俩而去，陆游和杨玉笛念罢，不由得相视而笑。

玉笛说："想不到这位豪杰，诗也写得这么好！"

陆游感叹地说："大宋可谓遍地英才，可惜不用，埋没于蓬蒿之间，哪有什么天理！"

他俩激动地走出舱米，紧紧地依靠着站在船头，共同沐浴在朝阳之中。初夏的早上，从水面吹来的风，特别凉爽。

他们知道，前途多艰。

但是，只要他俩能肩并肩地这样在一起，就是再艰难，他俩也不会害怕。

果然，不出三年，那些主和派暗杀陆游也并未得逞，而且陆游在嘉州的政绩得到当地百姓和以后史学家们的赞扬；虽然因他与杨玉笛的结合，朝廷借"疏放"的罪名而罢了他的官，但他依旧与玉笛相互陪伴着。他为此事给当时的史丞相写信表白："知者希则我贵矣，何嫌流俗之见排！"是的，流俗之辈，岂能懂得他们，而他们又何必要去为那些根本不懂得他们的人去矫揉造作呢？

222 铁马冰河入梦来 —— 陆游

　　为了答复对他的攻击，他干脆从此自号"放翁"。你不说我"疏放"吗？我就"放"给你看看，看你们又能把我怎样！

　　"陆放翁"这个名字，终于在历史上闪耀着璀璨的光芒了，而那些攻击他的鼠辈，又有几个人能留下名字呢？

第十二章｜深入民间

　　陆游带着杨玉笛来到嘉州，是孝宗乾道九年（1173年）的夏天，但是到了第二年即孝宗淳熙元年的春天，因为来了新任知州，他这个代理的官儿就不需要了。在交接了差事后，尽管嘉州的老百姓拦马挽留，无奈他得听命于朝廷，还是又回到了蜀州权通判的任上。这时杨玉笛已怀孕。这年的冬大，又要陆游到荣州（今四川荣县）去代理州事，他便不得不把玉笛留在了蜀州而只身一人去赴任了。

　　荣州是一个贫瘠的山城。

　　陆游作为代理知州，到一个地方上任，自然也少不了仪仗队。他这一队人马，前面开道的是一对旧黄旗，黄旗过后是一对荣州正堂的虎头牌，再往后依次是一对锣、一对鼓、一对画角，如此而已。山路不好抬轿，陆游身穿绿色文官服饰坐在一匹玉色的有浅黑斑纹的马上，书童则骑着一头小毛驴跟在他身后。在冬天惨淡的阳光下，这一队人马走在荒凉的山道上，淡淡的，有些无精打采。那些响器，只有走到有人烟处，才镗镗、咚咚、呜呜地响了起来。这些声音在这偏僻的山村也实在稀罕，每路过村户，那些山民和小孩便像惊鹿似的跑到路边来张望。年轻的妇女不敢露身，就伏在矮墙头上，露出一张张黄黄的脸来。那些表情，一律都是近乎麻木的痴呆。

　　荣州产盐，道边就有"卓筒"，井架上的辘轳咿呀地响着。那些熬盐的汉子，一个个骨瘦皮黑，鹑衣百结，满脸倦容，红红的眼圈睁不开似的。陆游早知荣州产盐，以为地方很富裕，在路上看到的竟是这幅情景，心中不禁一阵难过！

　　荣州古称夜郎。有句成语是"夜郎自大"，可见是一个多么闭塞的地方。远远看去，在一处山腰人烟较多的地方，有一湾石墙，那便是州城了。城下有两条溪水，一条从西向东，一条从东向西。西来的水浑，东来的水清，两水在此处汇合后，又向西绕州城出东南角与前双流水汇合，再向南流出公井镇而入富顺盐。给陆游的第一个印象便是"荒山为城溪作壕"。

来到州衙，这是一座古老的青瓦木屋，因为很少有人走动，衙门前的路都被长长的荒草遮没了，成为小动物出没的地方。狐狸见来人了，不仅不惊慌逃窜，反而认为是人侵犯了它的领地，挡在路中间像人样的站立起来，龇着尖锐的小白牙齿，浑身暗红色的毛都因愤怒而根根乍立起来！进得大堂，屋梁上蹲着猫头鹰。陆游讨厌这不祥之物，大声呵斥着，它不仅不飞，反而侧着一张媚态的猫脸，用它那一双黄绿色的大眼，忽闪忽闪地看着陆游。其实这倒不是它胆大，而是因为在大白天里，纵然有一双大眼睛，却什么好坏都看不见的缘故。眼中无人，自然也就不怕人了！

这里的畜生竟然都这样欺人！陆游愤愤地想。他想叫那班懒散的衙役们把这里打扫干净，把这些畜生的老巢给捣了！继而一想，算了，何必呢？连自己也到了这里，又何必去与这些畜生过不去呢？就与这些狡猾和凶恶的禽兽为伍，也许倒更省了一份心机！这样一想，陆游反而心境开朗起来。

这一晚，陆游独卧空斋，正像俗话说的"城里的雨，乡里的风"，山风吹得房前屋后的大树翻江倒海一样地呼啸，借着黑色之势，分外吓人！被子冰冷，愈睡不着，愈感到那孤巢的野鹤叫得烦心。陆游对着一盏摇晃不定的孤灯，不禁心事如潮。一片雄心壮志，到头来只落得个到如此偏僻的小山城代人署事，让他怎能睡得安稳？这一夜反反复复，直到天快亮时才恍恍惚惚睎着了一会儿。

檐前雀噪，把陆游吵醒了。他睁眼一看，风停了，窗外阳光灿烂，是一个晴天。起身后，书童送上茶水，盥洗已毕，喝了两碗粥，也懒得上衙了，因为来时书吏们已见过面，他们说到此地民风淳朴，坐衙也无所事事，所以平时大都各自待在家里。陆游无家可待，便换上便服，想到辖区随意走走。他来上任的路上看

227

到盐民那个样子，一直在心里难过。

　　他信马由缰地走着，来到一座山谷，看到有百十根吊杆，正在七上八下地汲取地下盐水。柴火的青烟，萦绕山腰，远远看去，像乌云出岫。路边有两个老汉正在开新井，在地上束木为架，架上横木为梁，梁上系　　长竿为吊杆，杆前端是一个尖尖的铁杵。两个老汉就那样不停地将吊杆扯起放下，铁杵便一下下地凿在石面上，石面上倒也凿出了碗口大的一个小圆洞。

　　陆游看了半天，才见他们从那个小圆洞里掏出两捧被铁杵捣碎的粉末，便又继续去扯他那吊杆。

　　陆游好奇地问："两位老人家这样打井，一天能打进多少？"

　　两个老头边扯着吊杆边说："打得顺利，一天打得升把土，有时一天只能打得一两捧！"

　　陆游说："一口井要打多深呢？"

　　"这就难说了。打得好时，几丈就出水了，遇上了不好的地段，要打几十丈深也说不定。只有见了水才算数。"他们仍然那样相互交替着扯那放吊杆的长绳，先是引体向上，然后拽着绳子坠下，直至自己拳成一团。

　　陆游说："像你们这样个打法，要打多少时日呢？"

　　"几月，几年，谁知道呢？"

　　虽说是冬天，老汉们都穿得很单薄，但头上仍然在出着汗。

　　"听你口音，好像是下江人？"另一老汉猜测说。

　　陆游说："不错。在下老家山阴的。"

　　"你是盐客？"老汉有点拿不定。因为历来没有闲杂人愿意到这偏僻的山村，外地来的大都是私盐贩子。但是他从陆游的外貌上又感觉到不像。

　　陆游说："不是。"

　　老汉说："那你是干什么的呢？"

　　陆游说："我是你们这里新上任的代理知州。"

"州官大老爷？"老汉不大相信，所以仍打井不辍。因为在他们的经验中，知州大人一来，那是要鸣锣喝道，让人避开，三班衙役前呼后拥，威风得很呢，哪里会像这样和颜悦色。

陆游点点头说："虽是知州，只不过是代理。"

两个老人见他这么认真，便停下来和他抬杠："客官哄谁呀，就算是'代理'，出来巡查那也得是对子锣、对子马，威风凛凛的！别说是知州大人不会到我们这里来，就是州衙里那些衙役老爷下来了，哪一个不是如狼似虎，凶神恶煞的！"

"就说前些时日吧，"另一个老汉接口说，"州衙有两个公事人到金三老汉家中催缴盐课，硬是逼得金三把女儿卖了！"

"有这等事？"这回轮到陆游有点不相信了。

"可不是，"一个老汉说，"唉，我们这里遭罪呵，要是生在嘉州就好了！"

"嘉州？"陆游不解地问。

"嗯。听说嘉州来了个陆游陆大人，爱民如子，体贴民情，他倒是时常深入民间私访的。我们这里井上原来有不少是从嘉州逃出来打工的。自从来了陆大人，家乡好了，现在好多人又回嘉州去了。"

陆游好奇地问："嘉州的事，你们怎么这么清楚？"

另一个老汉说："嘉州就在我们西边百余里路，经常有亲戚往来的，怎么不知道？"

陆游笑了："我便是你们说的嘉州的陆游呵，刚到你们这里来的。"

本来他就气宇不凡，陆游这一说，两个老汉便真的相信了，慌忙要跪下行叩拜大礼。陆游一把拦住了："老人家不要拘礼，我只是随便走走，不是出来办事的。"

老汉自信地说："大人定然又是出来私访的了？"说着诚恳地望着陆游，生怕他否定了似的。

陆游本没想到要私访，但自己也确实有出来了解一下盐民生活的意思，见他如此迫切希望的眼光，不忍心拂逆，便点头称是。

两人一听陆大人私访来了，两眼顿时来神。山地上没有桌椅，他俩争着用自己的衣袖，在一块较平整的山石上抹了又抹，请陆游坐下。

陆游便坐在这石块上，见两个老人就那样穿着单衣站在一旁，便说："两位老人家快披上衣裳，别着凉了，一起坐下讲话。"

两个老汉先是执意不肯，定要站着回话，见陆游要起身拉他们，便都席地坐了下来。

"两位老人家贵姓？"陆游客气地问。

"不敢称'贵'，小人叫石锁，他叫金豆。"老汉说，接着嘿嘿一笑，"都是小名儿，草民没有大号。"

陆游说："呵，是金老汉、石老汉。你们刚才说的金三是怎么一回事？"

金老汉说："金三是小人的叔伯兄弟。我们这里都是以烧盐为生的。除了殷实的大户，一家有几十口井，甚至还有大井，每年要雇几十甚至上百号人。这样的人家，老板只管事，甚至连管事的也是请的。一般小户人家，就只有请我们打这种小井，因为是靠竹筒汲水，所以这种井便叫'卓筒'。较好的人家，也有一二十口卓筒，那也得请人。也有自己打井的，像我们说的金三，家里本来就穷，请不起人打井就自己打，家穷又没有好地脉，两口卓筒就打得深，耗的时间长了，连家里的衣物和两分薄田也都当了。好不容易出水了，日子渐渐好起时，一个儿子又被征去当兵，金三的婆娘想儿子忧思成疾，没钱看病，不久就死了！偏偏应了那句'福无双至，祸不单行'，他家的两口卓筒因地质不好，打井的技术也欠缺，导致井壁脱落，把两口井填死了！可怜金三正愁无力修葺，偏偏催盐课又来了，没有钱就要抓人，逼得金三只有把自个的黄花闺女卖了！唉，这是……"他本想说这是什么世道，想起陆大人是官家的人，这话就不敢出口了。

"金三现在怎样？"陆游觉得应当去看看他。

"他……"石老汉见金老汉难过得没答话，怕失礼得罪了州官大人，所以赶紧接过话，"可怜他孤身一人，在家待不住，便走了。走到哪里去了谁也不知道，说不定倒在哪里死了呢，这年头这样的事多了！"

陆游说："井塌了，不是可以报废，请求免征盐课的吗？"

金老汉抬起失神的眼睛望着陆游说："报废？你往哪里报？官府里的规定是只要开了井就要征税，塌没塌可不管。当然，有的塌了还可以修好，可有的井修也无用，便成了眢井、死井。有的井枯竭了几十年，官府还不是年年照征！井多的还好办，那口枯了有这口，或者钱多的也好办，买得动官府，最难办的就是穷人，就像金三那样，就两卓筒，不出盐还逼着交盐课，那就只有丢下井逃跑了！"

石老汉也叹了口气："跑也难，像金老三只剩了一个人，可以跑，那些有家小的怎么跑？可是不跑又没办法。不要说盐课能压死人，就是那些来催缴盐课的老爷们的打发钱都让人喘不过气，首先是要好酒好肉招待他们吃喝。吃了喝了，走时还要打发'草鞋钱'。说是'草鞋钱'，少了你还打发不走。他住下来了，哪家又侍候得起？所以摆在穷人面前的，就只有死路一条！"

陆游说："竟有这等可恶的事，我回去一定要好好整顿，革除这种恶习！"

两个老汉几乎同声说："大人如果真能这样，那真是我们的活菩萨了！"

陆游说："我来这里时，曾听户曹参军说皇上恩准蠲减过一次。"

"蠲减倒是蠲减过一次，"金老汉说，"但那是老爷们坐在衙门里，要地方造册上报的。大人您想呀，地方主事的，哪个不是大户，穷百姓怎插得上手？所以反倒是不该减的大户减了，真正该减的都没有减！"

石老汉说："太好了，陆大人来了。我们希望大人能一口井一口井地落实盐课，使穷困小户不会吃亏，殷实大户想逃税也逃不了！这样一来，我敢保证，大人的盐课收入只会增多，不会减少！"

陆游高兴地说："对，这个意见很好！"

金老汉补充说："一口井一口井地落实，还要分个几等几级才好。同样是一口井，有的井质好，出的井水又多又浓，自然盐的产量就高；有的井水又少又淡，同样看待，它就亏了。越是穷困的人家，他的井质就越差。因为他没钱，买不来好地，请不来好工匠，就是有了好井也没能耐守得住，所以就只有弄些不死不活的井苦撑着！"

陆游听得连连点头，一个完整的盐务整改方案在他脑中已见雏形。

为了再进一步了解各井情况，陆游告辞了两位老人，向那些正在作业的井上走去。

他先来到所谓的卓筒边。他不得不佩服先民的智慧。卓筒小到只有碗口那么粗细，用一根大毛竹，打通其关节，然后大头和小头一根根衔接起来，贴着井壁直插井底。作用是用来隔淡水，同时也是为便于提汲筒。汲筒是用比毛竹小一圈的竹子做成。筒底留有小孔，用一块熟牛皮附在小孔上面。这样当汲筒沉入井中时，井中的盐水将牛皮顶起而进入筒内。竹筒汲满水时，绞动绞盘，竹筒便被天杆上的辘轳吊起，由于筒内水的压力大，将牛皮压实在筒底孔面上，盐水便不会漏出而被提起。一筒可容盐水数斗，倾入沟中，汇聚在池子内，因为一口井一天所获无几，必须蓄足一锅才可熬制。

陆游见井口上就一位老人在忙活，便上前问道："请问老先生，你这一口井一天能出几多盐？"

老人见有人问，便伸直了腰，大约弯得太久了，一边伸一边用手捶着："唉，我这卓筒水质差，一天也不过半斤八两的。"

陆游说："这可以维持生计吗？"

"唉，"老人叹了口气，"生计还在其次，主要是为了官差。没盐交差，比没有饭吃难受多了！"

陆游说："井质不好，为什么不再选个好的呢？"

老人苦笑："客官说得轻巧。就我打这口井，将家中什物都卖光了，再拿什么选？你以为像相公们做文章，写得不好扯了再来？"

说得陆游也笑了："看来先选块好地方最重要了！"

"客官是个明白人。"老汉说，"不过你先得有地，然后相地还得请懂地脉的名师，打出口好井得请名匠，这都得花大价钱。没本钱的首先没有地，就算有钱有地，也打出好水了，那又怎么样，还得有人有势！没人没势，有好井也会被那些有人有势的霸占了！搞得不好，蚀财怄气！兴许就因为人家眼红你家有口好井而给你弄来飞天横祸，搞得你家破人亡！这样的例子还少吗？客官是外乡人，不知道。你看那边，井大吧？盐堆得像山吧？还不是霸占别人家的。他见别人卓筒盐质好，巧取豪夺，栽赃陷害，先破了人家的家，再占有人家的产业，最后再扩成大井。大井流量大，出水大，像我们这些小井自然水就小了！你说光有好地方就好得了吗？

陆游愤怒地说："这岂不没有王法了吗？"

老人又苦笑了："谁是'王法'？在这里他就是王法！你以为王法是为我们这些穷苦老百姓立的吗？连县老爷都像他家的奴才，王法只剩下治我们老百姓的份了！"

这些话听得陆游心里实在不是滋味，便决定到大井那边去看看。

这口大井很讲究，井口和井壁都是花岗岩砌的。那井口和井周一圈，被磨得光泽如玉。粗大的吊杆下，取水用的不是竹筒，而是用熟牛皮做的巨大的革囊。几十人推动着巨大的绞盘，盐水哗哗地流入石槽。石槽的那一头是口大塘。塘四周有无数的土灶，熊熊的炉火煮着盐。煮成的盐堆得像一座座小山。盐有粗有细，粗的像大块的石头，细的像洁白的冰雹。

井旁不远处，一张太师椅上坐着一个身着皮坎肩的恶眉恶眼的中年汉子，手持一根长长的旱烟杆，眯着眼有一口无一口地吧嗒着。身后立着一个八字眉、刀疤脸，没有一丝血色的哭丧鬼般的汉子，只是手中拿的不是哭丧棒而是如一条乌蛇般的长鞭。还有一个大汉，正在那些推动绞盘的人群中，不断地挥鞭抽打着。

一个工人说："大爷，不是我们推得慢了，是井水快汲干了。"

"那你就下去给老子舀！"说着就是一鞭。

但这一鞭没能抽下去，因为它竟被一只短小的马鞭架住。小小的鞭子，让那近百斤的一挥之力消失于无形！

这个大汉吃惊地扭头一看，来人不俗，一脸正气，虽是清癯的中年文士，却别有一种逼人的英气！他不由得一呆，胆怯地说："你干什么？"

陆游不屑理他，收鞭而立。

那个汉子益发地被他这沉着庄重的气势所慑住，便怔怔地站着，不知所措。

"赵小龙，怎么一回事？"那个恶眉恶眼的汉子走了过来，不问陆游，而问他的手下，是想在气势上藐视陆游。

持鞭的汉子说："禀三爷，这个人不许小人管他们！"

恶眉恶眼的汉子便斜起三角眼，将陆游上下打量了一番，不敢轻视，叉手为礼说："兄弟坐山虎黄明，龙头老大是哪个山头的？若是缺少盘缠，尽管找我兄弟，何必跟小人过不去呢？"

陆游向那些工人一指便说："他们已够累的了，为什么还要鞭打他们？"

黄明一听，知道陆游不是道上来寻事的，只不过是个爱管事的闲汉，便冷笑一声："他们都是我的奴隶。奴隶不好好干活，为什么不打？"

陆游说："笑话！大宋早有律令不许蓄奴了，你竟敢说他们是你的奴隶，你不怕犯法吗？"

黄明将三角眼一翻："这么说，阁下是存心找我黄家三虎的茬来了！"

"无所谓存不存心，"陆游淡淡地说，"只是看见了，不许随便打人！"

黄明说："好，不要怪我黄某人无礼了。"说着便端袍转身，坐回到他的太师椅上，将手往前一挥："钱大虎，给老子一齐上！"

于是赵小龙、钱大虎便都提着长鞭，一前一后将陆游夹在了中间。赵小龙见有三东家撑腰，要挽回刚才的面子，长鞭扬起："小子，你再敢挡你家大爷的鞭子！"

"放肆！"陆游一声断喝，未见他怎么作势，"叭"的一声，赵小龙的脸上已着了一马鞭，顿时隆起了一道血梗。赵小龙摸着发烫的脸连退了两步。这倒不是痛的，奴才的脸皮本来就厚，而是吓的，因为他根本未看清陆游是如何出手的，脸上猛地一痛，像是被鬼打了一样！

钱大虎见赵小龙吃了一鞭，不再怠慢，长鞭乌龙摆尾，抖起一圈鞭花便向陆游后颈缠去。

陆游的脑后像是有双眼睛，一反手便抓住了鞭梢，只一抖，钱大虎便不由自主地一个前空翻，越过陆游的头顶落到了他的面前，再一掌，钱大虎便向后倒去。赵小龙正要接住，没想到来势过猛，不仅一接没接住，反而被他砸得一起倒地。自己垫在下面，跌得一口气喘不过来，顿时晕了过去。

陆游不理会他们如何挣扎，径直向黄明走去。

　　黄明见陆游一挥手间，便把他的两个打手打翻在地，知道今天碰上了硬茬子，不敢怠慢，未等陆游近身，便跃身而起，一个凤点头，挥起手中长长的旱烟杆，便朝陆游的印堂叩来！

　　这种下三烂的把势，欺侮老实的山民自然有用，但在陆游的手下，却走不过三招。陆游一反手便抓住了黄明的手腕，只一拗，黄明便一副哭腔喊爷叫娘地跪倒下去，坐山虎成了爬地狗了，嘴里一个劲地叫："好汉爷饶命！"

　　陆游心想州太爷成了"好汉爷"，这倒也有趣，便笑着说："饶你不难，只要你保证今后不再虐待你的盐工！"

　　"我保证，我保证，哎哟哟，爷爷放手，小人受不了了！"

　　陆游手一松，他一个狗吃屎栽倒在地上，好半天爬不起来。最后还是赵、钱二人赶过来将他扶起。

　　陆游看看太阳，时间不早了，便在众多工人敬佩感激的目光中离开了。

　　陆游刚走，黄明便狠狠地对钱大虎说："盯住他，看看他是什么来路？"

　　一晃两个多月。这日陆游正坐在衙里，有个军士禀告说杨夫人从蜀州来，现已到了北门。

　　从城门洞老远便看见几个人骑着马，拥簇着一辆骡马大车走来。马上没有杨玉笛，想必坐在车轿中。陆游心中奇怪：玉娘一向喜欢骑马的，这次为什么坐轿？待走近了，车帘已撩起，玉笛身边一个丫环，怀中抱着一个婴儿，这才恍然大悟——她已生了！陆游高兴地一抖缰绳，跑到车前高叫："玉娘！"

　　骡车停下了。玉笛探出身子，也高叫了声"务观"。四目相望，一时间都那么傻乎乎的。分别两个多月，倒像隔开了一个世纪！平时都想了许多见面时要说的话，可这时真的见面了，两人反倒傻了，看来一切的话都是多余的了！

　　还是陆游先说："产后身体还好？路上还好走吧？"

"好，好，"玉笛简单答过，便迫不及待地问，"你猜我给你生了个什么？"

陆游笑了："当然是孩子，难道还是什么猪狗不成？"

玉笛装出生气的样子："好哇，这么久不见你，竟然见了就骂人！早知如此，我不该来的。"说着把脸转向了一边。

陆游笑道："这怎么怪我？你问得巧嘛。"

玉笛转过脸说："我是要你猜我生的是男孩还是女孩，你这么聪明，这就听不懂！"

陆游说："你不说，我怎么知道？先抱给我看看。"

玉笛从丫环手中接过孩子，露出一张白白胖胖的小脸，骄傲地说："是个胖小子！"

"嗨，你又给我生了个儿子！"

"什么'又给我生了个儿子'？"玉笛奇怪地问，"难道你不高兴？"

陆游说："那倒不是，你给我生的，我都高兴。只是我想要个女儿。你想呀，我已有了五个儿子，这是老六了，却没有一个姑娘。男子汉有他自己的事业，到时候一个个都要飞走的。将来我们老了，有个女儿在身边服侍我们，岂不更好！"

玉笛笑了："看把你急的！这还不容易，我给你再生个女儿就是了。"

他们边走边说，侍从虽听不见，小丫环却抿嘴笑了。

玉笛生的这第一个孩子，便是后来做到四品大员的隋州淮南东路提刑通奉大夫的陆子布。

安顿好从人后，两口子在房中四目相对时，玉笛这才黯然地告诉陆游："紫荷死了，是病死的。"叹了口气，接着说，"像她生性那么高傲的人，偏又命不如人，生活在那样一个不得不低声下气、强颜欢笑的地方，她怎么能活得长！"

陆游听到这个消息，心脏像被人猛击了一下，脸色顿时苍白。

他低下了头。他知道，紫荷的死，一半因他。紫荷若是没有遇见他，一定活得要长些。他深深感到有负于紫荷。从此，他终日闷闷不乐，有时便呆呆地坐着。

为了排遣自己心中的愤懑，他便连日下去，将自己州中所管辖的五十七处盐井，一一考核其产量和质量以及经营的盈亏情况，然后排出等级，分别确定增税或蠲减的数目，并据以拟定法规，上报成都府转奏朝廷，希望成为国策，便于刷新课税制度而革除弊端。一方面，确保国家的税收建立在合理的基础上；另一方面，也得以稍纾民困，不让贫苦的盐民吃亏。

这样合州的穷苦盐民自然称陆游为"陆青天"了，可是像黄明那样的盐霸和大户们，就对他恨之入骨，欲除之而后快了！

黄明之所以能称霸一方，鱼肉乡里，是有后台的。当他知道那天打他的不是哪个山头的老大而是新调来的知州大人时，他便往朝中活动开了，希望能尽早除去他这根肉中刺、眼中钉！

果然，不久，四川制置司的檄文便到了，调陆游仍回成都担任他的参议官。他在几个州虽然是代理，却也干出了很多政绩。调令是大年除夕送到的，竟不让他在荣州过年就催着上路。一个参议闲差，坐冷板凳而已，何至急于如此？这就足见像黄明这样人物的能量！

陆游关于整饬盐务的方案，最后受到了皇帝的嘉奖。然而有功的不是陆游，而是四川制置使胡元质！在陆游看来，只要真正有利于民，谁的功劳都无所谓。何况自己原本不过就是一个代理州官，有成绩当然是会落到一方军政大员头上的。当头头的可以不劳而获，坐享其成；但如果在干中出了什么差错，就又诿过于人，追究下面的责任，这就是都想往上爬，争做大官的原因。陆游原本不计较这些，他此时所苦恼的，是报国无门！想在前线杀敌报国，却把他调到后方。在后方想干点真正于民有利的事，又把他闲置起来！他不懂这是为了什么。是的，胡元质窃取了他的成绩，他对这并不心疼！问题是胡元质取名而遗实，他走后，荣州的盐场还不又是黄明这些地头蛇所霸占着吗？那些穷苦的盐民又只有处于水深火热之中了！想到这些，他才是心疼万分！

第十三章 | 山花满头

陆游似乎时来运转了。

一天，孝宗皇帝在华文阁那琳琅满目的书籍中，正读着李太白的诗。读到高兴时，便问身边侍读的周必大："我们当朝，也有人写得像李白这样的好诗吗？"

周必大毕恭毕敬地说："有。"

"谁？"赵眘问。

周必大说："现为成都府参议陆游。"

赵眘说："不错。记得朕刚即位时，爱卿就对朕提到过他。朕还赐他进士出身。可惜不久就将他放到了镇江，这一放便十五年了。"说到这里他陷入沉思。不知他想了些什么，过了一会才回过神来，慢悠悠地说："呵，你倒说说，他的诗到底有些什么好处？"

周必大说："臣愚鲁，很难说清楚。不过当朝许多名家都评论说，陆游的诗奔放处犹如怒猊抉石，渴骥奔泉；明丽处犹如翠岭明霞，碧溪初月。依臣所见，此说法实在不足以来评价陆游的所有诗作。比如他写的'万世见唐虞，夔龙获亲陪'，这种胸怀，欲置明主于唐虞盛世之上，直比诗圣杜甫的'许身一何愚，窃比稷与契'，有过之而无不及。"

一席话说得赵眘心中好奇："爱卿手头上有他的诗吗？"

周必大说："陆游在剑南十多年，据他自己的诗"西州落魄九年余''千篇诗费十年功'来看，所作的诗应该不下千首。而且多寄意恢复，一片丹心，跃然纸上，所以深得人民喜爱。书肆坊间，早有刻本流传。臣因喜爱，也有幸得到一套，当谨呈圣上阅览。"

一册诗，把孝宗皇帝看得爱不释手，圈圈点点，便对周必大说："你进呈的诗，我读了多遍。卿言不假，陆卿诚然是我朝的小李白！朕怜他在外甚久，欲调他回京任职，卿以为如何？"

周必大与陆游原本就是好朋友，听了这话，当然喜不自胜，马上跪下代陆游叩头谢恩。

　　这是孝宗淳熙五年（1178年），陆游已五十四岁。他接到诏书，马上动身。到临安行在，已是这年的秋天。赵眘得知陆游到了杭州，便立即召他入殿。赵眘本意是把陆游当个诗人，这才召他到自己身边的。那意思是只希望他在自己身边作作诗，歌功颂德，点缀升平，就像当年李白在翰林院作供奉一样，为皇上写点新词如《清平乐》之类，讨妃子们的欢心。但是陆游因为几次代理知州，了解民间疾苦，深知朝中主和势力太大，而且首鼠两端、没有定见，只图眼前个人安乐的大臣更多，目前提出扫除鞑虏，一统中原，不仅这些人通不过，国家也已穷困不堪，战争经费也负担不起了。所以他转变了看法，抗金也不宜只停留在口号上，而要真正多为老百姓办些好事，让他们得以休养生息，否则空耗下去，每年还要出大量的贡银，则不仅将来无可用之钱之粮，亦无可用之兵。他之所以急于朝见天子，就是要把他这些年悟出的休养生息、厉兵秣马以待时机做积极抗金准备的思想，向皇帝表达。谁知在面见圣上时，就连这种主张也扫了赵眘的兴头。赵眘说："好吧，你既不愿在朕的身边而喜欢那些盐花子、泥巴腿子，那就让你到福建路常平茶事去吧！"从这以后周必大和尤袤等人又几次推荐陆游，认为他才智过人应加入学士院，赵眘都不许，就是因为他一开始就对陆游感到不满。

　　陆游是淳熙五年秋受命提举福建路常平茶事的，到这年的冬天才抵达福州任所。没干到半年，诏命下，又要他赴行在。他知道朝廷这样频繁的调动，让他长年奔波在旅途中，其实就是为了消遣他！所以他离开福建建安后，便停在衢州（今浙江衢县）不再前进，要求朝廷给份祠禄颐养天年，虽然这年他只有五十五岁。后来圣旨下来，不许辞退，命他提举江南西路常平茶盐公事。等他再到达抚州（今江西抚州）任所时，已到这年的十二月了。在这里没干到一年，即淳熙七年十二月，又命令他到行在。当他又来到衢州时，一封罢斥他的诏命在等待着他。这次不必他主动请求祠禄归田，给事中赵汝愚已参了他一本，说他"不自检饬，所为多越于规矩"。干脆，连行在也不必去，直接遣回老家去了！

奉诏前来的内侍王公公倒是个好人，他很同情陆游。宣诏已毕，坐下敬茶的时候，陆游趁机问道："内相可知罪官这次被罢斥的真正原因？"

"唉！"王公公叹了口气，"现在朝中就赵雄一人为相，独揽朝政，什么事都由他一人说了算。他这个人很深沉，外面不知道的人还以为他很不错，其实他表面上大谈恢复，骨子里却怕得要死！他不像秦桧，公开主张和议。他是打着抗金幌子的投降派！这种当面一套，背后又是一套的人，比一意为恶的人还可恶！"

陆游仿佛明白了许多的事。

王公公说："魏国公张浚的长公子张栻，想必你是知道的？"

"是的，"陆游说，"他们父子一直主张恢复，终生不言和议，罪官十分佩服。"

王公公说："皇上有一次召张栻对话，说到金国连年饥馑，盗贼四起，正是恢复中原的好时机。张栻说，这确实是个好机会，只是可惜我们动弹不了！陛下以为我们的武官能打仗吗？我们的钱粮够供给吗？必胜的形势不决定于对方的强弱，而决定于我们自己是否已够强大。如果自己站都站不起来，又怎么能去打倒别人呢？把皇上噎得没有话说了。皇上不高兴地说，那你说该怎么办？张栻说，依臣愚见，首先是和金人断绝关系，不让白银再往外流。其次请圣上下哀诏以自责，明复仇之大义，然后修政立德，用贤养民，选将帅、练甲兵，将修内和攘外、进战和退守统一起来，而不要空喊口号。有了这些实际行动，就是懦夫也晓得恢复是可必行的了。"

陆游拍几而起："说得好！"

王公公接着说："圣上从来没有听到过这样晓畅的议论，便立即手诏‘恢复当如栻所呈方是’！但是，赵雄不高兴。你想呀，张栻的话，说说容易，要真正实行起来是多么艰难！哪比得上在酒宴上划拳喝令、听歌观舞来得欢畅呢？所以最后别说张栻的好主意，连他自己在朝中都没待住！你想想，在这样的情况下，赵雄还能让你去面见圣上吗？不打发你半道回去才怪！”

“唉！”陆游长叹一声，颓然坐下，半晌不作声。张栻尚且如此，也就难怪自己难见到皇上了！忽然他想到：“不对呀，公公，我这次罢免，是赵汝愚参我不自检饬所致呀？”

王公公笑着说：“赵汝愚仗着他是状元出身，年轻气盛，处处想冒尖。他参你不过是想出出风头罢了，那还不是赵雄的授意。你想想，当圣上还在倾向于恢复的时候，他们敢公然违抗圣上旨意以反恢复的理由来打击你吗？这样做，打不倒你，倒把你抬高了，这种亏本的事他们是不会干的，所以他们就抓住了你在四川讨尼姑作夫人的越轨行为大做文章。赵雄是四川人，他认为你的做法是给他们川人脸上抹黑，所以才和你过不去的，宁愿让人说他偏狭小气，也不愿意让人看出他反对恢复的真实面目。其实这算什么理由呢？再说事情也过去多年了。明白人都明白，只是没人肯说破罢啦！”

其实陆游又何尝不明白，只是因反对恢复而给他戴上这样一顶帽子，让他感到与小人对立起来未免太让人窝气！

陆游回到山阴老家，正是淳熙八年（1181 年）的春节。天上飘着鹅毛大雪。官罢了，没得马骑了。他骑着一头驴子，家仆陆复，挑着他的简单行囊跟在后面。好在他十年来在蜀中置得不少的书，早在这之前便已让另一仆人陆恢搬回山阴了。风雪之中，他骑着驴，跟着一个挑子，走在荒凉的山阴道上，连当年“细雨骑驴入剑门”时的兴趣也没有了。

不想离家还有一段路时，便看到父老乡亲，吹着长笛，打着腰鼓，担着酒，牵着羊，大老远就来迎接自己了。人群从梅市一直排到鲁墟，在这风雪之中，能有这么壮观的场面，使陆游万分感动，他已感觉到了故乡的父老乡亲在以他为荣了！他从毛驴身上跳下来，一路上不停地和乡亲们握手道谢！虽在大风雪中，他却感到无比的温暖！

家人听说他回来了，王氏和杨玉笛领着几个孩子也冒雪站在门口迎接。

王氏一见面就问："老爷不是来信说皇上要召见你吗？怎么又回家来了？"

什么原因？那岂是几句话说得清楚的？所以陆游只好笑笑："这回回来，怕是要在家种田，不再走喽！"

"怎么会呢？"王氏有点不相信。

晚上到了玉笛房中，陆游才把憋了一肚子的窝囊气倾吐了出来。

玉笛苦笑："看吧，我说我会影响你的前程的吧？你还不信！这回相信了吧？"

陆游说："这只是个幌子。大家过惯了这种偏安一隅的小日子，总担心我是一个使他们不得安宁的因素，所以必欲除之而后安罢了。和我们的结合有什么关系？徽宗皇帝都可以以李师师为外室，我怎么就不能让你还俗作为我的夫人？再看看朝中的那些大臣，哪一个不是姬妾成群？最让人可笑的是那些'正人君子'，复国大计不问，倒有闲情逸致，整顿起风花雪月来了！"

玉笛说："也怪你生性疏放，确也有不自检点之处。大约才高的人都有些不受羁绊之故，在这点上，我倒以为皇帝称你为'小李白'倒是对的。"

陆游说："他们责我以疏放，我便自号放翁，花开叫放，腾空而起的箭也叫放，不放还有什么？"

玉笛笑着应和说："就是谈风月，当今混沌之世，清风明月又何其可贵！"

　　"对了，"一句话提醒了陆游，"我便将我们住的这间房命名为'风月轩'，我和你成天处于'风月'之中，看他们又怎奈我何！"

　　玉笛深情地望着陆游说："'不曰坚乎，磨而不磷；不曰白乎，涅而不缁！'你便是这样的性格了！你这哪是什么疏放，分明是一腔悲愤无从发泄。别人说你狂，我倒是从你的狂中看出了你的苦涩，看出了你爱国爱民的坚毅！"

　　陆游苦笑："知我者，奈何只有玉娘！是的，我只为大宋之不得恢复故土而有力无处使，才发此犟劲。如果让我放马去直捣黄龙府，我又哪有工夫疏放呢？"

　　刚回来，陆游倒也确实狂放了一阵子。刚罢官归来，多少还有点积蓄。所以这年的春天，他游了若耶溪、云门山，逛寺庙、会和尚，甚至还在山上建了个亭子，几次在外村酒店醉倒，热爱他的村民，便用自己的耕牛把他驮了回来。游累了便选择了读书。他将父亲双清堂的书和自己这几十年积攒起来的许多书合在了一起。因为书太多，架子装满了，便堆得地上到处都是，于是干脆将自己的藏书屋称为"书巢"。但是，这时就连他爱读的书，也懒得翻动了。百般无聊时，倒头便睡。睡多了更感到无聊，又只好再睡。王、杨二人还真担心他会睡出病来，望着他空自心疼而已。

　　到了七月，绍兴府、徽州、严州一带发生了前所未有的大水灾，冲毁了庄稼，冲走了牛羊房屋：黄水汤汤，饿殍遍野。不只是一般小民下户没有吃的，就连住在城镇里的地主官宦人家，生活也感到了困难。陆游听说朝廷已派朱熹来浙东主持赈济——他和朱熹原来是好朋友，便急忙写了封信催他快来，因为迟来一天，又不知有多少饥民会饿死！

　　这天陆游正自无聊，在他的书巢里，东翻翻，西拣拣，没有一篇文章能使他安心读得下来。书拣了一地，到头没看进一个字！正烦躁时，陆恢在书房门口说："启禀老爷，门外有一位自称是老爷的故人求见。"

陆游说："糊涂，他没有名号吗？"

陆恢说："小人问过，他说'不用名号，见了你家老爷，自会认识！'"

陆游心中好笑，既是故人，自然见了便会认得，何必如此故作姿态！便问："是什么样一个人？"他自罢官以后，很少有故人来了，所以他急于想知道来的是谁。不管怎样，人家毕竟是看自己来了。

陆恢说："是一位年过半百的老人，黑黑瘦瘦的，相貌十分严峻，看样子不是什么善茬，小人也没敢再往下问。"

陆游想了想，想不起有谁会在这时来看他。因为他过去结交的朋友太多了，一时也记不清。便说："你去把他请到这里来见面吧。"他想到这时来看他的，一定是脱略形骸的好友，故无妨在书房相见，而不必到客厅里去了。

来客跟在陆恢身侧——因为陆恢出于礼貌，不敢以背对客人，一直是侧着身子在前引导。来到小楼前，来客见门楣上有一块书写的大匾，上面篆书"书巢"两个大字，古色古香，和这座藏书楼十分般配。他严峻的脸上，好不容易泛起了一丝笑意。

"务观兄，小弟元晦来拜望您了。"来客一进门便高喊。

陆游从书堆中站了起来，大喜，叫道："晦庵，快请进。总算把你盼来了！陆恢快奉茶！"

朱熹站在书堆外，却根本无法越过那些书堆，两手一张："你叫我进，我怎么进啊！"

陆游见了，哈哈大笑："喏，从这儿。"他用手指道，"对，对。再从这儿，对！这边，这边，小心！好，再从这边……"

朱熹在他的指点下，好不容易七弯八绕地走了进来。好在书桌处空间还大。陆游忙着将椅子上的书搬开，用袖子将椅子抹了抹，边请朱熹坐下边问："晦庵这次想必是带了不少钱粮来了。

我在这个地方接待钦差，实属不恭得很啊！"

这时陆恢送上茶来。朱熹接过茶放在手中便说："我一进门就说清了是以故人的身份来看你的，可不是钦差。其实官场的那些脂粉酒肉的气息，怎敌得上你这书巢中的书香！我就是喜欢书，你的这种清福，真的是让小弟羡慕啊！"

"晦庵也拿我开玩笑？"陆游苦笑，"俗话说'人到无聊才读书'，我现在才真正体会到书还是非到用时才读的。人到了百无聊赖时，再好的书也没味了！哪能像你这样，衔天命而拯民于水深火热之中，上体好生之德而下赐小民，是多么尊崇而伟大的使命呀！"他说得很激动。

"务观！"朱熹却心情沉重地唤道，"你真以为我可以拯民于水火之中吗？是的，我这次来，朝廷是从南库拿出了三十万吊钱赈济灾民，三十万吊钱能有多少？我测算了一下，仅绍兴府的会稽、山阴两县，灾民就有二十五万六千一百九十二口，其他州县的灾民数字还未申报到，估计一定是这个数字的几倍。仅按这二十五万多人计算，一天一口也就只能发给一二合粮食罢了。两浙灾民都指望这一点钱，真的是杯水车薪，怎拯救得了？你以为这差事是好当的吗？朝廷落了赈济之美名，而我们这些办事的就要挨老百姓的骂了！"

这倒也是。听他这一说，陆游见到朱熹时昂奋的心又不由得沉了下去——这种赈济也不过朝廷摆摆姿态而已，真的于事何补——便叹口气不再说什么了。

倒是朱熹坐在书堆中想起一事来："对了，务观，你既然读不进去书，要不送一些给我？我在江西建了一座白鹿书院，正苦于无书。你若能送一些给我们书院，也是造福于民的大好事，何尝又不崇高而伟大呢？"

陆游说："我一向都敬佩你传道讲学的执着精神。我这里的书，只要是你用得着的，随你拣好了。"

朱熹高兴地说："那我就先谢谢你了。不过我目前因赈灾的事忙不过来，你把藏书目录给我，待我回去在空暇时挑好后，再派人来取就是了。"

陆游将自己的厚厚的几大册藏书目录都交给了朱熹，笑着说："你就是为这个而来的吧？"

朱熹的脸不禁一红，好在他的脸本来就黑，倒也不显痕迹："哪里的话？我本是奉命提举浙东常平茶盐公事来的。临行时王淮又奏准要我附带办理这赈济的差事，所以迟行了几日，昨天才到差，仓司衙门便在你们县，我是一来就先来拜望你的。"

陆游说："我是开玩笑罢了。我倒是高兴晦庵来此主持仓司，这样一来浙东的人民就有福了！"

朱熹叹了口气："这也难说。你不是也做过这类的主持吗？其中的甘苦难道不知？我辈充其量不过凭一己良心尽力而行罢了，许多事又岂是我们职司人员可以解决的？"

陆游说："可惜而今，就是凭良心办事的人也不多了！"

两人说着又叹息了一会儿。

朱熹忽问："你在绍兴，可知台州（今浙江临海）知事唐仲友？这人如何？"

唐仲友是陆游的堂舅，但他没有说，只是说："这个州官倒是很爱民惜贫的，为地方上办了不少好事！你问他干啥？"

朱熹说："听说他和天台营妓严蕊的关系很暧昧，赏赐颇丰，可有此事？"

陆游笑了："你们道学夫子讲究什么正心诚意，连'昨夜与老妻敦伦一次'都要堂而皇之地记载在日记里，以示不欺天，不昧己。可是这就又说明了你们主张的'存天理，灭人欲'并不彻底，毕竟还要'敦伦'，虽是与'老妻'，而作为'人欲'则是一样的，区别只在礼与非礼。所以这种记载，近乎做作。同样过于做作的，是又把风月场中之事看得过于严重！殊不知既有营妓，她们的任务就是佐觞侑酒，博得太守高兴了，多赏赐一点东西罢了！"他本来还想说，皇帝把那高的职位都赏给他的男宠了，却在乎这些许的缠头之资！不过这话他没有说出口，怕伤害了老友的感情。

"不单是赏赐，"朱熹一脸正经地说，"听说唐仲友和严蕊素来有染！我辈讲究的是修身、齐家、治国、平天下。身尚不修，何能治国？作为太守，事关纲纪，务观，你怎能说我把这件事看得过于严重了呢？"

"你说的这事我也听说过，那是今年春天，唐太守新到任，地方上为他接风，大家盛赞严蕊不仅人美，而且艺道更绝，琴棋歌舞自不必说了，就连诗词也做得别致，常使名家敛手！唐太守听了不相信，便把她叫了过去，指着席上新插上的红白桃花要严蕊即席赋诗或词来。红白桃花已是名贵的奇葩，前人没人咏过，唐太守以为这样一来一定可以难倒这个小女子了。谁知严蕊出口便吟了一阕《如梦令》，我还记得是这样的：'道是梨花不是，道是杏花不是，白白与红红，别是东风情味。曾记，曾记，人在武陵微醉。'于是唐太守便送了她两匹细绢作为缠头之资，这也是一般的应酬礼节而已，且不去说它。"陆游以内行的口气接着评述道，"如果从这首小令看，我以为唐太守还太小气了哩！我们都是做诗填词的人，别说如此刁钻的题目她能不假思索地出口成章，能给凑足四句就不错了，然而你听她这词写得多美！'别是东风情味'，这正是许多书呆子所不懂，自然也说不出的了。能于常理而见别情的，这便是天生的情种，没有几分天分，何曾做得到。仅这一点，严蕊已是不凡的了！"

朱熹"哼"了一声。

陆游不管他，径自一往情深地说道："再说她的'人在武陵微醉'，这艺术的分寸感多准。能掌握已自不凡，而又能这么巧妙地表达出来，这便是天才了。'武陵'自然是借陶渊明《桃花源记》的典故以指桃花的。她通篇不用'桃花'的字样，如果说前面四句是暗指桃花，那还是具体的形象，而这末章却是推出了整个桃花源的意象，真是生动极了！这样的好词，只赏两匹绢，不是小气是什么？至于说她与太守有染，这大约是不洁的眼光才看得出的吧？"

陆游的话富有艺术趣味！但对于朱熹来说，却是人人的不对口味了。他睁着一对黑少白多的大眼望着陆游，竟是半天说不出话来。怔了一会，他说："不论你怎么讲，我总是要就此事参他小唐一本的！"

陆游心想，小题大做，这又何必？他知道这些话对一个道学家是说不通的，便也不再作声。

没有什么比相对而无话可说最为难堪的。两人既然再说不到一起去，朱熹便只好起身告辞。陆游也不留他。

朱熹走后，陆游从大门外回来，不再到书巢，而是径自到了东园。

原来陆宅分东园北园。北园是王氏旧居，东园是杨玉笛母子居所。

玉笛见到他便问："怎么，你好像不高兴？"

陆游便把朱熹来过以及他要参唐仲友的话向玉笛讲了，然后叹了口气说："为什么才气多出于女子，而这样的女子又偏多厄运！"

"你又想到紫荷了？"玉笛无限爱怜地望着陆游。

陆游点点头："你想，像紫荷和严蕊这样的青楼女子，如果是男子，岂非翰苑之才？文章华国，彪炳千秋，虽名家也未可多让。而今委身于泥中，谁都可以肆意践踏，怎能不让人气愤！"

玉笛说："你文韬武略，倒是男子，然而又能怎样？我们都太高傲了，处于当今之世，既生就如此性格，便只能是这备受冷落的命运。你是这样，紫荷又何尝不是这样？这个严蕊姑娘如果也是这样的个性，恐怕她的命运也不会好到哪里去，只是晦庵要扳倒唐太守而从一个弱女子身上开刀，即使胜了也未必好到哪去！"

陆游说："晦庵的为人倒是很耿直的。就怕是有人利用了他这个耿直！"

玉笛说："人不能好名。一旦好名，则优点也往往会成为他的弱点而为人所利用！晦庵正在大兴道学，未免也会为名所累！"

"是的，只是'城门失火，殃及池鱼'，他们相斗，可就是苦了弱者！"陆游黯然道。

玉笛说："我倒有个釜底抽薪之计。"

陆游高兴了："快说来听听。"

玉笛说："晦庵之所以能够被起用，是周必大引荐的，而今朝中又是王淮当政，这两个人都和你关系很好，你何不在晦庵上奏之前，写封信去请他二人从中斡旋呢？"

陆游说："这果然是好计。唐太守倒是无所谓，但如果能救了严蕊，你可就功德无量了！"

这一年因为大水，秋稻无收，幸亏陆游种了几亩山芋，没有受灾。

王氏对陆游说："官人，我们的山芋也该收了。一旦降下霜来，芋头都会冻坏的。再说我们的粮食也吃完了，看来今冬明春的主粮，恐怕就要靠它了。"

于是这几天，陆游便一直领着陆恢、陆复，还有他的老四子坦、老五子约一起去收山芋，五个人紧张地忙了几天，总算把几十担芋头都收回家了。接着把山地翻了一遍，到开始种麦时，天气就坏起来了。陆游家有两头耕牛，冬播的农务倒也进展很快。但就这样紧抢慢抢，到接近尾声时，雨还是下下来了。

子约说："爹，雨越下越大了，我们快回去吧！"

陆游看了看天空，只见乌云密布。他知道，好久没下雨了，这好不容易下一场雨肯定不会轻易停下的。便说："你先回去，我们留下来把这一点抢播完。不然雨天一长，等晴了再播下去就要误季节了。"

子坦也说："还有这么多呢，怕是种不完了，不如明天戴了雨具再来。"

陆游说："不行，连夜也得种下去！"

等他们抢播完，天完全黑了。归来时，远远地便看见家中厅堂的门半掩着，露出温暖的灯光，知道一定有热饭热菜在等待着他们，被浇透了的身子顿时暖和了许多。走到院边，大狗阿黄就欢快地吠着，迎接他们归来。进得大厅，王氏早就准备好了姜汤热水。他们喝了姜汤，便赶紧回到各自的房间换去满是泥水的衣裤。玉笛放下刚满三岁的子聿，边帮陆游换衣裤边笑道："谁怜甫里翁，白首学耕稼。"

陆游接着吟道："未言得一饱，此段已可画。"

玉笛说："亏你总是这么旷达，如此艰辛，却不以为苦，反而以为可堪入画！将苦赋予诗意，真不愧是个放翁。"

王氏摆上了菜饭，过来对他俩喊道："快出来吃饭吧，吟诗作对总饱不了肚子！"

陆游望着玉笛一笑，便一起来到了大厅。

餐桌上三碗菜：一碗腌红薯藤，一碗蒸小干鱼，最使人眼馋的是那一碗盐煮河虾，红中透亮，散发出诱人的香气！灾年油很难得，所以桌上的菜，非蒸即煮。一人面前是一大碗玉色糊糊，不知是什么东西做的——这就是他们的晚饭了。

子约早饿了，等不及陆游说声"请"便先喝了一口。喝罢就叫："哟，这是什么东西？真好吃！"

因为他家自陆游罢职回来以后，祠禄有限，为了减少吃饭的人，便辞去了厨子，几乎都是王氏亲自下厨。

王氏抿嘴一笑："这是你二娘做的。叫什么我记不住，你问你二娘，她有讲究。"

陆游听王氏这么一说，也呷了一口，咂咂嘴："嗯，是不错。糯滑细腻，清香爽口！这是什么做的，这么好喝？愿闻其'讲究'。"

玉笛不好意思一笑："你别听大娘的，要讲'讲究'，在你面前岂不是孔子门前卖《论语》吗？大家快趁热吃吧，冷了就不好吃了。"

于是在一片吵闹声中吃罢了这顿晚餐，大家吃得特别高兴。放下碗筷，陆游意犹未尽，便对正在收拾桌子的玉笛说："这么好吃的东西，你不讲清楚，岂不埋没了它！"

玉笛笑着说："这哪是我的什么手艺，我可不敢贪天之功以为己力。这只不过是我在整理你诗稿的时候，从那里面偷来的。"

"噢？我的诗稿中有这？"陆游莫名其妙。

"你忘了？"玉笛笑道，"你诗中不是有'雅闻嶓下多区芋，聊试寒炉玉糁羹'的句子吗？"

陆游把前额一拍："啊，你说的是那首《即事》，那是九年前过绵州时作的吧？这和你这手艺有什么关系？"

玉笛说："这就是玉糁羹呀。苏东坡当年盛赞以山芋作玉糁羹，色香味皆为奇绝，还说天上的酥他没吃过，不知那是什么味道，但至少这玉糁羹是人间少有的美味，我便仿其意为之。反正我们今年山芋收了不少，今冬要以它当主粮，不换换花样，恐怕难以调和你们爷儿们的口味，也免得你去羡慕那"嶓下多区芋"！"

陆游高兴地说："这真是吃也有文化。"

陆游转脸对正在扫场的陆复说："对了，明日你挑一担芋头给鲁老头送去，前日咱家的牛病了是他治好的，还没好好谢过他哩。"

正说话间，门上有人求见。

陆游奇怪，这么晚了，又下着雨，会是谁呢？

陆恢引进来的是一个衙役打扮的青年，见了陆游便单膝一跪。

陆游连忙扶起："陆游一介平民，怎好受上差礼拜！"

那差人站起身，垂手而立，恭谨地说："小人乃提举浙东平常盐茶朱大人所遣。朱大人要动身返行在了，特星夜派下差前来取书，喏——书信在此。"

陆游接过信说："你请坐。"便就着灯看信，原来是说他这里赈济之事已经结束，马上要回临安复命，恐怕不能再来山阴了，特派人前来要书的。后面开了长长的一张单子，写着他所要的书名。

陆游看过信对差人说："朱大人要的书，容我明天清出后请你运走。今晚你就安歇在我这里好了。"

差人说："小人怎好打搅大人！"

陆游说："这个无妨。何况附近没有客店。再说，我还有话要问你。不知你吃过晚饭没有？"

差人说："小人已在路上用过了。"

陆游说："你家大人与台州唐太守的事，你可知道？"

差人说："好像我家大人这次回临安，便是要面奏圣上，参唐大人的。"

"那唐大人有什么动静，你可知道？"

差人说："唐大人据说也有本上奏。唉，两家大人只不过本来本去，可就苦了关押在牢里的严姑娘了！"

"啊，她怎么样？"陆游关心地问。

差人说："朱大人已收了唐太守的印，自己坐堂，将严蕊姑娘收监已有一个多月了！"

陆游掐指一算，可不是，朱熹从他这儿走了确实有一个多月了，看来他这个急性子也算得上是疾恶如仇，只可惜用错了地方！他想到严蕊之冤，不由得又想到了紫荷之死，不禁一阵悲伤，便问："严姑娘是否招了真与太守有染呢？"

差人说："这个严姑娘，别看她身在娼门，却是个贞烈女子！

这一个多月，升了几次堂，可怜她受尽了鞭笞，被打得遍体鳞伤，十根纤细的手指，都肿得像胡萝卜！但她就是矢口否认和唐太守有染。说真的，许多江洋大盗都挺不过这样的酷刑，再严重的罪犯都招供了。她一个弱女子，却是几次晕死过去了，用凉水喷醒后还是不招！没有她的口供，这案子便不能结，弄得朱大人很被动。再加上唐太守也有奏本，说朱大人挟嫌陷害，所以朱大人不得不急于返回行在，要去向圣上面奏一切了。"

"严姑娘还关在台州大牢里？"陆游问。

"不，"差人说，"朱大人因为要走，便将她转到绍兴府衙看管起来了。"

陆游第二天一清早，将朱熹开的书单子交给子坦，让他将单子上开的书清出来交给来人运走，自己却冒雨踏着泥泞小路赶往绍兴府去了。四十多里路，下午便到了府城。

陆家在绍兴是世家，更何况陆游自孝宗皇帝亲口称他为"小李白"之后，诗名远播，家乡更是引以为荣，所以绍兴府衙内，他的熟人极多，即使不熟的人也乐意买他的账。但陆游此行的目的是见严蕊，属于私人探监，故不愿惊动官府，径直找到了府衙的司法参军，请通融准许他到女监探视。参军知道他和朱熹很要好，也乐于做个顺水人情。

陆游备了几样精致的酒菜，让店小二提着一同来到了女监。

只见严蕊蓬头垢面，十分憔悴，但风姿依旧，伤痛中倍觉凄楚动人。小二摆开酒菜，和牢头一齐退了下去，牢间只有陆游和严蕊两人。

陆游说："严姑娘，我是陆游，特地看你来了。"

严蕊作为营妓，接触过不少过往官人，哪有不知陆游之理。一听说眼前这位面目慈祥的长者是文韬武略早已名闻朝野的陆放翁，竟然屈尊而来看望一个犯了罪的娼妓，叫她顿感吃惊！她真有点不敢相信，但这分明又不是在做梦！且不说这位陆大人她过去没有见过，就是过去和她很要好的官员，自她下狱以后，也没有一个敢来看望她了。她看着眼前这些精美的酒菜，感动得眼泪扑簌簌直往下掉，哽咽着说："陆大人，您直接杀了小女子算了。您屈尊至此，还带来这么好的酒菜，叫严蕊怎能经受得起！"

陆游说："姑娘千万别这么说。我和你一样，同为沦落之人，算是患难之交好了。我非常钦佩姑娘坚贞不屈的品格，备些小菜，略表慰问。"

严蕊泫然一笑说："并非严蕊矫情，但见了这精美的酒食，实在无法下咽！"

陆游非常了解这种凄苦的心情，同情地说："那就饮一杯酒水，也算领了我这一番心意。"说着便奉上了酒。

严蕊以颤抖的手接过酒杯，眼泪却成串落了下来。这个在升堂甚至受刑时一粒眼泪都不掉的姑娘，这时却怎么也忍不住！一仰脖子，一杯酒全倒了下去，只说得一声"谢谢陆大人"，喉咙便哽咽得再也说不出话了。

陆游看得心疼，怜惜而真挚地说："你受苦了！"

严蕊凄然一笑："有大人这杯酒，严蕊再苦也值！其实，皮肉之苦算不了什么。我来这里，府衙的典狱大人也曾好心地劝过我，要我认了算了。他说，你早认了与唐大人有染，也不过杖罪，打得几板子而已。而今你所受的罪，远远超过了本罪，你这是何苦？但是小女子认为人总要活得有点人味。是的，我有什么人味？一个青楼女子！我虽决定不了我的出生地位，这好像是老天的安排，但我至少可以决定我自己怎样活。我若真的与太守有染，作为一名营妓，又何罪之有？而如果没有此事，要我屈从而嫁祸于人，这种颠倒是非黑白而伤天害理的事，我虽是一个下贱的女子，但就是打死我，我也是不会承认的！"

严蕊终于找到了一个可以一吐为快的人，所以她说得这么多，这么快。

陆游静静地听着。最后说："严姑娘放心，绍兴我还是认得一些人的，我一定想方设法让你出去。"

严蕊说："小女子自从进来的那天起，就不曾希望有冤情大白的一天。下流多谤议，向一个青楼女子头上泼污水以示自己高尚的人，何时没有？何地没有？这本不足为怪！特别是出自那些自命为正人君子之手，就更不足怪！若是处于污秽之地的严蕊能使人相信其无辜而得以清白，那倒是真正的奇怪了！大人不以污秽为嫌，欲拔小女子于沉冤之海底，当今之世，也就只有陆大人您了！大人便是小女子的再生父母！不论此事是否能成，有大人这一片仁爱之心，小女子也应当没齿不忘！请大人接受小女子一拜。"说着便跪了下去。

陆游连忙扶住，不让她拜下去。扶持中感到她是这样的孱弱，不由关心问道："出去了，你又准备怎么办呢？"

陆游正因为深感有负于紫荷，所以在一听到严蕊的事后，便决心要帮她脱身，让这位才貌双全的弱女子得以自由。紫荷虽然死了，这也算是为紫荷尽了这一份心了。所以他说："我如能帮你脱身，你总得有一个打算吧？"

严蕊深深地望着陆游的眼睛，她看到的是坦率与真诚，丝毫没有随便与戏弄的意味，便深沉地低吟道：

不是爱风尘，似被前缘误。花开花落自有时，总赖东君主。去也终须去，住也如何住？若得山花插满头，莫问奴归处。

陆游听出了这是一阕《卜算子》，而她居然出口成章，不禁大为感动。自从他结识紫荷以后，深为她的才华感动，而今严蕊也是如此，他更感到能帮这样的女子脱身，也是人生一大快事！便说："我虽不是司命之东君，难能为主，但我一定要争取做好这么一件事，让你能山花满头，自由归去！"

严蕊绝对没有想到，这个世界上还有这么一位看重一个青楼女子命运的人。她呆呆地坐在那里，连陆游是何时走的都不知道。当她回过神时，感到满面清凉，用手一抹，才知是满脸的泪水！

朱熹走后，由岳霖提点浙东刑狱。岳霖是岳飞的三公子，因为父亲曾蒙受奇冤，所以他深知含冤之苦，喜欢为民平冤。刚到绍兴，一见门上送来陆游的名刺，便立即请至书房相见。

陆游见岳霖也是五十好几岁的人了。圆脸清须，相貌和祥，想象不出他便是威震河山的岳武穆的儿子。陆游趋前一步，称了一声："宪司大人！"刚要行大礼，便被岳霖双手扶住说："快不要这样。我与你神交久矣，还丢不下这些规矩吗？"

陆游只好站住，叉手一揖，分宾主坐下。岳霖吩咐上茶，然后说："弟久闻务观兄大名，今日一见，如逢故人。我因乍到，本拟登门拜访，不承想务观兄倒先来了，真是失礼得很！"

陆游说："说来惭愧，弟是有求于商卿兄才来的。"

岳霖说："好说，好说。你我意见，自然相同。兄认为该办的，也就是弟应该办的了。许多事正要请教，还希望务观兄不吝赐教才好哩！"

"如此，老兄我先谢过了！"陆游说着，起身一揖。接着便把朱熹为了治唐仲友之罪，如何威逼严蕊，而严蕊又如何表现，以及自己对这一事件的看法，都一一说了。

岳霖捋着胡须，听得十分认真，最后说："这个营妓能如此刚正不屈，倒是十分可钦可敬的了！"

陆游说："谁说不是。忠烈公之奇冤，世人至今犹为之哀痛！我相信商卿兄主持宪政，是决不会让辖下出现如此冤案的！"

陆游说的"忠烈公"是对岳飞尊敬的称呼。因为孝宗皇帝于乾道六年（1170年）受鄂州（今湖北武昌）人民之请，为岳飞建祠宇，御赐额名"忠烈"。

"先父之冤幸蒙圣上鉴怜，予以昭雪，否则，我们兄弟真不知流落何方。"岳霖说着，眼睛便湿了，"所以弟最恨的便是那些挟权自重，为了私利而屈人于死地的小人！严蕊一案，既然在我的审理之中，我一定不会让她受到委屈就是！"

陆游说："小弟还有一个不情之请，严蕊既然蒙受如此奇冤，反复受尽各种极刑，恳请商卿兄判她从良，以示慰抚如何？"

岳霖说："小弟理解，务观兄静听佳音好了。"

没过几日，陆游接到岳霖的信：严蕊已无罪释放，并判令从良，给予自由了。朱、唐两家的官司打到孝宗皇帝那里，皇帝便问宰相王淮。王淮早接到了陆游给他的信，便说：他俩不过是秀才意气，结果朱、唐二人都调换了位置，不了了之了。

玉笛高兴地说："这下你的心总可以平静一些了吧？"

陆游想到了严蕊的《卜算子》，想象她头上插满山花，脱离苦海而踏上自己生活道路上那快乐的样子，不由得笑了。

第十四章 | 南园一记

杨玉笛早上起来便感到头重脚轻。

自从陆游于淳熙八年（1181 年）落职回家，迄今十八年了。在这十八年里，除了淳熙十三年他六十二岁时，在严州（今浙江建德）任过两年半知州，十五年冬调至临安，任军器少监，第二年正月转礼部郎中，合起来做了一年闲官，便被劾回家了。计算起来，前后共做了三年半的官以外，这十几年来一直赋闲在家，靠朝廷施舍的祠禄维持生计。祠禄虽是原来俸禄的一半，但对陆游来说，钱、粟、絮、帛等项加起来，全年也有近千吊钱的收入，每个月仅现金还有二万个小钱使用，日子还算过得去。但是到了庆元四年（1198 年），因为陆游之前已请过了几次祠禄，现在已是七十四岁的高龄了，不好意思再向朝廷开口申请祠禄，便下决心靠自己耕田为生。原以为不论怎样，这几年过惯了的"饭豆羹藜"总是有的，所以一旦不再领取朝廷俸禄时，还真洒脱了一阵子，常以"心如脱阱奔林鹿，迹似还山不雨云"比其自由快乐。偏偏天不从人愿，这十多年间，浙东偏多灾害，不是水灾，便是虫害，连年荒歉，米贵如金。1199 年，已经七十五岁的陆游，虽有薄田两亩，但那收成较之于农民，是越发不济了。他家经常断炊，有时连菜羹也喝不上！

这天，白发苍苍的陆游早领着两个儿子下田了。子坦这年四十三岁，子聿也二十一岁了。论年纪倒是青壮之年，无奈都是穷家长大的文弱书生，扶犁掌耙，倒也真亏了他们。这样的老小，一清早什么也没得吃就下田了。

玉笛俯下身子坐在织布机上，那颗心也正像这织布机上的提绳一样，不安地上下跳动！她近来身体一直不好，浑身乏力，眼前一阵阵发黑。厉害时，便伏在织布机上喘息一会，待平息一点，又坐直了身子继续织。她从不对陆游讲自己的不适，不忍心再增加陆游的心理负担！幸好她家有一个女仆——她原是逃荒来的灾民，孤身一人，病倒在陆游家门口，因为陆游懂得医道，便替她治好病，她不愿继续乞讨，便要求留下不走了。她是个庄户人家的女人，侍弄个菜园子倒内行。这时由她带着四媳妇桂枝和子聿新婚的妻子菊儿，到镜湖边采藜蒿去了。午餐只有等她们采回藜蒿才有着落。但老是吃野菜把人都吃肿了，这又怎么行呢？

"奶奶，福福肚肚饿！"四岁的阿福拽着伏在织布机上的玉笛的衣角，哭着说。

十岁的阿德在一旁拉弟弟："弟弟，别吵奶奶，奶奶不好过！我们玩去。"

阿德和阿福都是子坦的孩子。本来子坦是王氏所生，自从王氏于前年病故之后，孩子们就喊玉笛为娘和奶奶，不再分什么大娘二娘了。

"不，我不玩，福福肚肚饿！"阿福仍拉着奶奶的衣角不放。

玉笛看着这两个孩子，止不住热泪直流。抚着阿福的小脑袋说："乖孙孙，妈妈回了就给你弄糊糊吃。"

"福福不吃糊糊，糊糊苦！"阿福满脸泪痕。

玉笛自己流着泪，却用她那已变得十分粗糙的手指去抹阿福脸上的眼泪。小脸上有泪也有灰，把整个小脸抹得花花的。她便掀起自己的衣角为他擦干净，擦出一张瘦小的黄脸来。她的泪不断地流得多了，她没有说话，她连哄孩子的话也没有了。因为她从不失信，如果许诺后，孩子固然不哭了，但她能拿什么给孩子兑现呢？玉笛只有下得机来，坐到墙边纺线的小椅子上，一把搂过阿福，紧紧地偎在自己的怀里，心疼地拍着、摇着，她只能用她的爱抚去抚慰饥饿的孩子！

阿福随着爹娘起得早，这会儿也哭累了，在奶奶的怀里，渐渐地不哭了，睡着了，只是仍然不时打着噎，一下一下地抽泣着。玉笛看着怀中这一张瘦黄的小脸，想到他爷爷最怜爱这个可怜的小孩子，便将衣袋中仅有的一文钱，用来买了块麦芽糖给阿福吃了，还自我解嘲地说：杜甫穷，常留一文钱压口袋，以免囊空羞涩。

我有好孙子，囊空不羞涩，这一文钱就买孙子一个欢喜吧。想到这里，一滴泪落到了阿福的脸上，正好滴在他那干枯的小嘴唇边。阿福动了动小嘴，竟把那滴泪水吮进去了，还吧嗒吧嗒嘴。也许泪也是苦涩的，他微微皱起了眉头，看得玉笛无比地伤心，不忍心再让泪水滴到阿福的脸上，便抬起了头，仰着靠在墙上。又一阵昏眩，使她闭上了眼睛。

懂事的德儿见奶奶这样，便悄悄地拉上门，溜到园中自个儿玩去了。

"咚！咚！咚！"

敲门声把玉笛惊醒了。她抱着阿福起身去开门，无奈又一阵昏眩，她只得靠着墙站住。

"咚！咚！咚！"敲门声又响。

玉笛强忍着头晕，撑着去拉开门。

"杨婶！"村头的吴二嫂端着一个柳条簸盘，里面装了些细细的焦黄的粉子，笑着说："我当家的在县里赚回了几升细糠，我炒熟了，倒也怪香的。给你们送两升尝尝。"

玉笛知道，她说尝尝，是怕伤了自己的自尊心。饥饿年月，从自己口里把吃食让给别人，还怕伤了别人的心，这是多好的人啊！玉笛也是实在没东西可吃了，便厚着脸皮收下，为难地说："你家也难，这叫我们怎么过意得去！"

"快别这么说，"吴二嫂说，"说来罪过，让你们也吃这个！要不是我们也实在没有别的东西好孝敬，说什么我们也不敢拿这种东西来寒碜你们了！"

"奶奶，好香，福福吃！"阿福在玉笛怀中醒了，见面前有这香的黄粉子，也不问能不能吃，便抓了一把糠就往自己嘴里塞。塞得小嘴一圈都是黄粉子，连吴二嫂看了也掉泪。

玉笛拭着泪，拿了阿福的小木碗，给他盛了点细糠，他便一声不响地坐到一边，用他的小勺子埋头吃去了。

玉笛把细糠倒在了一个钵子里，将簸盘还给了吴二嫂，见她一直站着，便说："二嫂，要不坐一会儿再走。"

"不了，家里还有事。"说着便告辞要走。

送到门口，玉笛说："这真要感谢你，二嫂，等我们的日子好了，一定会报答你们的。"

"哟，看您说到哪去了！陆老爷经常给我们看病施药，从来不收我们什么报偿。这种东西提起来都脸红，快别说了。"二嫂说着，抹抹泪，走了。

不一会，两个媳妇和女仆一人采了一篮子藜蒿回来了，还带回来几条小鱼。

玉笛对她的小儿媳说："菊儿，你身子受得了吗？"因为她已有身孕，都已经显怀了。

阿菊害羞地说："娘，不碍事，我很好。"

玉笛爱怜地说："还是要小心点好，听到没有？"

"是，娘。"菊儿望着娘，甜甜地笑了。

玉笛将那两升糠匀了一半出来，和藜蒿一道煮成了一锅糊，留了些干的，做了几个藜蒿粑粑贴在锅边。熟了以后，玉笛将几个粑粑用干净的蓝布包好，盛了一大罐糊糊，对正在喝糊糊的菊儿说："你快吃，吃了给他们送去。"

菊儿两口就把一大碗糊糊喝了，放下筷子，挎着饭篮子，提了瓦罐就走。

从家到他们耕作的田地还有一段路。她远远地看见爷爷他们三个人在做活。男仆使唤她家那一头黑牯牛在耕田，四哥子坦用另一头水牛在耖地，爷爷在撮沟，偏偏就是她最关心的人没看见！倒是躺在田埂上的子聿最先看见她，一跃而起，高兴叫道："送饭的来了哟！"边喊边跑去接下媳妇的提篮和瓦罐。待放在田头，便迫不及待地揭开篮子，大喜过望："哈，还有饼子和鱼！"

菊儿叫了声："爹，四哥，请用餐吧。"然后小声地对正在高兴抓粑粑的子聿说："你怎么躺着不干活？"

子聿抓起粑粑就往口里塞，嘟噜着说："我肚子饿了，没劲干！"

"没出息！"菊儿白了他一眼，"爹这么大年纪了都在干！你这么年轻不能干？"

子聿不作声。媳妇是有理的。

陆游放下铁锹，拍了拍衣服，说："好，都先停下吧，大家吃了再干！"

子坦和男仆都从田里起来，牛就抛在沟边吃草。

陆游看到了粑粑，问菊儿："你娘哪来的细粉子？"

菊儿说："是吴二婶送来两升糠。也就只做了这几个。"那意思是她们在家里的人没有吃。

"嗯，难得这时还有人送糠来！"陆游感叹地拿起了菜粑粑，先闻了闻，"好东西！大家快吃。"

菊儿为他们一人添了一大碗菜糊糊。

子坦嚼着粑粑说："这几天光喝菜汤，把肠子都洗空了。想不到米糠的味道还真香。"

菊儿又从饭篮子里拿出了一碗黑黢黢的腌苕藤子，一碗白煮小鱼。

"这又是哪来的鱼呢？"陆游见了问。

菊儿说："这是在溪边刘妹那里拿的。"

陆游说："那你们又哪来的钱呢？"

菊儿说："赊的。刘妹还说她是特地给爹爹您留的。我们也说没有钱，不要。她硬塞在我们篮子里，说没钱不要紧，等有了再给。"

陆游叹了口气："三个儿子做官都救不了家中之贫，还能拿什么还人家！"

子聿说："爹，你老人家再去做任官，四哥不就又可以荫补个一官半职了吗？"

陆游说："谈何容易！你爹壮年时还不能安生做官呢，更何况此时已七十五岁了！"

这些话听起来都不愉快，但这一餐却因有鱼有粑粑，大家围在一起，还是吃得十分高兴。

晚上收工回到家中，桌上摆的是豆饭芋羹，自然还有鱼。最使陆游惊喜的，是在他的座位前面摆有一壶酒。他以前常用的镂花银杯也拿出来了。他几乎一进门就嗅到了酒香。他来不及洗手，就先坐到了位置上，捧起酒壶嗅了嗅，长长出了口气："啊，好香！"

女仆笑了："老爷怕真是来酒瘾了！"

陆游便笑道："那可不是，好久没沾酒了。我肚子里的酒虫都快渴死了！"

女仆说："难怪在村头打的这种薄酒，老爷也叫'香'呢！"

"这是在村头酒店打的？"陆游只顾望着酒，"这又是哪来的钱？她真神了！"这个"她"，自然是指他的玉笛了。

女仆说："夫人说老爷好久没沾酒了，便把她的一件夹衫让奴婢拿到店里去换了三百文钱，这才花十个钱买了一壶薯干酒。老爷想想看，这种用红薯酿的酒能好到哪里去？"

一句话提醒了陆游。他只顾酒了，怎么没见玉笛？便问："夫人呢？她还在灶膛弄什么？"

桂枝说："娘病了，一天都没吃饭，在房里睡着哩！"

陆游听说玉笛病了，酒壶未放稳便往房间里赶。酒壶倒了下去，咕咕地流了一桌，他也顾不得扶，掀起布门帘就喊："玉娘！"

房中很暗，没有点灯。

"你回来了。累了吧？"

陆游听得出玉笛要起身，便一下赶到床前，握住玉笛的手，扶她重新睡下："我回来了。你怎么也不点灯？"

玉笛说："我们的松脂也不多了，留给你晚上好看书。我只想静静地躺着，要灯干啥？"

陆游还是用火石打着了火，将床前小方桌上的灯点燃了。桌上还放着半碗黑汤，全是水和几根藜蒿，不像是他们中午吃的稠稠的糊糊，便心疼地说："你怎么吃这个，糊糊就没有了吗？"

玉笛有气无力地说："二嫂就送了那么两升，你们明天不是还要下田吗？"

陆游抚着玉笛粗糙的手，心疼地说："那也不能光苦你一个人！"

"我在家没动，"玉笛喘着说，"何况我今天头特别晕，只觉得气抽不上来，也不想吃。"

陆游持灯看了看她的脸色，浮肿的脸上，青气隐现。他怜惜地抚着她的脸说："我为你煎的药不见效吗？"

玉笛凄然一笑："你的药自然是好的，奈何药好能医病，却医不了穷啊！我这不是病，只是虚弱。你放心，会随着日子好起来的。"

陆游抚着她瘦弱的身子说："马上就要换夹衣了，你为了让我能喝上酒却把夹衣当了，穿什么呢？酒，我早戒掉了。"

玉笛想笑，却笑不出："你哪里是戒了，是没得喝了！你一生爱酒，我又不是不知道。我怎能忍心让你这样受苦！你这一辈子够不得志的了。你放心，一点酒水，一件衣裳够你喝一个月的哩！"

"不，你不要再去打酒了，我真的戒了，"陆游说，"这钱留着，你想吃什么，我明天给你去买。"

"吃的倒不想，"玉笛缓缓地摇着头，"我好想我的布儿。他是我们的第一个孩子，一直寄养在我父母那里，一晃已是一二十年了，他都二十五岁了，我们还没见过他！"说着又惨然一笑，"真不知道他长成什么样子了。"

　　陆游抚着玉笛的手说："我这就派人去接布儿回来。"

　　"我父母，已去世了，也该，让孩子，回来了。"玉笛已有点上气不接下气了。

　　"好的，你放心，"陆游安慰她说，"很快就会见到他的。"

　　"只是，哪来这笔盘缠呢？"说着，她眼角流下了一粒豆大的眼泪。

　　"你放心，总有办法的。"为了转移她的情绪，陆游便说，"你想不想吃点什么呢？"

　　玉笛摇摇头："我，不想。只是愁着，明日你们吃什么呢？"

　　陆游见她愁成这样，还想到当衣为他买酒，心中既感动又惭愧。想到酒，忽然想到他的银酒杯，是的，这么多年困守在家，除了书，家中值钱点的东西，不是当就是卖了。只有这只银酒杯，因为爱酒，离不开它，所以一直留在自己身边。玉笛连自己马上要穿的衣裳都为自己当了，自己为什么就不能为她减少点忧愁而卖掉喝酒的杯子呢？便说："对了，我那只银杯总可以换几两银子的。"

　　玉笛苦笑："那，怎么行啊！"

　　陆游说："就当它成仙羽化了，不很好吗？"

　　这天晚上，陆游没到书房去，便睡在了玉笛的房里。他要留下来照顾玉笛。

　　半夜，玉笛发起烧来，口里说着胡话，还夹着断断续续的呻吟。

　　陆游抚着她滚烫的额头，低声地唤着："玉娘！玉娘！"

　　玉笛紧闭着眼睛不应。

　　陆游把着玉笛的脉，脉象游丝，轻细如缕，时有时无，飘忽不定。他呆呆地望着玉笛这张瘦弱又过早苍老的脸，不禁落下了老泪。

　　忽然，玉笛睁开了双眼，眼眸清亮。她紧紧拉着陆游的手："务观，我恐怕不行了！"

"别胡说!"陆游急忙按住她的嘴,"你说了,你只是虚弱。我明日就去买点米,给你用黄芪熬粥吃,保准你很快就会好起来的。"

玉笛不理他,继续说道:"我以为我会和你厮守到白头,相夫教子,共同成就你的恢复大业,不想你事业未成,我倒要先你而去了。"

"玉娘,你别说胡话,你不要吓我啊!"

玉娘说:"不,我不是说胡话,我心里很平静,不难过。真的,你壮志未酬,也是我终身的遗憾。你娶了我,我不仅没和你共同驰骋沙场,反而拖累了你,使你一再遭贬,终身为我而困苦。我真的很惭愧!看来我再也无法弥补了!"

"玉娘,你再这样说我就要生气了!你又不是不知道,他们之所以如此冷落我,不是因为我有了你,而是因为他们认为我会干扰了他们的富贵安逸!你没见到,像我这样下场的,何止我陆游一个,而是所有坚持抗金的人!你想想,就连战功赫赫的岳少保都能屈死于冤狱,而你我能这样保全性命安度余年,也已是万幸了!谁让我们都是这样爱我们的民族,爱我们的国家呢?"

玉笛把头往陆游的怀里偎得紧了一些,幸福而安详地说:"你真好,这二十多年来,我跟着你虽说吃了不少的苦,但我很满足。真的,你待我真好。我要走了,只是放不下你!"

陆游紧紧地抱着玉笛说:"我七十五岁了都还没有走,你还不到五十五岁哩,哪能就会走了?你别胡思乱想了。谁还不生个病啊,我不也是经常这痛那痒的吗?病病不就好了。你看我今天干了一天活还不累哩,你哪能一病就不行了呢?不要瞎想,好好休养几天就会好起来的。"

"我知道,我恐怕是快不行了。看来布儿也看不到了!"玉笛拭了一下泪,小声说,"你去把聿儿叫来。"

陆游说:"你睡吧,明天再叫他也不迟。"

　　"不，"玉笛坚持说，"明天就晚了！快去，我有话对他说。"

　　陆游不忍再拒绝她，只好到子聿住的地方，拍着房门，把熟睡中的子聿喊了起来。子聿揉着惺忪的睡眼开门问："干吗呀，爹，半夜来叫我，明天还要干活哩！"

　　陆游说："你娘恐怕是不行了！她要爹来叫你。"

　　子聿一下睡意全无，披了件袍子跟着父亲便走。菊儿随后也赶了过来。

　　路过子坦夫妇的房门口，陆游也把他们喊醒了。

　　大家来到房中，见玉笛半靠床上，虽然很虚弱，但面色红润，瞬间也就放心了。只有陆游知道，这是回光返照，恐怕她是真的要走了，不由老泪婆娑；怕玉笛看了伤心，便背过她偷偷地擦拭。

　　玉笛拉着子聿的手说："聿儿，娘恐怕是要走了！"

　　子聿一听便跪在床边哭了："娘，您别这样说。您会好起来的，聿儿不让你走！您还没看到您的小孙孙哩！"

　　玉笛凄然一笑说："娘是没这个福分了！娘也不能看到你光宗耀祖的那一天了。在你们几个兄弟当中你最小，你要好好听哥哥们的话。娘走后，你要好生侍候父亲。你父亲一生爱书，你要好好读书上进，为他争口气。还有，即使咱们家再困难，也不要断了你爹的酒！"她想到她和陆游在初相识时，陆游在写给她的诗中就说"老来爱酒胜狂癫"，他是把对她发狂的爱和酒相提并论的。

　　子聿流着泪，边点着头边说："娘，别说了，您不会抛下您孩子的，是吗？"

　　玉笛一手执着陆游的手，一手执着子聿的手，凄然地说："我也是舍不掉你们，不想走啊！只是阎王要人三更死，哪肯留人到五更！娘怕是寿数尽了。"

　　陆游说："玉娘，别太伤感了，这样对你身体不好！"

　　玉笛对子坦夫妇说："坦儿，今后这个家的担子就要搁在你俩的肩上了，你们夫妇俩要多吃苦了！"

子坦说："娘，您安心养病，今后只要有事，您尽管吩咐孩儿去办就是。"

玉笛忽然紧紧抓住陆游的手说："务观，快，抱紧我！我，我不行了！我好冷！"

陆游紧紧地搂着玉笛。她在陆游怀中不再讲话，渐渐地入睡了，并且响起了轻微的鼾声。这倒使大家放心了。陆游抱着一动不动，生怕惊醒了她。大家也都站在床前，静静地守着。忽然，玉笛长长地叹了口气，向陆游怀中靠了靠，便不再动了。

陆游仍然一动不动。

还是子聿，因为他一直跪在娘的面前，离她很近，见她半天没有声息，有点不放心，便小声喊："娘！"

玉笛没有响应。子聿伸手去探她的鼻息，大惊道："爹，娘没气了！"说着便大哭起来，随手便摇着玉笛喊道："娘！娘！你不能走哇！"

陆游用手一摸，气息已没有了，只是神态倒安详，不由得抱着玉笛的头大恸："玉娘，你真的忍心丢下我吗？"

大家见玉笛已死，一齐大放悲声，一时间哭声一片，连两个仆人闻声也赶了过来，想起二夫人平时对他们的好处，也跟着大哭了起来。

陆游还是在乾道元年（1165年）他四十一岁为镇江通判时，在镜湖的三山买下了一片土地。第二年，谏臣劾他"力说张浚用兵"罢了他的官，他便回来在这片土地上建起了正屋三间，和东西两厢房，称为"东园"。后来他去了四川，这屋便闲下来了。直到淳熙五年秋天，他五十四岁时，奉诏从四川回临安，提举福建路常平茶事，因为这时玉笛怀着子聿已快临盆，所以便把她送回来住在了这里。因为玉笛喜欢梅花，她来后给房前屋后种了五十多棵梅树，二十多年过去了，梅树早已成林。陆游便把玉笛埋在了梅林里。她的碑文只有两个字——"梅魂"，是陆游的亲笔。

玉笛死后，东园便空了！丧事一过，陆游安静下来，这才想起答应过玉笛要接子布回来的事。他来到书房写信，纸没一张，墨没半锭，只好在以前写的条屏中，找出一张字少的，将那空白处裁了下来，倒了几滴水在砚池里，用笔揿了揿，就这样用淡墨残纸将他娘去世的消息告诉了子布，要他带着家小回来，为他娘守孝。他想到子布从五岁离开他们，如今已二十五岁了，却一直再没见过他娘一面，不由得老泪又横流了下来。自己为官时，因整日忙于公务，便又忘了这一切。玉笛倒是提过几次要把布儿接回，说说也就又忘了。罢职归田以后，他倒是想到了一家团圆，但却又难筹这笔路费。加上玉笛的父母膝下无人，也不愿外孙走，所以一拖再拖，造成了终生的遗憾！眼下，陆游忍痛叫子坦将书房中几幅心爱的名画和祖传的银酒杯拿到绍兴城去卖了百十两银子，拿出一部分命仆人送到四川去接子布回来，让他能守在母亲坟边，也不枉玉笛生他一场。

这一年，眼见他们辛勤种下的稻谷吐穗扬花了，却又发生了虫灾，那蝗虫如乌云般飞了过来，人们烧香求神，也无济于事。虫灾过后，田里光光的，连种子都没收回。这时菊儿又生了一个男孩，给他家带来了欢喜，也平添了一份忧愁。

入了冬，日子就更难过了，因为野菜也不容易找到。冬天的夜，寒冷且漫长，漫长的冬夜让陆游更加难受。在这种处境中，他宁肯饿死，也不愿向正在得意的投降派乞怜！

一日，他想抚琴以排遣忧愁。忧愁可以排解，可是饥饿难耐，让他实在无力抚动琴弦，倒是写出了一首《饥寒吟》来：

夜寒每达旦，怀抱安得宽？
朝饥或过午，忍此良亦难！
饥寒诚吾忧，忧有甚饥寒。

弹琴不终曲，推去发永叹。
大儿破绿襦，三岁待一官。
小儿学耕稼，饭牛歌夜阑。
老翁垂八十，扪壁行蹒跚。
傍观勿嘲笑，穷死心所安。

读了他的"穷死心所安"，就会知道，他宁愿饿死，也决不会屈服。最让他难以忘却的还是对于他的那些红粉知己的思念。他总感到自己如此潦倒，实在是辜负了她们对自己的怜爱！玉笛是将一颗雄心化作柔情寄托在他身上的，而他却不得不终老耕稼！一种深沉的负罪感，长期伴着他对唐琬、紫荷、玉笛的思念，每每中夜梦回，便不能自已。这时他又不得不从梦中惊醒，再也睡不着了，便悲怆地吟道：

迢递孤村夜，凄凉半篆香。
怀人悲梦短，听雨怯更长。
有术乾盘汞，无方扫鬓霜。
高吟拟排闷，吟罢更怅怅！

日子即使再难过，可是总得要过；炊虽时断，光阴却不停滞。转眼到了庆元六年（1200年）的秋天，老天给他送来了好运气。

这天，已是七十六岁的陆游，正背着锄头，踏着沙沙作响的落叶回家。孙子阿德便早早地在篱门外喊："爷爷，快回来，有人来了！"

陆游以为是什么朋友，进门一看，原来是黄门内侍，奉旨慰问来了。堂前摆满了整匹的猪羊肉、御酒，更使他高兴的是还有许多大米和布匹。陆游跪下谢恩后，内侍又从袖中拿出一封信。是少师、平原郡王韩侂胄写给他的。信中首先表达了对陆游的尊崇，其次，当然也是主要的，希望陆游能为皇帝赐给他的南园作篇记以作留念。信中说，虽然也有下属为了讨好他而主动写了，甚至镌刻在石碑上送来了，但他都不要。在他看来，圣上如此隆恩，只有陆游的文字才配。陆游正自沉吟，内侍说："这些慰问品，名义上是出于御赐，实际是郡王爷所惠赠。郡王知道陆大人刚正不阿，若以他个人的名义赠送大人，大人是一定不会收的。现在有诏书在此，想必君命就不好违抗了吧？"说罢哈哈一笑。

他之所以把话这么挑明，是因为韩侂胄是声势显赫的大臣、皇亲国戚。他不仅是司徒兼侍中魏忠献王韩琦的曾孙，他的父亲还是高宗皇帝的连襟，他自己则是高宗吴皇后的侄女婿，是当朝皇帝宁宗韩皇后的叔父，而且他本人对当今皇帝又有拥立之功。他与皇室有多种亲密的关系，他能随意出入宫廷，权倾朝野。因此，他能斥朱熹等为"伪学"，赵汝愚等为"伪党"，许多大臣因此而遭到贬谪或受编管制。后来《宋史》把他列入《奸臣传》内。

为不为他写《南园记》呢？这是否涉嫌巴结权臣？

内侍走后，在陆游家中展开了一场辩论。

子聿是主张写的。他不是为了韩侂胄，而是要为他死去的娘出一口气。他激动地说："爹娶娘那事，与赵汝愚毫不相干，他却大做文章，害得爹一辈子不得志，终老牖下；娘为此而负疚以终！韩侂胄既然是和赵汝愚对着干的，爹就应该站在他这一边，为爹也为我娘出一口恶气！再说，我们陆韩两家，本属通家之好，看在世谊，也应为他写这一篇记。"

子坦比较老成，沉思之后说："这个记写不得。韩侂胄此时权倾朝野，皇上对他又言听计从。得到他欢心的人，固然就得到了高官厚禄，而一旦触犯了他，却也会惹上杀身之祸！正因为他过于弄权了，所以弄得怨声载道，路人为之侧目。父亲若为他作记，直斥其奸，必致罪祸，弄不好，连我们能安静地喝野菜汤的日子都没有了。许多大臣因得罪了他而被贬谪蛮荒之地，许多太学生因说了直话而送去充军、监督管制，这些都是有目共睹的！如果父亲在记中说些他喜欢听的话，固然可以取得他的欢心，但无疑就要落个趋炎附势之名，这对于父亲的晚节来说，岂不有亏？可见写这个记，说好说坏都落不到好，那又何必去惹这个是非呢？所以孩儿以为这个记不能写，这些慰问品也要退还干净。"

子聿急了："哥，你疯了！送上门的东西不要？别的暂且不说，你看全家人，哪个不是一脸菜色，全身浮肿，还有个人样吗？再看孩子！"说着他掉下了眼泪，瞬间哽咽，再也说不下去了。最近他妻子为他生了个儿子，由于营养不良，得了软骨病。

陆游说："这些东西，虽出之于韩侂胄之手，但却是以圣命下达的，圣命难违。这点他韩侂胄就做得漂亮！他这样做，就不显得居功自傲，没有欺势凌人，并且处处为我着想，很有礼贤下士之风！这点对他是很难得的了！我看东西就不必退了。别人也不会说什么。如果做得过分，反而显得矫情，不如顺其自然。"

子坦说："父亲说的是。"

"至于记呢，"陆游继续说，"我看为他写一篇也无所谓。韩侂胄身为宰相，为皇帝赐给他的名园请人写一篇记，也是人之常情。这类事，在官场上多的是。请和写本身都没有什么不对的地方。何况他礼贤下士，谦辞厚聘，不为非礼！对我来说，他既谦虚有礼，就表示了亲仁的态度。我若拒绝，反倒会显得无礼了。但据我了解，韩侂胄当政，倒是积极地修复水利，发展生产，使黎民百姓得到休养生息，同时他又积极地策划抗金，力求恢复失地！有了这两个积极，纵然他再有过错，也不得称之为奸佞！所以关键不在我是否为他写记，而在于我怎样写。他既然为了让写一篇记，而做到亲仁，我为什么就不可以以写记而劝他向善呢？当有人对他直谏而获罪时，我以讽谏又有何不可？孔夫子说过谏'有五义焉……吾从讽'。这也并不违背圣人之道。对于说到别人的看法，我一向以为我们不是为别人而活着的！许多小人好搬弄是非，好成人之恶而不乐于成人之美，这是他们的恶行，我们完全不必去顺从恶德！世界上有这样一些小人，我们固然拿他们也没办法，但也不必为这些小人而委屈自己！我这么多年从农民那里也学到许多东西，他们经常告诉我说：难道听到蛄蝼叫，就不种庄稼了？害虫总是有的，它叫它的，我种我的，这是正确的方法。"

子聿高兴地说："还是爹说得对。"

子坦说："那么，看来父亲对这篇记是否要写已有自己的主意了？"

"是的，"陆游说，"你们看这样行不行？我将以他的曾祖父、司徒兼侍中魏忠献王韩琦的功德来激励他，让他为国为民而立功立德，不要只为自己。他不是以拥立当今皇上而居功自傲的吗？我就要让他记得当年魏忠献王是怎样拥立英宗和神宗两朝皇帝的，虽然拥有这么大的功劳，但又懂得警惕谨慎以求自保。所以我虽为他作记，但实际上是在赞颂魏忠献王。赞颂他先祖之盛德，这样他就只会感到光荣而不会怪罪我了。而我赞颂他的祖先，正是用来对比以匡正他的不足的，他见了，我相信也不能无动于衷吧？所以写还是比不写好。至于我个人是祸是福，我倒不计较，因为我已是七十六岁的人了，是祸是福对于我来说都没太多影响！"

子坦说："父亲这番苦心，用在理学盛行的当今世上，恐怕不一定有人理解。"

陆游说："对了，这也正是我为什么要为韩侂胄作记的另一原因了。其实，促成今日内部分崩离析之局势的，韩侂胄弄权固然有责，而作为'伪学''伪党'的也未必就没有责任。他们太过于矜持作态，以为唯他独正，而又心胸狭隘，偏激矫情！不能容人而又无才德以匡正，偏又偏激行事，这就造成了今日之局面。韩侂胄把他们禁起来是有点过分了，但这个'伪'字里面的学问很深！我就是要向他们表示：当务之急，正在于要他们彼此破除成见，推诚相与而一致对外。昔日司马光在政见上是极力反对王荆公的，可谓生死对头！然而王荆公却非常敬重司马光。一次朝臣聚会，荆公的儿子王雱后至，有人惊讶：'舍人也来了？'王雱说：'岂止我，就是我家大人也不敢不来，只是他还没找到一个住处。'王荆公身为宰相，难道找一住处还不容易？所以大家奇怪：'住处并不难找呀！'王雱说：'这倒不一定。因为我家大人之意，是想和司马十二丈作邻居。他老人家认为司马十二丈修身齐家，事事皆可为子弟想办法！'你们看看王荆公作为一位政治家，有多么阔大的胸怀！这个话我听到已有六十年了，一直谨记在心中。这是王荆公，再看看苏东坡。东坡贬于黄州，原是荆公一手操办的事。后来荆公下了台，东坡从黄州回来，特地到荆公的住所拜见他。两人不以政见为嫌，畅谈数日都不嫌累，极其投机，以至两人相约要住在一起以终老！倒是后来苏东坡他们自己那一派反倒把他投入岭海必死之地了！论学问，司马光他们岂不也有孟子韩非子之才；论忠心，也可以敌得过商契后稷了。正是因为他们太过相信自己，而不能同样相信他人，从而导致对立而不可化解，结果个人家庭遭受牵连倒是小事，最可恨的是弄得国弱民穷而不知悔悟！我一生以团结对敌、光复河山为重，至于子坦担心别人不谅解也属多余。一个人活在世上，管得了自己却无法管住别人说三道四，不要老看别人的脸色，那样活着更让人难受。"

子坦说："父亲教诲得极是。孩儿一定谨记。"

陆游既然决定要为南园作记，当然要到杭州去实地看看。韩侂胄这一次接见他的规格非常高，在南园的清芬堂设宴款待。清芬堂四周有一千多株桂花树，此时正是桂花盛开的季节，花香浓郁，而酒席的丰盛之程度更为罕见。这还不算，韩侂胄还特意命他最心爱的四位夫人出来，为陆游把盏的把盏，唱歌的唱歌，弹琴的弹琴，跳舞的跳舞。许多作陪的大官们，在这样的阵势前反而拘谨得不敢饮酒。只有陆游，吃得自在，喝得痛快，全不以得失为意，不久便酩酊大醉。

韩侂胄命侍儿扶陆游到凌风阁休息。

第二天，派去请陆游的人回来报告说，陆大人走了，书案上留下了一篇《南园记》。

韩侂胄展开一看，只见神韵超逸的行书写道：

庆元三年二月丙午，慈福有旨，以别园赐今少师平原郡王韩公。其地实武林之东麓，而西湖之水汇于其下，天造地设，极山湖之美。公既受命，乃以禄赐之余，葺为南园。因其自然，辅以雅趣。方公之始至也，前瞻却视，左顾右盼而规模定，因高就下，通室去蔽而物象列。奇葩美木，争效于前，清泉秀石，若顾若揖。于是飞观杰阁，虚堂广厦，上足以陈俎豆，下足以奏金石者，莫不毕备。升而高明显敞，如蜕尘垢；入而窈窕邃深，疑于无穷。既成，悉取先侍中魏忠献王之诗句而名之。堂最大者曰"许闲"，上为亲御翰墨以榜其颜。其射厅曰"和容"，其台曰"寒碧"，其门曰"藏春"，其阁曰"凌风"。其积石为山，曰"西湖洞天"，其潴水艺稻，为围、为场、为牧羊牛畜雁鹜之地，曰"归耕之庄"。因其实而命之名：堂之名则曰"采芳"，曰"豁望"，曰"鲜霞"，曰"矜春"，曰"岁寒"，曰"忘机"，曰"眠香"，曰"堆锦"，曰"清芬"，曰"红香"。亭之名则曰"远尘"，曰"幽翠"，曰"多稼"。自绍兴以来，王公将相之园林相望，莫能及南园之仿佛者。

然公之志，岂在于登临游观之美哉？始曰"许闲"，终曰"归耕"，是公之志也。公之为此名，皆取于忠献王之诗，则公之志，忠献之志也。与忠献同时，功名富贵略相埒者，岂无其人。今百四五十年，其后往往寂寥无闻。而韩氏子孙，功足以铭彝鼎、被歌弦者，独相踵也。迄至于公，勤劳王家，勋在社稷，复如忠献之盛，而又谦恭抑畏，拳拳于忠献之志，不忘如此，公之子孙，又将嗣公之志而不敢忘，则韩氏之昌，将与宋无极，虽周之齐鲁，尚何加哉！或曰："上方倚公，如济大川之舟；公虽欲遂其志，其可得乎？"是不然，上之倚公，公之自处，本自不伴，惟有此志，然后足以当上之倚，而齐忠献之名。天下知上之倚公，而不知公之自处，知公之勋业，而不知公之志，此南园之所以不可无述。

游老病谢事，居山阴泽中，公以手书来示曰："子为我作南园记。"游窃伏思公之门，才杰所萃也，而顾以属游者，岂谓其愚且老，又已挂冠而去，则庶几其无谀词、无侈言，而足以道公之志欤？此游所以承公之命而不辞也。

中大夫、直文华阁致仕、赐紫金鱼袋陆游谨记。

韩侂胄看罢，叹了一口气说："这倔老头，可以以道合，却是不可以强制的！"

后来，这篇记还是引起了轩然大波。

韩侂胄倒是听了陆游的劝告，重新团结那些被他解除的伪学伪官，并且恢复了他们的官职。而那些得到陆游好处的人，反倒因此而怪罪陆游，不仅剥夺已退休在家的陆游的官衔，而且还大泼污水，以致后来一些学者对于陆游这篇记到底该不该写，众说纷纭，莫衷一是。

第十五章 ｜ 莲花博士

八十五岁的陆游，已心力衰竭了，加上最近偏瘫，右脚不得力，便很少下地活动，只能终日躺在床上。

"汪汪！汪汪！"

他家一只叫黑虎的小狗，在院中友善地叫了起来。那快乐的声音，听起来好像是在说"欢迎！欢迎！"

陆游躺在床上，一听便知道是老朋友来了。"阿通，快去看看，是谁来了？"阿通是老三子修的儿子，今年十岁了，去年才从福建把他接回来。

"爷爷，是章爷爷来了。"阿通回来说。黑虎摇着它的短桩子尾巴，跟在章医生的后边。显然，章医生是这里的常客。

陆游说："章大夫，恕我不能起身相迎了。阿通，给章爷爷倒茶。"

章大夫说："学士最近身体好些吗？"

"还叫我什么学士？"陆游笑着说，"本来就不够格，如今宝谟阁待制也落职了，平民一个，连边也沾不上喽。"宋代于馆阁直学士之下置待制，陆游于嘉泰三年（1203 年）他七十九岁时，被革除宝谟阁待制。但到了这年也就是嘉定二年（1209 年）春他八十五岁时，因为曾为韩侂胄作过两篇记，鼓励抗金，而被弹劾落职，所以他这么说。

章大夫接过茶，不解地问："学士既已致仕，退休在家，为什么还要撤你的职呢？没什么实际意义了嘛！"

陆游说："这只是一种姿态。因为朝廷怕谈恢复，对那些凡是主战的人恨之入骨。自从韩侂胄被害后，那些提出上言恢复的，非死即贬，我这只是被撤职，还能保全性命，已是万分感谢了！"

章大夫说："韩侂胄被投降派杀害了以后，听说还把他的棺材凿开，把他的脑袋割下来送给了金人！可有此事？"

陆游说："岂止他的脑袋，还有苏师旦的。另外还给金军犒赏雪花银三百万两！将原来在秦桧手上定的岁贡钱二十万贯加到了三十万贯！就是为了乞求金人允许他们求和！"

"这也未免太不像话了！"章大夫愤怒地说。

陆游说："倒是金人反而把送去的韩侂胄的头，给他配上了香木身子，用高规格的葬礼把他安葬在他曾祖父韩琦的墓旁，并且封他为忠缪侯。"

章大夫说："这倒有意思。自己的国家把自己抗敌大臣杀了，并呈上他的脑袋以媚敌！而敌国反而尊重他，封他爵位，以礼安葬，这对我们大宋来说可谓是奇耻大辱！我真不知那些投降派们，听到这个消息后脸往哪里放！只是这'忠缪'二字似乎不宜放在一起！"

陆游说："这个'忠'，是称赞韩侂胄忠于国，而'缪'则是批评他不善于谋生的。"

章大夫说："自古以来，忠孝不得两全，一个人能使他的敌国都佩服他忠于自己的国家，这就足够了。就这不比朝中那些出卖国家民族利益以苟延残喘的人要伟大得多？"

陆游说："其实，韩侂胄之罪，罪在不该伐金。不伐金，他做他的郡王不是做得好好的吗？纵然倚势弄权，谁又敢说个"不"字呢？这一伐金，便不得了了，成为了众人攻击的对象。不仅必欲杀之而后快，而且杀了他还要把他的头送给金人才解恨！你说说，这些投降派丧心病狂到了何等地步！"

章大夫点着头："经你这么一说，还真是这么一回事！"

陆游进一步分析说："胜败本乃军家常事。符离之战，我师全军覆没，军资器械丧失殆尽，孝宗不仅没杀张浚，反而使其都督江淮兵马。这就是因为当时朝中有王十朋、陈俊卿那样支持抗金、直言敢谏的大臣。再看看岳飞，他却是因为节节胜利而被杀的！因为当时是秦桧专政。而今的左右相钱象祖、史弥远，就跟秦桧一样，又怎能容得下积极抗金的韩侂胄！韩侂胄力主抗金，正如早年王十朋说张浚的出师，是'为祖宗陵寝，为二帝复仇，为二百年境土，为中原吊民伐罪，非前代好大生事者比'，纵有一时之挫折，也'益当内修，俟时而动'，怎么可以反将这样志士的头自行砍下拿去取媚于敌人呢？这样做的毒辣之处，就在于使天下志士寒心而断今后恢复之路！"

章大夫说："是不是因为形势比当年更严峻一些，因而这才追究其罪责呢？"

陆游一笑："是的，这次金人分九路大军南下，虽也破了信阳、襄阳，一边包围楚州，一边进攻和州、滁州，摆下了要渡江的架势，结果却被那个杀了叛贼吴曦的兴州中军正将李好义杀得大败，金将完颜钦也逃跑了！李好义一路收复了成州、阶州、凤州、大散关，把金人打得节节败退！只是可惜，就在他军声大震，敌人闻风丧胆之时，却被吴曦的死党暗中毒死了。这一次形势远比绍兴三十一年要好，因为北方蒙古族的兴起，已给了金人极大的压力，更何况吴曦的叛乱已被平定，西北局势已稳，东南方因叶适制置江淮，防守坚定，只要再坚持一下，金人必败无疑。可惜钱象祖、史弥远这些投降派因急于投敌，用阴谋手段将韩侂胄杀了，然后将朝中主战派杀的杀，贬的贬，连我这个瘫在床上不能动的老废物都不放过，其余的你就可想而知了！"说着他长长叹了一口气，"唉！仅因内部投降派的猖獗，而使金人又捡到一个大便宜，使我们本已穷苦不堪的黎民百姓，为他们的罪过而再付出更为沉重的代价！"

章大夫说："要不是四川宣抚副使吴曦叛国投敌，自乱后方，也不至于会这样！"

陆游又叹了口气说："吴曦这个人，我早在南郑时就看出这个'吴疤子'不是个好东西，可惜当时四川制置使王炎不听我的话，不然，说不定今天的局势便是另一个样子了。"

"天意！天要亡我大宋，人力又怎么可以挽回！"章大夫也叹了口气，"唉，多少有作为的英才都被扼杀在自己人的手里，大宋灭亡是迟早的事！"

　　陆游说："我不信什么天意。没有萧何，就没有汉室，我们有一岳飞而不能用，大宋又怎能强得了！这就叫'天作孽，犹可违；自作孽，不可活'！自己要拆自己的台，别人又有什么办法？"

　　章大夫说："听说右相史弥远几次请学士出山，你为什么不答应他呢？"

　　陆游说："史相的父亲史浩过去倒是比较看重我的，我们之间还有一定的私交。但是和史相就不同了，道不同，不相为谋。我是宁愿做为抗金派值更守夜以死的'雁奴'，也决不肯当卖战友而偷生的'鹤媒'。韩侂胄虽败死，但我仍然敬重他伐金的壮举；而投降派哪怕再吃香，我也不能与之沆瀣一气！"

　　章大夫说："我明白你为什么退下来了他们还非要撤你职的原因了。因为你虽不能动，但你那些主战爱国的诗篇，每一首都是一面旗帜呵！"

　　陆游苦笑了下说："我的诗哪是什么旗帜，那都是被逼出的苦水！他们想以饥饿来逼我就范，我的诗只不过表示我没死而已。其实呢，我活了这么大年纪，也到了死的年龄了。想想绍兴初年，我刚成年，亲眼见到当时的士大夫们只要在一起谈到国事时，无不咬牙切齿，甚至发怒使眼睛眶子都裂出血了！对于丧权辱国之耻，一提到便痛哭流涕，每人都以杀敌报国相期许。当时金人的气焰比现在嚣张多了，但大家没有把金人放在眼里，所以终于使金人自动请盟。现在倒好，主张恢复的爱国志士被暗杀了不说，连头都要砍下送给敌人以媚外！章大夫，你说这哪还有一点人味！士大夫如此厚颜无耻，一代不如一代，这个国家还有什么盼头。我还真不如死了，眼不见倒也安静了。"

　　章大夫说："千万不要激动，你的病正是因为心血冲脑所致。你如果不能克制自己的怒气，安定情绪，单凭服药恐怕是治不好的，这点你也知道。"

陆游说："唉，比起许多有作为的人，我已活得够久了。死对于每一个人来说都是早晚的事，我不怕。我所遗憾的是这一辈子妄图恢复中原，终成泡影。盖棺万事已，唯负国恩！"

章大夫见他又激动了起来，便扯开话题说："好了，我们的话说得太多了，这样对你的病情不好。伸出手来，让我把把脉，看看你的病吧。"

陆游伸出了枯瘦的手。章大夫把着脉说："脉象还是冗亢。看来前些日的药方效果不是很明显，我再给你改改药方好了。"开完药方，便起身告辞。"还有两家病人在等着，我也得去看看。今日除夕，给你拜个早年，过了年，我再来看你。"

章大夫走后，陆游的激动情绪过去了，这才感到有些疲倦。合上眼刚要睡着，忽然进来一个人，身穿黄色道袍，头戴荷花道冠。乍一看，像是水月庵时的了因！陆游惊喜地走下床来，执着她的手，刚要喊玉娘：你怎又着起道家装束了？忽然觉得好像是唐琬！陆游糊涂了："你是谁？"

道姑说："我是莲花博士。是你的故人呀，你竟然不认识我了？"

"莲花博士？"陆游迟疑地说，"你是紫荷？你从哪里来？"

莲花博士说："我就住在镜湖呀，和你挺近的。走，别老坐在家中，都把自己关坏了。我们边走边谈。"

陆游便随她走了出来。

大路茫茫，天风无际。

山阴无此空阔的处所。陆游疑惑地问："这是到哪里去？"

"到我的住所。不远，就快到了。"莲花博士说。

果然，忽见荷花万顷，清香扑鼻。他俩踏在水上，进入了一个清凉世界。只是脚下踏的不像是水，像是踏在琉璃地衣上，滑滑的，软软的，全不受力。

陆游正感到疑惑时，莲花博士说："我便是管这里的博士。

只是我要走了，要找一位不俗的人来代理，便想到请你，你看可好？"

"我？"陆游有些莫名其妙。

"是啊，"莲花博士说，"每月有好酒千壶，这个差事也不坏吧？"

陆游奇怪："怎么俸禄不是钱粮而是酒？"

莲花博士笑着说："你要知道，这清凉界是搁不得钱的。别让铜臭把这洁净的花染脏了。"

其实，酒可以说是陆游的两大嗜好之一，另一嗜好便是书。他要钱也不过是用来打酒买书，既然有好酒，要钱又有何用？只是而今好久没嗅到酒香了，因此当莲花博士提出一月有一千壶美酒时，不禁咕咚一声，使劲地吞下了一口口水。

"博士是干什么的呢？"他问。

莲花博士说："管领芰荷事业，领略风月而已。"

陆游笑着说："我一生受的是'风月'罪，所以我住的地方都叫'风月轩'，以免白白担了这个罪名。不承想这到老了，八十多了，还真个管领起风月来了，真是妙啊！还一个月有一千壶美酒好醉，世上真有这样的好事？"

莲花博士说："这还不算，这里的水晶宫也任你住哩！"

陆游高兴道："好，我答应你。"

莲花博士说："既然如此，我们击掌为誓。"说着便伸出了如羊脂般丰润细腻的手。

陆游见了这么美丽的玉掌，却不好意思去击了。因为她虽说是自己的故人，但在何处见过却一直想不起来，总不便和一个不太熟识的人亲切到以手掌相挨吧？正在犹豫之间，她却催了："来吧，你后悔了？"

陆游想，既已答应她了，看来这掌是非击不可的了，何况略一接触而已。她尚且如此洒脱，自己如果太拘泥于形式，岂不反而显得俗了，想着便也伸出手掌拍去。

"啪！"陆游这一拍却没有拍住，而是拍在自己的被子上，倒把自己拍醒了！原来他靠在床上就这么迷糊地做了一个梦！

但梦境是这样的真切，他分明还嗅到了荷花的气息。心想，也许我真的该走了。那么，该给孩子们交待些什么呢？

陆游艰难地用一只腿拖着，摸到了桌前。他提起笔，想了想，便写道：

死去元知万事空，但悲不见九州同。

王师北定中原日，家祭无忘告乃翁。

他放下笔自言自语地说："也就是这件事放不下了！"他把这张诗笺端端正正地压在桌子上，似放下千钧重担似的松了一口气，便往椅背上一靠，就一动不动了。

十七年过后，也就是到了宋理宗宝庆二年（1226年），浙江永嘉县有个叫陈观国的，梦见自己到杭州去访他的好友周密，路过一个地方，风景特别幽美：峭峰深壑，竹树茂密，有一条宽阔的大瀑布从高高的山顶上倾泻下来，喷雪奔雷，落入一片深碧的水池之中。池中开满了紫色的荷花。一个老翁曳杖坐于池边巨大的岩石上，一手持着酒杯，正仰看天空飞舞的白鹤。他想上去与这位仙翁攀谈几句，走近石岩，见上面有几行章草，细认来原来是一首古风：

水声兮激激，云容兮茸茸。千松拱绿，万荷奏红。爰宅兹岩，以逸放翁。屹万仞与世隔，俊一极而天通。予乃控野鹤，追冥鸿，往来乎蓬莱之宫。披海氛而一笑，以观九州之同。

放翁？这不是已故的陆游的字号吗？他怎么在这里题下了

诗？于是大声向上喊："陆待制！"

只见陆游骑在鹤上，飞入空中："陆待制早死了！哈哈哈！"

笑声好响，流动如雷，震荡在天地之间，一下把他惊醒了，原来是一梦！他怕忘了，立即将这个梦及诗记了下来，寄给了周密。于是周密便把这事记进了他所著的《齐东野语》里。

又过了七百多年，近代资产阶级改良运动的领袖梁启超，以为"中国诗家无不言从军苦者，惟放翁则慕为国殇，至老不衰"，他这样深情地歌颂着陆游：

诗界千年靡靡风，诗魂销尽国魂空。
集中什九从军乐，亘古男儿一放翁！

诗魂，国魂，陆游这位旷世英才，可谓与诗与国而永生了！